交 通 职 业 教 育 教 学 指 导 委 员 会 推 荐 教 材

全国交通高级技工学校、技师学院汽车维修专业教学用书

汽车维修专业技师教材

汽车环境污染与控制

陈曙红 主 编

洪兴丽 主 审

人 民 交 通 出 版 社

内 容 提 要

本书是交通职业教育教学指导委员会推荐教材，也是汽车维修专业技师教材。由交通职业教育教学指导委员会汽车（技工）专业委员会根据全国交通技师学院汽车维修专业教学计划与教学大纲以及交通行业职业技能规范和技术工人等级标准组织编写而成。

本书内容主要包括：汽车排放污染物控制技术、汽车噪声污染及振动污染控制技术、汽车电磁波公害控制技术、汽车废弃有害物的处置、汽车新能源技术应用与开发，共5个单元。

本书供全国交通高级技工学校、技师学院汽车维修专业教学使用，也可作为相关行业岗位培训或自学用书，同时可供汽车维修技术人员阅读参考。

图书在版编目（CIP）数据

汽车环境污染与控制 / 陈曙红主编. —北京：人民交通出版社，2007.5

ISBN 978-7-114-06484-5

Ⅰ.汽…　Ⅱ.陈…　Ⅲ.汽车－环境污染－污染控制－教材　Ⅳ.U491.9

中国版本图书馆CIP数据核字（2007）第046532号

书　　名：汽车环境污染与控制
著 作 者：陈曙红
责任编辑：邸　伟
出版发行：人民交通出版社
地　　址：（100011）北京市朝阳区安定门外外馆斜街3号
网　　址：http://www.ccpress.com.cn
销售电话：（010）59757973
总 经 销：人民交通出版社发行部
经　　销：各地新华书店
印　　刷：北京市密东印刷有限公司
开　　本：787×960　1/16
印　　张：12.25
字　　数：180千
版　　次：2007年5月　第1版
印　　次：2018年7月　第3次印刷
书　　号：ISBN 978-7-114-06484-5
定　　价：21.00元

交通职业教育教学指导委员会
汽车(技工)专业指导委员会

前　言

为贯彻落实《国务院关于大力发展职业教育的决定》以及教育部等六部门《关于实施职业院校制造业和现代服务业技能型紧缺人才培养培训工程的通知》精神，适应汽车工业飞速发展和汽车运用与维修专业技能型紧缺人才培养的需求，交通职业教育教学指导委员会汽车(技工)专业指导委员会组织全国交通高级技工学校和技师学院专业教师，按照《全国交通技师学院汽车维修专业教学计划与教学大纲》以及汽车维修技师职业标准的要求，编写了汽车维修专业技师教材，供全国交通高级技工学校和技师学院汽车维修专业教学使用。

本系列教材总结了全国交通高级技工学校、技师学院多年来的专业教学经验，注重以学生就业为导向，以培养能力为本位，教材内容符合汽车维修专业教学改革精神，适应汽车维修行业对技能型紧缺人才的要求，具有以下特点。

1. 采用计划叠加方式构建技师教材体系。全国交通高级技工学校通用教材中的《汽车发动机电控系统检修》等7门专项高级技能训练教材由本次编写出版，也可与汽车维修专业技师教材配套使用。在此基础上增加了《汽车维修案例分析》等7门维修管理及维修经验类教材，形成了一套完善的汽车维修专业技师教材体系。

2. 教材内容与技师等级考核相吻合，便于学生毕业后适应岗位技能要求。

3. 教材注重实用性，体现先进性，保证科学性，突出实践性，贯穿可操作性，反映了汽车工业的新知识、新技术、新工艺和新标准，其工艺过程尽可能与当前生产情景一致。

4. 教材体现了汽车维修技师应知应会的知识技能要求，更注重了汽车维修传统经验与现代维修技术的有机结合。

5. 教材文字简洁，通俗易懂，以图代文，图文并茂，形象直观，形式生动，容易培养学生的学习兴趣，提高学习效果。

《汽车环境污染与控制》是汽车维修专业技术课程教材之一。本书内容主要包括：汽车排放污染物控制技术、汽车噪声污染及振动污染控制技术、汽车电磁波公害控制技术、汽车废弃有害物的处置、汽车新能源技术应用与开发5个单元。

本教材由湖南交通职业技术学院陈曙红担任主编（编写绪论、单元一的课题一、课题二）；参加编写的有：湖南交通职业技术学院胡同德（编写单元一的课题三、课题四），江苏汽车技师学院蒋志伟（编写单元二、单元三），山东省淄博市交通技工学校周月刚（编写单元四、单元五）；全书由辽宁交通技师学院洪兴丽担任主审。

由于编者的经历和水平有限，加之汽车维修技师教材是首次编写，教材内容难以覆盖全国各地的实际情况，希望各教学单位在积极选用和推广本套教材的同时，注重总结经验，及时提出修改意见和建议，以便再版修订时改正。

交通职业教育教学指导委员会
汽车（技工）专业指导委员会
2007年2月

目　录

绪论 ………………………………………………………… 1

一、汽车环境公害概述 ……………………………………… 1

二、减少汽车环境公害的基本方法 ………………………… 5

三、本课程的主要内容 ……………………………………… 6

单元一　汽车排放污染物控制技术 ………………………… 8

课题一　汽车排放污染物的来源及生成机理 ……………… 8

一、汽车排气污染物 ………………………………………… 9

二、蒸发污染物 ……………………………………………… 26

三、曲轴箱污染物 …………………………………………… 26

课题二　我国汽车排放标准 ………………………………… 27

一、我国汽车排放标准控制技术轨迹 ……………………… 27

二、我国现行汽车排放限值 ………………………………… 33

三、汽车排放污染物的试验及测量方法 …………………… 39

课题三　汽车排放控制系统 ………………………………… 61

一、汽车排放控制系统概述 ………………………………… 61

二、汽油车排放控制系统 …………………………………… 62

三、柴油车排放控制系统 …………………………………… 84

课题四　汽车使用中排放污染控制措施 …………………… 94

一、汽车使用中排放控制的意义和重要性 ………………… 94

二、在用汽车排放控制的难点 ……………………………… 95

三、汽车使用中排放控制的主要途径及最佳选择 ………… 96

四、我国汽车检查维护制度与排放控制 …………………… 98

五、国外在用汽车排放控制的I/M制度简介 ……………… 103

单元二　汽车噪声污染及振动污染控制技术 ……………… 106

课题一　汽车噪声的来源及危害 …………………………… 106

一、汽车噪声的来源 ………………………………………… 106

二、噪声的危害 …… 111
课题二 汽车噪声标准及测量技术 …… 113
一、汽车噪声标准 …… 113
二、汽车噪声测量技术 …… 115
课题三 汽车噪声控制技术 …… 122
一、噪声控制技术概述 …… 122
二、发动机噪声控制方法 …… 124
三、底盘噪声控制方法 …… 129
课题四 道路交通振动污染 …… 131
一、振动的概念 …… 131
二、道路交通振动的特征 …… 131
三、道路交通振动的预测 …… 132
四、道路交通振动的防治措施 …… 133
单元三 汽车电磁波公害控制技术 …… 134
课题一 汽车电磁波公害的来源 …… 134
一、电磁波概述 …… 134
二、汽车电磁波的公害与来源 …… 137
课题二 电磁波公害的防治 …… 138
一、采用单线制 …… 138
二、采用电火花的灭弧装置 …… 139
三、采用金属罩屏蔽 …… 139
四、在点火装置高压电路中串入阻尼电阻 …… 139
单元四 汽车废弃有害物的处置 …… 141
课题一 汽车废弃的有害物 …… 141
一、汽车废弃有害物的来源 …… 141
二、汽车废弃物的危害 …… 143
课题二 汽车废弃有害物的处置 …… 147
一、国际发展趋势及国内现状 …… 147
二、汽车废弃物的处置 …… 152
单元五 汽车新能源技术应用与开发 …… 159
课题一 新能源技术在汽车上的应用 …… 159
一、新能源汽车的类型及特点 …… 159
二、我国新能源汽车的发展现状 …… 161
三、新能源汽车发展的前景 …… 165

四、我国新能源汽车发展目标 …………………………………………… 166
课题二　天然气汽车、电动汽车 …………………………………………… 166
一、天然气汽车 …………………………………………………………… 166
二、电动汽车 ……………………………………………………………… 174
参考文献 ………………………………………………………………… 183

绪 论

自从1886年第一辆汽车诞生以来,汽车改变了人类的出行半径和生产方式,改变了人们传统的时空概念,成为人类不可缺少的交通运输工具之一;同时,汽车依靠技术创新在发展中战胜了自身种种制约因素,创造了惊人的社会财富,衍生了较为丰富的汽车文化,汽车已成为国民经济的“领航产业”。汽车工业的显著特点是资金和技术密集、规模效益明显、产业关联度大。汽车波及的产业面之宽,为新科技提供的应用平台之广,对人类文明影响之深,是其他产业无法比拟的。在现代文明的今天,汽车工业已经发展成为近现代物质文明的支柱之一。但是,我们也应该清醒地看到,在汽车产业高速发展、汽车产量和保有量不断增加的同时,也带来了巨大的能源消耗和环保压力的负面影响,即汽车大量地消耗着地球上许多有限的资源,同时汽车在生产、销售、使用、报废过程中,产生了一些对公共环境和公众健康甚至生命的危害,即汽车环境公害。因此,汽车环境污染与控制对人类社会未来的持续发展产生着重要影响。

一、汽车环境公害概述

1. 环境概述

(1) 环境的概念

环境是指与某一体系有关的周围客观事物的总和。根据《环境科学大辞典》所述,环境是指“以人类为主体的外部世界,主要是地球表面与人类发生相互作用的自然要素及其总体。它是人类生存发展的基础,也是人类开发利用的对象。”我国颁布的《中华人民共和国环境保护法》中明确指出:“本法所称环境,是指影响人类生存和发展的各种天然的和经过人工改造的自然因素的总体,包括大气、水、海洋、土地、矿藏、森林、草原、野生生物、自然遗迹、人类遗迹、自然保护区、风景名胜区、城市和乡村等。”法律明确规定的环境内涵就是指人类的生存和发展环境。

(2) 环境要素

环境要素是指构成人类环境整体的各个独立的、性质不同而又服从整体演化规律的基本物质组成,又称环境基质。通常,分为自然环境要素和社会环境要素,习惯上指自然环境要素,包括水、大气、岩石、生物、阳光与土壤等。

(3) 环境问题

环境问题是指在人类活动或自然因素的干扰下引起环境质量下降或环境系统的结构损毁,从而对人类及其他生物的生存与发展造成影响和破坏的问题。

环境问题按产生的原因可分为原生环境问题(自然因素引起)、次生环境问题(人类活动引起)。后者可分为环境污染和生态破坏。

(4) 环境污染

① 环境污染的定义。环境污染是指由于人类活动的干扰达到某一程度时,导致环境质量下降,产生有害于人类及其他生命体的正常生存和发展的现象。

环境污染的产生有一个从量变到质变的发展过程,只有某种污染物质的浓度或其总量超过环境自净的能力时,才会产生环境污染。

② 环境污染的分类。环境污染有不同的类型。按污染产生的原因可分为生产污染(包括工业污染、农业污染和交通污染等)和生活污染;按污染物的形态可分为废气污染、废水污染、固体废物污染、噪声污染、辐射污染等;按环境要素可分为大气污染、水污染、土壤污染等;按污染物的性质可分为物理污染(包括噪声、微波辐射等污染物)、化学污染(包括无机污染物和有机污染物)和生物污染(病原体);按污染物的分布范围又可分为全球性污染、区域性污染、局部性污染等。

③ 污染源。污染源是指造成环境污染的污染物发生源,一般指向环境排放有害物质或对环境产生有害影响的场所、设备和装置。通常按照人类社会活动功能和整个环境污染的情况,把污染源概括地分为工业污染源、农业污染源、交通运输污染源和生活污染源。

④ 交通运输污染源。交通运输污染源主要来自对周围环境造成污染的交通运输设施和设备。这类污染源排放废气、泄漏有害液体、发出噪声等都会污染环境。主要污染物有一氧化碳、氮氧化物、碳氢化合物、二氧化硫、铅化合物、苯并芘,石油和石油制品以及有害的运载物。

2. 汽车的四大环境公害

一部汽车工业发展史,伴随着一部环境保护史,它们相互对立和统一,相互依存和促进,交织在一起,构成了一部经济发展与环境保护协调发展的历史。

从汽车投入使用到报废为止,汽车对环境一直是个污染源。联合国人类行动基金组织警告:由于迅速增加汽车数量,到 2025 年,发展中国家将每年向大气中排放 150.6 亿吨二氧化碳,是发达国家向大气中排放二氧化碳的 4 倍。如果全球 1/4 的人都拥有轿车的话,臭氧层看上去就会像瑞士奶酪一样布满了空洞。

汽车的环境公害应包括汽车在生产过程中、使用中和报废后对环境大气

(包括温室气体、臭氧层破坏和空气污染)和水质的污染,废弃物以及产生的环境噪声和电磁波对人体的危害以及对电器的干扰等。

(1) 对大气环境的危害

汽车既为人类带来交通便利,同时也带来了巨大的能源压力和环保的负面影响。20 世纪 40 年代的美国洛杉矶市,晴朗天气状况下,数量迅速增加的汽车尾气中的 NO、NO_2、SO_2 和 HC 等经光化学反应形成的烟雾前后持续 4 天,刺激人们的眼睛和呼吸系统,造成 400 多人死亡。自从"光化学烟雾"污染事件首次发生之后,人们开始意识到汽车作为一种移动污染源对城市大气环境和人类健康以及生态系统所带来的危害。

目前世界汽车保有量已达到 8 亿辆,60% 的能源消耗在交通领域;全球二氧化碳排放量中,约 17% 来自公路运输。随着中国汽车工业的高速发展和汽车保有量的激增,也造成了日益严重的城市污染。在北京、上海、广州等大城市,汽车尾气对空气污染的分担率已超过 60%。目前中国汽车保有量已达 2 400 万辆,二氧化碳排放量位居世界第二。

近 20 年的研究结果表明,汽车不仅排出大量的一氧化碳、碳氢化合物、氮氧化物、细微颗粒物及硫化物等污染物,而且这些一次污染物还会通过大气化学反应生成光化学烟雾、酸沉降等二次污染物。汽车的排放污染物对环境影响不仅是局部的,许多影响还可以扩展到大气层中很远的距离及其他地区,并存在很长时间。

通过对空气污染的全面分析,可将汽车排气污染的特征划分为:

① 局部的有害影响。如一氧化碳(CO)等。

② 区域性有害影响。如光化学烟雾、酸沉降。

③ 洲际性有害影响。如细微颗粒、硫氧化物(SO_x)、氮氧化物(NO_x)。

④ 全球性有害影响。如二氧化碳(CO_2)等。

(2) 汽车噪声危害

据统计,城市噪声污染的主要来源是汽车噪声。汽车噪声一般为中等强度的噪声,为 60 ~ 90dB,由于车辆噪声为移动性噪声,故影响范围大、干扰时间长、受害人员多。

噪声具有声波的一切特征。噪声的基本性质包括物理方面和生理方面。前者描述噪声的客观属性,如声压、声强、频率等,后者涉及人们的主观感觉即噪声对人的影响。噪声不仅能引起人体的生理改变和损伤,而且能对人的心理、生活和工作产生不利影响。噪声会使听力减弱、视觉功能下降、神经衰弱、血压变化和胃肠道出现消化功能障碍,甚至影响人的睡眠、谈话、学习、工作和情绪等。

(3) 电磁波公害

汽车带来的第三个环境问题是电磁波干扰(电磁波公害)。电磁波干扰通常是指汽车及其车载装备在运行时产生电磁能,以电磁波的形式向周围辐射,干扰其周围数百米范围内的收音机、电视机和其他无线电装置的正常工作。同时,随着电子技术在汽车中应用程度的提高,电磁能以多种形式干扰车载无线电通信和汽车电子电器设备的正常工作。电磁波干扰不但污染了车辆周围的环境,而且影响了车辆运行的安全性和可靠性。

(4) 报废汽车的环境污染

现代社会是车的社会。随着汽车工业的不断发展,各国汽车保有量不断增加,一方面数量巨大的汽车被生产出来,另一方面又产生大量的报废汽车。近年来,报废车每年达500万辆,预计不久可达约600万辆。报废汽车的露天丢弃堆放是一个既浪费资源、又影响环境和占用土地的社会难题,特别是残留在报废汽车中的燃油、润滑油(脂)、空调制冷剂和铅等有害金属,一旦进入水系和土壤,其危害不堪设想。在汽车保有量大和汽车更新换代快的发达国家报废汽车已成为重要垃圾源,滋生大量"废弃物",对周围环境污染及人民生活的危害越来越大,已经引起了人们的广泛重视。

废旧汽车回收利用的宗旨之一是解决汽车发展带来的环境问题。但是,汽车回收利用行业本身也有环境污染和潜在的危险因素。在废旧汽车拆解过程中和拆解后的处理环节会产生各种污染物,汽车回收产生的污染物主要有固体废弃物、有毒气体和水污染物三类。一是固体废弃物,如无法回收的零部件,掩埋是其主要处置方法,这不仅占用土地,而且使土壤质量下降,危害很大;二是采用焚烧处理时,容易产生大量的有毒气体,造成严重的大气污染;三是由润滑油、剩余燃油、乳化油以及清洗零件的除漆剂和清洗剂等造成水污染,蓄电池的废电解液造成的铅污染(含铅废水)和酸污染(含酸废水)等。

上述气态、液态的污染物经常滞留在工作环境中,有可能通过人的呼吸道、皮肤乃至消化道进入人体,对人体的健康造成危害。通常情况下,这类危害往往是慢性的、长期的,具有致癌作用和引起遗传物质的突变作用。

3. 汽车有害气体污染物的评价方法

汽车有害气体污染物的评价有两种:一是汽车总排放量;二是单个汽车排放量。

(1) 汽车总排放量

在城市大气中某一种污染物可能来自不同的污染源,例如:一氧化碳(CO),既可能由燃煤固定源产生,也可能来自汽车尾气排放。为了确定不同污染源对同一种大气污染物排放的程度,经常引入污染分担率的概念,汽车污染分担率就是确定汽车排放的某种污染物在城市大气污染中的排放程度。

汽车排入大气中的有害污染物总量与人类的各种社会活动排入大气中污染物总和之比可用来评价汽车污染物的排放情况。该指标通常称为污染物的分担率。汽车污染物分担率分为排放分担率和浓度分担率（或质量分担率）两类。

① 排放分担率。汽车排放某种污染物占该污染物总排放量的比例。

② 浓度分担率。表示在一定范围的空气污染浓度中汽车排放污染物所占的比例大小。

通常采用汽车道路污染浓度分担率和汽车区域污染浓度分担率的概念来分别说明在某条道路附近或某个区域内汽车的污染浓度分担率。由于不同污染源的排放高度不同，扩散特性也有差别，因此，同一地点的排放分担率与浓度分担率可能相近，也可能不同。分担率的确定是非常复杂的，目前只有部分城市公布这方面的指标。例如：北京市城区1998年的机动车一氧化碳排放分担率为84.1%，而浓度分担率则为76.8%；氮氧化物（NO_x）的排放分担率为42.7%，而浓度分担率却为72.8%。在上海、广州等大城市，汽车尾气对空气污染的分担率已超过60%。

（2）单个汽车排放量

对于单车而言其气体污染物评价指标有三个：

① 单位里程的排出质量（g/km、g/mile）或每次试验的排出量（g/试验）。

② 为每千瓦小时（kW·h）的排出量（一般用于重型车）。单位为g/（kW·h）。

③ 为有害物体在排出气体中的体积分数。国外常用的单位为%（10^{-2}）、ppm（parts per million，$\times10^{-6}$）、ppb（parts per billion，$\times10^{-9}$）等，排气中的HC化合物比较特殊，因为有多种分子的HC混在一起，常用$ppmC_1$、$ppmC_2$……$ppmC_n$等表示，C_n的下标n表示AD基准的碳原子数，另外$ppmC_1$中的下标1经常省略。

另外，颗粒物（Particulate Matter，PM）的评价指标为气体污染物的前两个指标；汽车的烟雾排出情况经常使用的指标有烟度值和消（或吸）光系数。

汽车噪声一般使用噪声计测量，其单位为dB。

二、减少汽车环境公害的基本方法

减少汽车环境公害的基本方法一般都可以归纳为两大类。

1. 源头法

所谓源头法是指从源头着手，降低污染的控制技术。这种方法是根据有害排放物生成机理，对发动机机构及控制系统进行改造和设计，采用新材料、新工艺、新技术和新的控制方法，使发动机内的可燃混合气充分和高效地燃烧，从而达到减少有害气体排放的目的，即把燃烧污染物消灭在燃料化学能转化为机械能的过程之中，故这种方法被称之为源头法或机内净化。减少汽车噪声则是对声源加吸声和隔声装置等措施，减少汽车加速时发动机噪声产生的方法，主要是在发动机的底盖上镶嵌隔音材料，隔离发动机机体内产生的声音。

2. 后治理法

后治理法是指降低发动机排出有害物的控制技术。由于源头控制的效果是有限的，因此，采取发动机机外催化净化，将汽车排出的有害气体通过循环、过滤、催化反应等装置，使它们重新进入汽缸燃烧或在排放过程中被氧化、还原，变成无害物质排出车外，以减少排放污染，这种方法通常称之为后治理技术或机外净化。汽油车使用最多的是三效催化净化器和吸附还原的（NO_x）催化净化器。柴油车使用最多的是颗粒捕捉器 DPF（Diesel Particulate Filter）等，其原理是把排出的颗粒物（PM）过滤捕捉，使其燃烧变成 CO_2 排出。根据捕捉 PM 的处理方法可分为强制再生方式、连续再生方式和非再生方式三种。

汽车排放控制的源头控制技术和后治理技术的主要方法如下表所示。

汽车排放控制的基本方法

源头控制	改进策略	稀燃发动机、缸内直喷汽油发动机、连续可变气门定时机构、新型汽油发动机、直喷柴油发动机、降低摩擦损失、改善传动系效率、降低行驶阻力、轻量化、空调用新型制冷剂、制冷剂的循环利用、天然气汽车燃料
	改良策略	混合动力车
	替代策略	二次电池电动汽车、燃料电池汽车等
	合理使用	自动停止怠速和启动法、合理驾驶
后治理		DPF 法（强制再生方式、连续再生方式和非再生方式等）和氧化催化器等

3. 汽车循环再利用技术

汽车绿色制造模式要求在保证产品功能、质量和成本的前提下，强调在从设计、制造、使用、直至报废回收的整个生命周期内，综合考虑产品的环境属性，如可拆解性、可回收性、可维护性、可再生性以及对人身的健康安全等，以保证对环境影响最小和资源利用效率最高。对汽车的废弃物采用循环再利用技术，不仅能解决报废汽车带来的环境问题，还可解决汽车制造过程中面临的资源枯竭问题。

三、本课程的主要内容

本教材从汽车环境污染与控制的基本理论着手，系统地分析了汽车的排放污染、汽车的噪声与振动、电磁波对汽车无线电干扰及汽车废弃物等汽车环境公害的来源、对人体健康的危害、汽车公害生成的机理及影响因素；并从汽车环境污染的源头控制到汽车环境污染后治理，系统地阐述了汽车排放污染控制技术、隔声、吸声、阻尼抑振以及最新的有源噪声振动控制技术及电磁波公害的防治办法；简明扼要地介绍了国家最新的汽车环境污染控制标准规范及测试方法；对汽车环境污染控制系统的组成、工作过程以及报废汽车或汽车维修企业丢弃的固体废物（如汽车的废旧橡胶、塑料、玻璃）或液体（废旧的蓄电池、润滑油、燃料、电解液、零件清洗液、防冻液等）的处置方法等新技术进行了较为详细的介绍。

单元一 汽车排放污染物控制技术

知识目标：

1. 简单叙述汽车排放污染物的来源及种类；
2. 正确分析汽车排放污染物的生成机理、危害及影响因素；
3. 简明扼要地介绍我国汽车排放控制标准的特点；
4. 重点阐述汽车排放控制系统的基本组成、作用及工作原理；
5. 简单叙述汽车使用中汽车排放状况及汽车维修与驾驶中对排放控制的方法。

技能目标：

1. 会采用怠速法、工况法及烟度法进行汽车排放污染物试验与测量；
2. 会分析汽车排放污染超限值的原因；
3. 能提出解决问题的基本思路。

课题一 汽车排放污染物的来源及生成机理

汽车排放污染物主要有一氧化碳（CO）、碳氢化合物（HC）、氮氧化物（NO_x）、铅、细微颗粒物、二氧化硫（SO_2）、二氧化碳（CO_2）、氧化亚氮（N_2O）、臭氧等。其中 CO、HC、NO_x 是主要的污染物，柴油机的污染物除此之外还有颗粒物。

汽车排放污染物主要来自于三个方面。一是汽车排气管排放的污染物，二是蒸发污染物，三是曲轴箱污染物。它们的排放量如表 1-1 所示。

汽车污染物排放量 表 1-1

排放源	排放量（污染物总排放量的百分数）		
	CO	HC	NO_x
排气管	98～99	65	98～99
燃油系统	0	10	0
曲轴箱	1～2	25	1～2

一、汽车排气污染物

（一）汽车排气污染物的生成机理及危害

汽车排气污染物主要包括气态污染物和颗粒物。汽车排气污染物对装点燃式发动机和装压燃式发动机的汽车而言有所不同，其中，对装点燃式发动机汽车，是指排气管排放的气态污染物；对装压燃式发动机的汽车，则指的是排气管排放的气态污染物和颗粒物。

气态污染物指排气污染物中的一氧化碳（CO）、碳氢化合物（HC）和氮氧化物（NO_x）。

颗粒物（PM）指在温度不超过325K（25℃）的稀释排气中，由规定的过滤介质上收集到的所有物质（即排气成分）。

传统汽车发动机燃料为汽油和柴油。汽油和柴油主要是碳、氢原子构成的多种碳氢化合物的混合物。对于理想的燃烧过程而言，其燃烧产物应该为二氧化碳（CO_2）和水；而对于典型汽车发动机的燃烧过程而言，由于发动机中在燃烧过程发生的空间极为有限，每次燃烧过程持续时间极为短暂，所以燃烧很不充分。另外，发动机在燃烧过程中的温度很高，这些因素导致排气中除含有CO_2和水（H_2O）等因素以外，还有碳氢化合物（HC）、一氧化碳（CO）、氮氧化物（NO_x）、硫化物（SO_2、H_2S、H_2SO_4）、颗粒物（PM）、光化学烟雾等。这些物质都在不同程度上对环境和人体健康构成一定的损害。

1. 一氧化碳（CO）

CO是一种无色、无味、无臭、无刺激的有毒气体，相对密度0.967，几乎不溶于水，在大气中比较稳定。

（1）一氧化碳（CO）的生成机理

CO是一种不完全燃烧的产物，其生成机理比较复杂。若以R代表碳氢基，则燃料分子RH在燃烧过程中生成CO要经历如下反应：

$$RH \rightarrow R \rightarrow RO_2 \rightarrow RCHC \rightarrow RCO \rightarrow CO$$

① 氧气不足。CO的生成主要受混合气浓度的影响。在氧气充足时，即当空气-燃油混合比（空燃比A/F）达到14.7∶1或过量空气系数$\lambda=1$的理论燃烧值时，不应产生CO，而且还有可能有剩氧O_2存在。

当过量空气系数$\lambda<1$或混合气的空燃比$A/F<14.7$（浓混合气工况）时，由于缺氧使燃料中的碳（C）不能完全氧化成CO_2，CO便作为其烃燃料燃烧的中间产物生成。

② 混合不均。当过量空气系数$\lambda>1$或混合气的空燃比$A/F>14.7$（稀混合气工况）时，理论上不应有CO产生，但实际燃烧过程中由于混合不均匀，造

成局部区域的 $\lambda < 1$ 条件成立，即微观或局部存在着浓混合气区域，此区域内氧气不足而造成燃烧不完全，于是便会产生 CO。

如图 1-1 所示是实际发动机工作时，一氧化碳的排量与空燃比的关系。

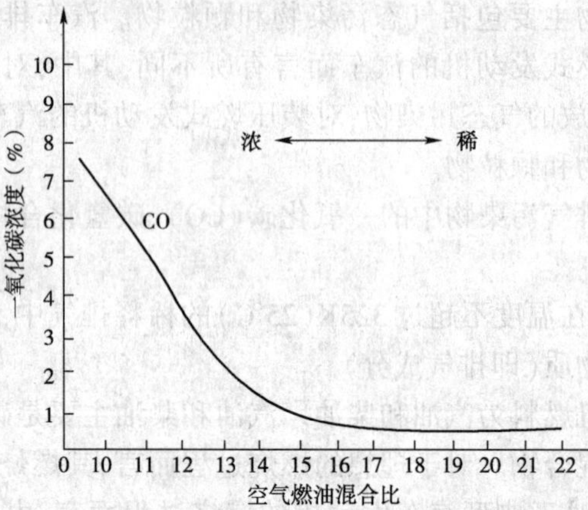

图 1-1　一氧化碳的排量与空气-燃油混合比的关系

③ 高温分解。在不缺氧甚至氧气非常充足、混合非常均匀的情况下，也会产生一些 CO。因为在高温状态下，已成为燃烧产物的二氧化碳（CO_2）和水（H_2O）也有极少部分产生热分解反应，由此生成 CO。如式（1-1）~式（1-3）所示为高温条件下的化学反应式：

$$2CO_2 \rightarrow 2CO + O_2 \qquad (1\text{-}1)$$

$$2H_2O \rightarrow 2H_2 + O_2 \qquad (1\text{-}2)$$

$$CO_2 + H_2 \rightarrow CO + H_2O(\text{水蒸气}) \qquad (1\text{-}3)$$

④ 壁面激冷（淬熄）。汽油机中混合气的燃烧是靠火焰传播进行的。当火焰在燃烧室内向外蔓延传播至燃烧室壁面时，由于该壁面（通常包含汽缸壁、汽缸盖下部表面、每个气门下部表面和活塞上部表面等）相对火焰温度较冷（例如：冷却水温 80℃，燃烧室壁面约 100℃，而燃烧火焰则高达 2 000℃以上），所以，在距离壁面不到 0.5mm 的范围内，火焰温度因遇激冷面而突然下降，火焰淬熄。在这个激冷层距离内的混合气或者没有产生燃烧反应，或者燃烧反应不完全，中间产物 CO 不能再进一步氧化成为 CO_2 而随排气门的打开排入大气中。

⑤ 排气系统中 HC 的不完全氧化。在排气系统中，特别离排气门出口处不远的地方，温度高达 500 ~ 600℃之间，排气系统中也还会存在一些剩余氧气，从汽缸排至排气管中的未燃烃 HC 因此会重新与氧进行反应。但因氧气不足，不

能全部生成 CO_2，还会生成一部分 CO。

上述引起 CO 生成的各种原因中，最主要的是氧气不足。不论是氧气不足或其他原因都会使得燃料的化学能没有彻底转换为热能，亦即影响了燃料的燃烧效率。发动机排气中 CO 的浓度（以容积百分数表示）越高，意味着燃烧效率越低。

(2) 一氧化碳（CO）对人体健康的危害

一般城市中的一氧化碳（CO）水平对植物及有关的生物均无害，但对人体则有害，主要是导致人体组织缺氧。因为 CO 被人吸入肺部后，非常容易与血液中的血红蛋白结合，即与血红素作用生成羧基血红素（Carboxyhemoglobin，简写为 COHb）。血红素与 CO 的结合能力较与氧的结合能力大 200 ~ 300 倍，而且分解困难。因此，可使人体血液携带氧的能力降低而引起缺氧，由此抑制思考，使人反应迟钝，引起睡意。浓度很高时会出现头疼、昏昏沉沉的症状，甚至死亡。暴露在高浓度的 CO 中会加剧心绞痛，增加冠心病患者发生运动性心痛的可能性，还可能影响胎儿的正常发育。交通高峰时段常常出现 CO 的污染峰值，汽车内浓度有时比车外更高。

综上所述，CO 对人体的毒害程度大小，由许多因素决定。如空气中 CO 的浓度大小、同 CO 接触时间的长短、呼吸的速度以及有无吸烟习惯（吸烟者羧基血红素的本底浓度为 5%，不吸烟者约为 0.5%）等对人体的受害程度均有很大影响。

① 空气中 CO 的浓度对人体健康的影响。空气中的 CO 浓度不同，对人体健康的影响程度是不同的。人体中血红蛋白转变为羧基血红素（COHb）的浓度对人体健康的影响如表 1-2 所示。

血液中 COHb 的浓度对人体健康的影响 表 1-2

血红蛋白转变为 COHb 的百分比（%）	对人体健康的影响
0.33 ~ 0.7	无烟状态时的正常值
2.5 ~ 3.0	个别受害。心脏功能减弱、血流变化。长时间处于该环境时，红血细胞浓度变化
4.0 ~ 6.0	视觉减弱、注意力减退、工作效率降低
3.0 ~ 8.0	抽烟者的正常值。抽烟者比不抽烟者对此有更多的红血细胞补偿
10.0 ~ 20.0	轻微头痛，疲倦，喘气，皮肤中的红细胞膨胀，视觉不正常，对胎儿有潜在的危害

续上表

血红蛋白转变为 COHb 的百分比(%)	对人体健康的影响
20.0~30.0	轻微头痛,严重头痛,恶心,灵敏度不正常
30.0~40.0	四肢无力、恶心、呕吐、视觉朦胧、严重头痛、判断力受损
50.0~60.0	气短、痉挛、昏迷
60.0~70.0	昏迷、心脏活动和呼吸作用低下,有时致命
>70.0	致命

② 与 CO 接触时间的长短对人体健康的影响。人体中 COHb 的含量随接触 CO 的时间增长而增多,经过大约 7~9h 后 COHb 的浓度稳定不再增加,但其稳定值随着空气中 CO 浓度的增加而增加。其变化曲线如图 1-2 所示。可见,人在 CO 浓度(体积分数)为 15×10^{-6} 的空气中停留大约 8h 后,便发生有害影响。

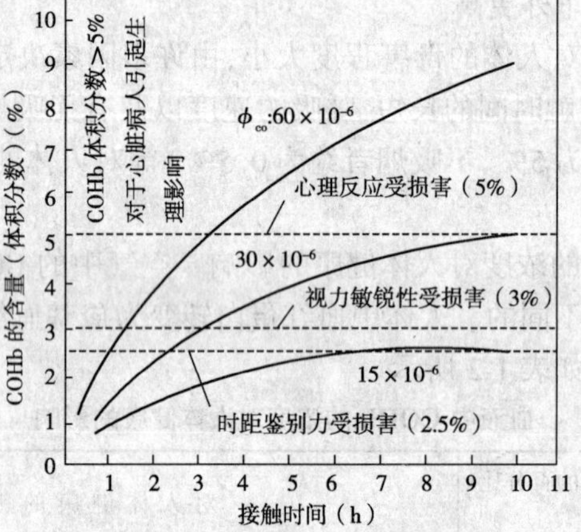

图 1-2 人体中 COHb 的含量随接触时间的变化

2. 氮氧化物(NO_x)

大气中的含氮化合物有 NO、NO_2、N_2O_3、N_2O_5 等,总称为 NO_x。造成空气污染的氮氧化物主要是一氧化氮(NO)和二氧化氮(NO_2)。

NO 是无色无味气体,稍溶于水。一般空气中的 NO 对人体无害,只有轻度刺激性,毒性不大,但当高浓度时会造成中枢神经轻度障碍。NO 可被氧化成 NO_2。

NO_2 是一种棕红色强刺激性的有毒气体,具有腐蚀性和生理刺激作用,能降低远方物体的亮度和反差，又是形成光化学烟雾的主要物质。

(1) 氮氧化物(NO_x)的生成机理

城市空气中 NO_x 主要来源于汽车发动机的排放。汽车发动机燃烧过程中所生成的 NO_x 主要是 NO，约占 95%，同时也会生成少量的 NO_2，仅占 5%。

NO_2 生成量随过量空气系数(λ)而变。对一般汽油机，其 λ 较小，一般 NO_2/NO_x 为 1% ~10%；而对于柴油机，由于其 λ 较汽油机大，所以一般 NO_2/NO_x 为 5% ~15%。

汽车发动机燃烧过程中生成大量的 NO，当其经排气管排入大气后，在大气条件下逐渐与氧或臭氧结合形成 NO_2。此处着重讨论 NO 的生成机理。

NO 的生成途径为高温 NO(Thermal NO)、激发 NO(Prompt NO)和燃料 NO(Fuel NO)三个途径。其中激发 NO 和燃料 NO 生成量极小，因而可忽略不计，而高温 NO 是 NO 的主要生成来源。

根据苏联科学家捷尔杜维奇(Zeldovich)1946 年提出的反应机理(称为捷式反应机理)，在燃烧的高温下氧分子部分分解成氧原子，见反应式(1-4)；氧原子与氮分子磁撞生成 NO，见反应式(1-5)；氧分子与氮原子磁撞也生成 NO，见反应式(1-6)。这两种反应生成的 NO 是同一数量级的。

$$O_2 \xrightleftharpoons{\text{高温}} 2O \tag{1-4}$$

$$O + N_2 \xrightleftharpoons{\text{高温}} NO + N \tag{1-5}$$

$$N + O_2 \xrightleftharpoons{\text{高温}} NO + O \tag{1-6}$$

式(1-5)中的氧原子主要由反应式(1-4)所示分解的氧原子供给，小部分由反应式(1-6)生成的氧原子供给。反应式(1-6)的氮原子主要靠反应式(1-5)生成的氮原子供给。式(1-5)、(1-6)都是强烈的吸热反应，只有在大于 1 600℃的高温下才能进行，由此称为高温 NO 生成机理。

根据高温 NO 生成机理，产生 NO 的三要素是温度、氧浓度和反应时间。

① 温度。高温是 NO 生成的最重要条件，它不仅影响 NO 的化学平衡浓度，更重要的是影响 NO 的生成速度。在发动机燃烧过程中，即使氧很充分，但燃烧温度不高，氧的分解进行得也很慢，NO 生成浓度低。

② 氧浓度。从以上式中可以看出，NO 的生成不仅与发动机燃烧温度有关，还与氧含量有密切的关系。在混合气浓度稍稀(即过量空气系数 $\lambda = 1.1$)的高温情况下，NO 生成浓度为最高。

③ 反应时间。如果燃气在高温和富氧的条件下逗留时间长，NO 的生成量必然增加，NO 的生成主要是在火焰峰面后面的已燃气体中。由上述 NO 链反应机理可知，NO 生成反应是可逆反应，但 NO 在燃气中逆反应(分解反应)速度

缓慢，所以一旦汽缸内形成 NO，去除 NO 就较困难，NO 就会“冻结”在一个非平衡的高浓度水平上而从排气中排出。

总之，在足够的氧浓度条件下，温度越高和反应时间越长，则 NO 的生成量就越大。

(2) 氮氧化物(NO_x)对人体健康的危害

NO_2 吸入人体后与血液中血红蛋白 Hb 结合，使血液输氧能力下降，对心脏、肝、肾等均有影响。空气中 NO_2 的浓度及人体与之相接触的时间不同，对人体的毒害程度也有所不同。空气中 NO_x 浓度对人体健康的影响，如表 1-3所示。

不同浓度的 NO_2 对人体健康的影响 表 1-3

NO_2 的浓度(10^{-6})	对人体健康的影响	NO_2 的浓度(10^{-6})	对人体健康的影响
1	闻到臭味	80	3min 可感到胸痛、恶心
5	闻到强臭味	100 ~ 150	在 30 ~ 60min 内因肺水肿而死亡
10 ~ 15	10min 可使眼、鼻、呼吸道受到刺激	250	很快死亡
50	1min 内人呼吸困难		

一般城市中的 NO_2 浓度能引起急性呼吸道病变。试验证明，在 $0.063 \times 10^{-6} \sim 0.083 \times 10^{-6}$ 的浓度下，可使 6 个月大小的儿童的支气管炎发病率增加。

3. 碳氢化合物(HC)

自然界中的碳氢化合物主要是由生物的分解作用产生。大气中的碳氢化合物(也称烃)则主要来源于汽车发动机排气管排放、燃油供给系统蒸发泄漏以及曲轴箱泄漏排出的 HC，此处仅介绍汽车发动机排气管排放物的 HC。

发动机排气中的碳氢化合物其成分极其复杂，当发动机内的部分燃油以及进入燃烧室的少量润滑油没有燃烧或燃烧不完全，就以 HC 的形式排出。它的成分主要是未参加燃烧的燃油碳氢化合物分子、燃烧过程中高温分解和合成的中间产物和部分氧化物，如苯、醛、酮、烯、多环芳香族碳氢化合物等 200 余种物质。

发动机排气中的碳氢化合物与燃油种类(初始成分)有很大的关系。汽油机和柴油机由于所使用的燃油不同，两者的工作过程和燃烧方式也不同，所以 HC 在汽油机和柴油机中的生成机理是不同的。

(1) HC 在汽油机中的生成机理

① 燃烧不完全。在以预均匀混合气进行燃烧的汽油机中，HC 与 CO 一样，也是一种不完全燃烧(氧化)的产物，因而与过量空气系数 λ 有密切关系。当可燃混合气过浓，即 $\lambda < 1$ 时，燃烧不完全，如在怠速和低负荷低速工况时，缸内残

余废气量大，燃烧速率下降，火焰不能传遍整个燃烧室，发生大面积的可燃混合气淬熄现象，使未燃 HC 排放剧增。混合气过稀，即 $\lambda > 1$ 时发生部分循环失火或完全失火，产生未燃 HC。这种现象在混合气浓度严重超出可燃界限、点火系不良、废气再循环(EGR)引入汽缸内的废气量过多以及某些过渡工况(如汽车加速或减速)时会更严重。

② 燃烧室内的缝隙效应。燃烧室内存在着很多缝隙(通常指小于 1mm 的间隙)，如由活塞顶岸部与缸壁之间、第一、二道活塞环背后组成的缝隙，这部分占总缝隙的 80%；又如汽缸盖垫接合面处、火花塞中心电极处、进排气门头部周围等缝隙。当缸内压力升高时，会将一部分未燃的可燃混合气压进缝隙中，由于缝隙很窄，面容比大，混合气流入缝隙中被双壁冷却，火焰无法传入到缝隙中去，使其中存在的燃油(也包括润滑油)不能燃烧，于是形成未燃 HC，当膨胀、排气过程中缸内压力降低时，未燃 HC 从缝隙中返回汽缸，并随排气一起排出。虽然缝隙容积较小，但其气体压力高，温度低，因而密度大，导致 HC 的浓度极高。研究表明，有 5%～10% 新鲜混合气由于缝隙效应会躲过火焰传播的燃烧过程。这种缝隙效应是产生未燃 HC 的重要来源。

③ 壁面淬熄效应。燃烧过程中，燃气温度高达 2 000℃以上，而汽缸壁面温度在 300℃以下，因而靠近壁面的气体，受低温壁面的影响，温度远低于燃气温度，并且气体流动也较弱。所谓壁面淬熄效应是指温度较低的燃烧室壁面对火焰的迅速冷却(也称冷激，Quenching)，使活化分子的能量被吸收，链式反应中断，在壁面形成厚 0.1～0.2mm 的不燃烧或不完全燃烧的火焰淬熄层，产生大量未燃 HC。淬熄层厚度随发动机工况、混合气湍流程度和壁温的不同而不同，小负荷时较厚，特别是冷起动和怠速时，燃烧室壁温度较低，形成很厚的淬熄层。一些研究表明，由壁面淬熄效应产生的 HC 可占排气管排放 HC 的 30%～50%。

如图 1-3 所示是根据透明燃烧室高速摄影结果获得的燃烧过程中淬熄层的变化。图 1-3a)表示几个缝隙处存在不燃烧的淬熄层。图 1-3b)表示燃烧结束排气门开启后，排气门周围的淬熄层随废气首先排出汽缸。图 1-3c)表示在排气过程后半期，壁面和缝隙处的淬熄层开始剥离并排出汽缸，由此造成了在排气管测到的 HC 排放浓度及质量流量在排气门开启后以及排气过程后期分别出现了峰值。如图 1-4 所示为某单缸汽油机排气过程中未燃 HC 浓度随曲轴转角变化的测量结果。从图中可以看出，排气门打开后，出现未燃 HC 排放的第一峰值，这是汽缸内未燃 HC 排出汽缸，排气过程中未燃 HC 同时进行氧化反应，浓度有所降低。到排气将结束时出现未燃 HC 的最大峰值，这时汽缸内压力急剧下降，活塞顶岸部缝隙中未燃 HC 以漩涡形式卷出，然后排出汽缸。

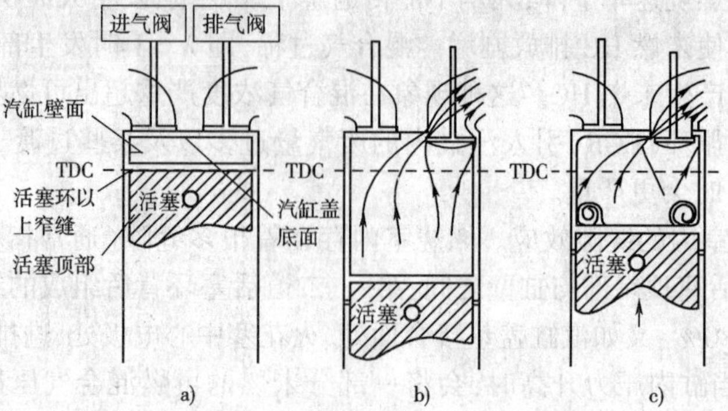

图 1-3　淬熄层的变化过程

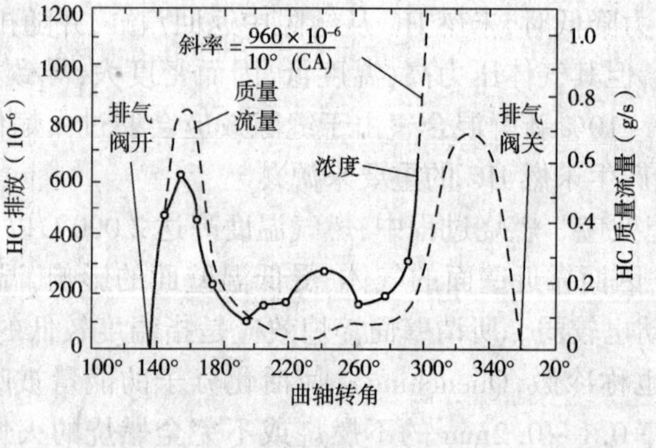

图 1-4　排气过程中 HC 排放的变化

④ 缸壁润滑油膜和积炭的吸附及释放。在进气和压缩过程中，有一部分燃油蒸气被发动机汽缸壁面上的润滑油膜以及沉积在活塞顶部、燃烧室壁面和进排气门、火花塞电极上的多孔性积炭吸附而未参加燃烧，当膨胀和排气过程中汽缸内压力降低时，未燃的燃油逐步脱附而释放出来，进入燃烧产物中，少部分被氧化，大部分则不能氧化而以未燃 HC 随已燃气体从排所管中排出汽缸。据研究，这种由油膜和积炭吸附产生的 HC 排放占总量的 35%～50%。

实验表明，发动机使用含铅汽油时燃烧室壁面上的积炭可使 HC 排放增加 7%～20%，积炭消除后，HC 排放显著降低了，且接近于发动机的排放指标。

(2) HC 在柴油机中的生成机理

由于柴油机是扩散燃烧，混合气的形成和汽油机不同，缝隙中为空气，因而缝隙效应并不明显，燃油在燃烧室内的停留时间比汽油机短，这是柴油机 HC 排放低于汽油机的主要原因。当然，如果燃油喷雾特性与汽缸内气流运动特性匹配不好，使得燃油被喷射到壁面上，也会由于吸附和淬熄效应，造成 HC 排放增高。

一般柴油机中产生 HC 的主要原因是混合不均匀、在燃烧过程后期低速离开喷油器的燃油混合及燃烧不良所致。

① 混合不均匀。如上所述，柴油机混合气浓度分布极不均匀，在超出着火界限的过浓或过稀的混合气区域，会产生局部失火。如靠近喷油射束中心区域会形成过浓混合气，而喷油射束的周边区域会因过度混合而产生过稀混合气。

② 喷油器压力室容积的影响。如图 1-5 所示，由于制造工艺的需要，一般喷油器针阀密封座面以下有一小空间，称为压力室。

所谓压力室容积实际上还包括各喷孔的容积。喷油结束时，压力室容积中充满燃油；随着燃烧和膨胀过程的进行，这部分柴油被加热和汽化，并以液态或气态低速进入燃烧室内。由于这时混合及燃烧速度极为缓慢，使得这部分柴油很难充分燃烧和氧化，从而导致大量的 HC 产生。由图 1-5 可以看出，随着压力室容积的减少，HC 排放量明显下降；当压力室容积为 0 时，HC 排放浓度降低到约为 150×10^{-6}，对比压力室容积为 1.35mm³ 时 HC 排放浓度约为 600×10^{-6}，可以认为原机的 HC 排放中，由压力室容积造成的 HC 排放占了总量的 3/4。

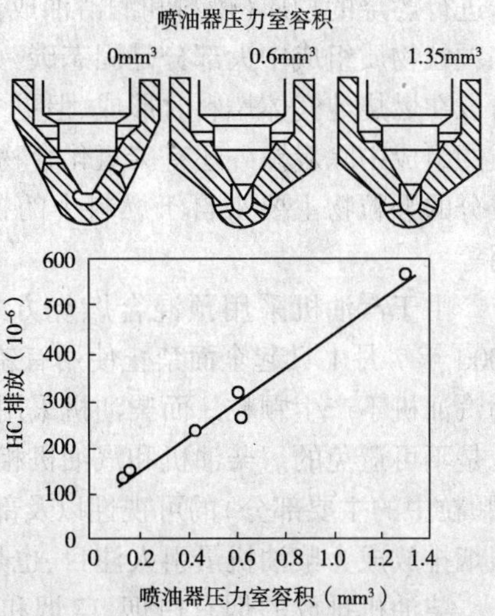

图 1-5　喷油器压力室容积对 HC 排放的影响

同理，二次喷射或后滴等不正常喷油也会造成 HC 排放量上升。

(3) HC 对人体健康的危害

碳氢化合物(HC)对人体健康有直接的影响。在排出的 HC 中，饱和烃一般危害不大，如排出的 HC 中，甲烷气体无毒性，乙烯、丙烯和乙炔主要会对植物造成危害；但是不饱和烃却有很大的危害性，如排出的 HC 中，苯是无色气体，但有特殊气味，特别难闻，可引起食欲不振、体重减轻、易倦、头晕、头痛、呕吐、失眠、黏膜出血等症状，也可引起血液变化，红血球减少，出现贫血，还可以导致白血病。而排出的 HC 中甲醛、丙烯醛等醛类气体，同样会对人的眼、鼻、呼吸道和皮肤有强刺激作用，当浓度超过 1×10^{-6}时，会引起结膜炎、鼻炎和支气管炎等；浓度超过 25×10^{-6}时，会引起头晕、恶心；超过 $1\,000 \times 10^{-6}$时会引起急性中毒。在排出的 HC 中的多环芳香烃，即苯并芘及硝基烯，是一种较强的致癌物。烃类成分还是引起光化学烟雾的重要物质。

4. 颗粒物

颗粒物(PM)是指在温度不超过325K(25℃)的稀释排气中,由规定的过滤介质上收集到的所有物质(即排气成分)。

对装压燃式发动机的汽车,排气污染物除气态污染物(CO、NO_x、HC)外,还有颗粒物。

燃烧室排放出的颗粒物有三个来源,其一是不可燃物质;其二是可燃的但未进行燃烧的物质(燃料和润滑油成分);其三是燃烧生成物。燃烧过程中排出的颗粒物质组成中大部分是固态碳,火焰中形成的固体碳粒子称为炭黑。炭黑可以在燃烧纯气体燃料时形成,但更多的则是在液体燃料燃烧时形成。颗粒物质的组成中除炭黑外还有碳氢化合物、硫化物和含金属成分的灰分等。含金属成分的颗粒物主要来自于燃料中的抗爆剂、润滑油添加剂以及运动产生的磨屑等。

由于汽油机采用预混合燃烧方式,除了因使用高含铅量汽油(我国已在2000年7月1日起全面禁止使用有铅汽油)而引起含铅颗粒排放外,一般可认为汽油机不产生颗粒。而柴油机采用扩散燃烧方式,这就决定了柴油机产生颗粒是不可避免的。柴油机和汽油机相比,其颗粒排放量要多几十倍。加上碳烟(颗粒中的主要部分)的可视性以及部分颗粒成分被认为是致癌物质,以致颗粒碳烟排放成为柴油机最引人注目、也是最引起非议的排放问题。

柴油机排放的烟有白烟、蓝烟和黑烟(碳烟)。其中白烟和蓝烟是液态颗粒,而黑烟是固态颗粒。白烟是高沸点的未燃烃和水蒸气混合而成的液态颗粒,它的直径一般在1.0μm左右,主要是在冷起动时产生(温度低于250℃)。蓝烟主要是未燃烧的烃,有燃油和润滑油以及燃烧中间产物,其颗粒较小,一般在0.5μm以下,蓝烟主要是在暖机时产生(温度在250~650℃),当发动机温度提高后,蓝烟就会消失。黑烟由碳烟颗粒(呈黑色)所组成。碳烟排放的升高与降低必然导致颗粒排放的相应变化。汽车排出的碳烟颗粒,通常直径都在1μm以下,柴油机的颗粒尺寸比汽油机大。通常未采取控制措施的柴油机排出的颗粒是带有催化反应器的汽油机的50~70倍,因此,为控制排放污染,必须认真研究柴油机炭烟的生成机理。

(1) 炭烟的生成机理

在整个燃烧过程中,炭烟通常要经历生成和氧化两个阶段。

① 炭烟的生成。炭烟是由烃类燃料在高温缺氧条件下裂解生成的。一般认为,当燃油喷射到高温的空气中时,轻质烃很快蒸发汽化,而重质烃会以液态暂时存在。液态的重质烃在高温缺氧条件下,直接脱氢碳化,成为焦炭状的液相析出型碳粒,粒度一般比较大。而蒸发汽化了的轻质烃,经过相对比较复杂

的途径，产生气相析出型碳粒，粒度相对较小。首先，气相的燃油分子在高温缺氧条件下发生部分氧化和热裂解，生成各种不饱和烃，如乙烯、乙炔及其较高的同系物和多环芳香烃；它们不断脱氢形成原子级的碳粒子，逐渐聚合成直径2μm左右的炭烟核心（碳核）；气相的烃和其他物质在碳核表面的凝聚以及碳核相互碰撞发生的凝聚，使碳核继续增大，成为直径20～30μm的炭烟基元；而炭烟基元经过相互聚集形成直径1μm以下的球状或链状的多孔性聚合物。重馏分的未燃烃、硫酸盐以及水分等在碳粒上吸附凝聚，形成颗粒排放。

② 炭烟的氧化。已经生成的炭烟，只要能遇到足够的氧化氛围和高温，也会氧化反应，其体积缩小甚至完全氧化掉。在整个燃烧过程中，炭烟要经历生成和氧化两个阶段；因所处局部区域的氧化条件不同，炭烟的氧化速率不同。由此可以得到降低柴油机炭烟的指导思想之一，即燃烧前期应尽量避免高温缺氧，以减少炭烟生成；燃烧后期应保证高温富氧和加强混合扰流强度，以加速炭烟氧化。

（2）颗粒物对人体健康的危害

颗粒对人体健康的危害与颗粒的大小及其组成有关。颗粒可以通过呼吸沉积到人体肺部，从而加重呼吸系统的疾病。颗粒越小，悬浮在空气中的时间越长，进入人体肺部及支气管中的比例越大，危害也越大。小于0.1μm的颗粒能在空气中作随机运动，进入肺部并黏附在肺细胞的组织中，有些还会被血液吸收；0.1～0.5μm的颗粒能深入肺部并黏附在肺叶表面黏液中，随后会被绒毛所清除；大于5μm的颗粒常在鼻处受阻，不能深入呼吸道；大于10μm的颗粒可排出体外。近年来，细颗粒（PM_{10}、$PM_{2.5}$）对健康的影响越来越受关注，由于其表面通常吸附许多有机污染物、重金属元素和一些致癌物质，沉积到人的肺部会产生累积健康危害。由于柴油机排出的颗粒直径大都小于0.3μm，而且数量比汽油机高出30～60倍，成分更复杂，因而柴油机排出的颗粒危害更大。

5. 光化学烟雾

光化学烟雾（Photochemical Smog）是指HC和NO_x在阳光作用下发生化学反应而生成的刺激性产物。

（1）光化学烟雾的生成机理

产生光化学烟雾的基本条件是大气中存在一定浓度的HC和NO_x（一次有害污染物）。当$HC/NO_x>3$时，在强烈的阳光照射下会产生臭氧（O_3）和过氧酰基硝酸盐（PAN）组成的光化学烟雾。一般这种二次有害污染物常发生在夏秋季之间，在污染物多、大气不流畅的大城市或盆地地区，而且在午后2～3点时光化学烟雾浓度最高，如式（1-7）所示。

$$HC + NO_X \xrightarrow{\text{强阳光空气流动差}} O_3 + PAN \qquad (1\text{-}7)$$

光化学反应是一个复杂的过程。美国通用汽车公司卡普兰在试验室中模拟了光化学烟雾生成，提出了光化学烟雾的生成机理，如式(1-8)～式(1-10)所示。

$$NO_2 + hv \rightarrow NO + O \qquad (1\text{-}8)$$

$$O + O_2 + M \rightarrow O_3 + M(O_3\text{ 浓度增加}) \qquad (1\text{-}9)$$

$$O_3 + NO \rightarrow NO + O_2(O_3\text{ 浓度减少}) \qquad (1\text{-}10)$$

在没有 HC 的条件下，上述三个反应趋于平衡状态，O_3 浓度低，但存在 HC 时，它和 O、O_2、O_3 产生中间产物过氧烷基 RO_2，RO_2 和式(1-9)中的 NO 以极快的反应速度进行反应，如式(1-11)所示，因而抑制了消除 O_3 的反应(式 1-9)，来不及消耗 O_3，使反应系统中的 O_3 浓度增加。

$$RO_2 + NO \rightarrow RO + NO_2 \qquad (1\text{-}11)$$

此外，有了反应生成酰基根 RCO，从而产生过氧酰基硝酸盐(RCO_3NO_2)，如式(1-12)所示。

$$RCO + NO_2 + O_2 \rightarrow RCO_3NO_2 \qquad (1\text{-}12)$$

(2) 光化学烟雾对人体健康的危害

① 光化学烟雾对人眼睛的刺激。光化学烟雾中的甲醛、过氧化苯甲醛酰硝酸基(PBzN)、过氧酰基硝酸盐(PAN)和丙烯醛对人的眼睛会产生刺激。

② 光化学烟雾对人呼吸道的影响。光化学烟雾中的臭氧(O_3)刺激呼吸系统的黏膜，导致咳嗽、呼吸困难，削弱肺功能，对室外锻炼的人特别有害。臭氧还引起诸如深呼吸时胸部不适，眼睛、鼻子、喉咙刺痒，头痛、疲倦等症状，并使哮喘病增多。臭氧会增加人对过敏源如花粉的敏感性，也降低人体对细菌和病毒的抵抗力(如引起感冒、肺炎等)。空气中臭氧的浓度对人体健康的影响如表 1-4 所示。

不同浓度的 O_3 对人体健康的影响 表 1-4

O_3 的浓度(10^{-6})	对人体健康的影响	O_3 的浓度(10^{-6})	对人体健康的影响
0.02	开始闻到臭味	5～10	全身痛、麻痹，引起肺气肿
0.2	1h 感到胸紧	100～150	在 30～60min 内因肺水肿而死亡
0.2～0.5	3～6h 引起视力下降	>150	30min 死亡
1	1h 引起气喘，2h 感到头痛		

需要区别的概念是地面附近的臭氧和通常所说离地面 1 万米以上的臭氧层不一样，臭氧层吸收太阳的紫外线，对保护人类意义重大，而地面附近的臭氧是强氧化剂，不仅对人体健康造成伤害，而且同样对有机物质(如橡胶、棉布、尼

龙和聚酯等)及植物产生很大的危害。

6. 硫化物

液体燃料中的硫含量是指燃料中元素硫和活性及非活性硫化物的总含硫量。由于正常燃料中一般不允许有活性含硫物质,所以硫含量实际上是硫元素和各种非活性含硫物质的总硫量。这些物质主要包括硫醇、硫醚、二硫化物等以及硫茂(噻吩)和它的衍生物等。汽车燃烧产物中的硫化物主要来自这些含硫物质的燃烧,含硫燃料燃烧火焰呈淡蓝色。含硫燃料一旦燃烧,其中的硫就很容易与氧化物进行反应,硫和燃料中的氮类似,它能更快地转化成硫的氧化物。

在燃烧系统中元素硫或含硫化合物主要以二氧化硫(SO_2)形式存在,三氧化硫(SO_3)含量很少,即使在很贫的燃料状态下,也只占 SO_2 的百分之几。但是 SO_3 极易与水生成硫酸,因此 SO_3 的浓度相当重要。在富燃料状态下,除了 SO_2 外还有硫化氢(H_2S)和元素硫等稳定产物。

大气中的硫化物主要是指 SO_2、H_2S、H_2SO_4 和硫酸盐。汽车排放的硫化物主要是柴油机排出的。

SO_2 对人类健康有重要影响,它能刺激人的呼吸系统,尤以有肺部慢性病和心脏病的人最易受害,使呼吸道等疾病增多。当空气中 SO_2 年平均浓度大于 0.04×10^{-6} 或日平均浓度大于 0.11×10^{-6} 时,即对人体产生危害。值得指出的是当 SO_2 与颗粒物质共存时,其危害可增大到 3~4 倍。随着低硫柴油的推广使用,SO_2 的排放在逐年降低。

(二) 影响汽车排气污染物生成的主要因素

影响汽车排气污染物生成的因素很多且很复杂,但从排气污染物的生成机理可知,它们都是燃烧化学反应的产物。发动机在工作中,其运行工况、燃料的混合气浓度、工作温度、点火时刻等都直接影响着燃料的正常燃烧,从而导致 CO、HC、NO_x 等有害物质的排放改变。分析影响汽车排气污染物生成的主要因素可以有效治理汽车的排气污染。

1. 发动机混合气浓度对排气污染物生成的影响

(1) 对汽油机的影响

汽油机燃烧必须具备两个条件:一是混合气成分(空燃比)应处在可燃界限内(一般其空燃比在 10~19 之间);二是火花塞具有足够的点火能量(最小点火能量为 40~120mJ),能可靠地点燃混合气。汽油机中的有害排放物 CO、HC、NO_x 以及动力性和经济性随空燃比的变化如图 1-6 所示。

CO 和 HC 排放随空燃比的增大而急剧下降,原因之一是汽缸壁冷面和冷隙缝中的 CO 和 HC 含量减小；二是汽缸中的含氧量增加；三是发动机排气温度增高，使 CO 和 HC 下降。超过 $\lambda=1$ 后，逐渐达到最低值。当空燃比过大(混合气过稀)时，因燃烧不稳定甚至失火次数增多及排气温度过低，使 HC 在排气系统中不能迅速氧化，结果导致 HC 又有所回升。当 $\lambda<1$ 混合气较浓时，由于燃烧不完全，排放的 CO 和 HC 浓度较高。从降低 CO 和 HC 的角度来说，应避免在 $\lambda<1$ 的区域运转，但汽油机的最大功率却出现在 $\lambda=0.8\sim0.9$，怠速和冷起动时 $\lambda=0.6\sim0.7$，因而提高动力性与排放控制存在一定的矛盾。因此，必须从汽车结构和使用上综合考虑汽车的动力性、经济性和排放特性。

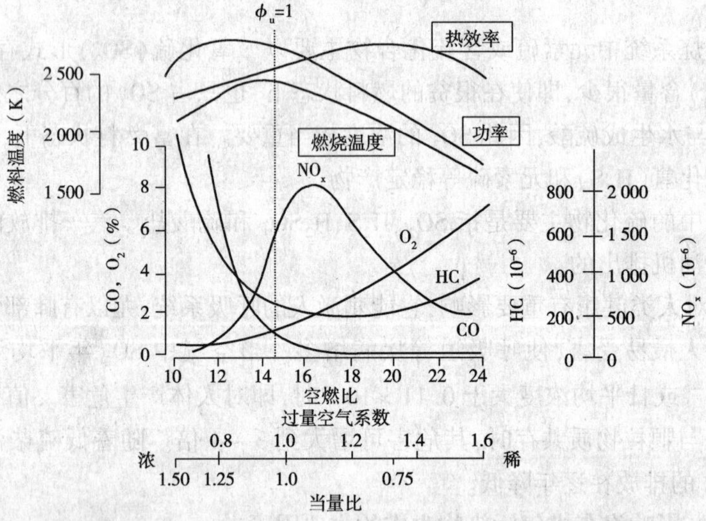

图 1-6 汽油机空燃比对 CO、HC、NO_x 排量的影响

NO_x 的变化规律恰恰与 CO 和 HC 相反。在 $\lambda=1.1$ 附近，NO_x 生成量最高，混合气过浓或过稀都会降低。$\lambda<1$ 时，燃烧是在还原性气氛中进行的，燃烧温度和氧含量都很低，因此，NO 难以生成；λ 过大(混合气过稀)时，会由于燃烧温度下降，使 NO 的生成速度减慢；只有在 $\lambda=1.1$ 附近，才能兼有高温和富氧两个必要条件，最有利于 NO 的生成。

从以上分析可知，通过控制汽油机的 λ 可明显改变各排放污染物的生成。

(2) 对柴油机的影响

对于柴油机，λ 的影响略有不同。柴油机靠压缩提高汽缸内混合气的温度，使其自燃。由于柴油机是在极短的时间内靠高压将柴油喷入汽缸，经过喷雾、蒸发、混合过程形成非均质的可燃混合气，当压缩达到自燃温度就会有多处着火而燃烧。燃烧时，仍有燃料正在连续喷射，继续进行喷雾蒸发混合过程，这是柴油机扩散燃烧特点。虽然柴油机过量空气系数较大(一般 $\lambda>2$),但是由于混合气形成与燃烧特点不同,炭烟等颗粒物远比汽油机大几十倍,NO_x 的浓度与汽油机在同一数量级上约少 50% 左右,而 CO、HC 排放较少。如图 1-7 所示,柴油机总是在 $\lambda>1$ 的稀混合气条件下运转,氧气充分,能对形成的 CO 在汽缸内氧化,因而 CO 的排放一般很低,不到汽油机的 1/10,只有在高负荷($\lambda<2$)时才开始急剧增加。但由于柴油机是扩散燃烧,混合气的浓度分布极不均匀,完全燃烧所需要的空气量要比预混合燃烧时多,因而与图 1-6 相比,CO、HC、NO_x 曲线向稀区平移。

在中小负荷($\lambda>2$)时,由于在燃油喷雾边缘区域形成了过稀混合气以及汽缸内温度过低的原因,造成 HC 排放略有上升,但仍比汽油要低得多。

柴油机 NO_x 的生成规律与汽油机相同,但生成量低于汽油机,这主要是与柴油机的混合气浓度分布不均匀有关。在考虑 NO_x 生成与 λ 的关系时,不仅要看平均 λ,也应看局部 λ。

柴油机中炭烟排放质量浓度随 λ 的变化见图 1-7。根据炭烟的生成机理,在 $\lambda>0.6$ 的区域,理论上不应产生炭烟,但由于柴油机混合气浓度分布极不均匀,局部缺氧使得 $\lambda\leqslant2$ 以后,炭烟急剧上升。因此,应合理加强混合过程,改善局部缺氧状况,使冒烟极限向 $\lambda=1$ 靠近。

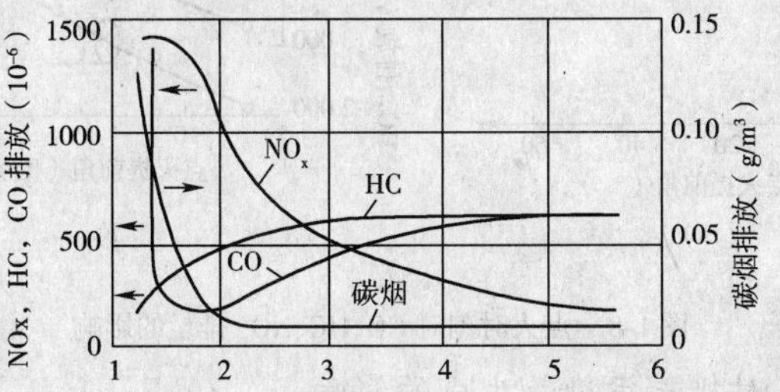

图 1-7　柴油机空燃比对 CO、HC、NO_x 排量的影响

2. 点火时刻对排气污染物生成的影响

图 1-8a)给出了点火时刻(即点火提前角)对汽油机一氧化碳(CO)排放的影响;图 1-8b)给出了碳氢化合物(HC)、氮氧化物(NO_x)排放的影响。

从图 1-8 中可以看出,点火时刻推迟,碳氢化合物(HC)排放量降低。因为点火时刻推迟后,一方面,使排气温度升高,促进了 HC 的氧化;另一方面,点火时刻的推迟,降低了发动机汽缸的面容比,缸壁冷面相对减小,使未燃 HC 的排量减小,最终排出的 HC 减少。

点火时刻推迟,CO 排放量下降。但当点火提前角过小时,CO 排放量却在增加,这是因为发动机燃烧时间缩短、氧化不完全的结果。

NO_x 排放降低的原因主要是由于随点火提前角的推迟，上止点后燃烧的燃料增多，燃烧最高温度下降造成的。

同理，在柴油机上，随喷油提前角的推迟，除动力性和燃油经济性恶化外，炭烟和颗粒排放会有明显增加。

如图 1-8 所示，在过量空气系数 $\lambda=1$ 的条件下，随着点火提前角减小，CO、HC、NO_x 同时降低，但发动机的燃油耗率却明显下降了。这是因为随着点火时间相对于最佳点火提前角的推迟，燃烧等容度降低，后燃加重，使得热效率变差。因此，最佳点火(喷油)提前角的确定必须综合考虑汽车的动力性、经济性和排放特性，在调整点火时刻时应以汽车较好的动力性能和燃油经济性能为主，并兼顾排放性能。

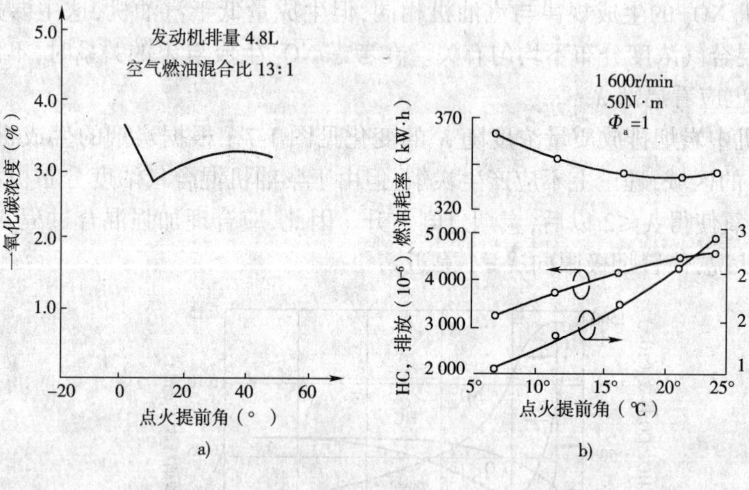

图 1-8 点火时刻对 CO、HC、NO_x 排量的影响

3. 运转工况对排气污染物生成的影响

运转工况不同，发动机的过量空气系数 λ 和燃烧温度则不同，因而造成有害排气物的生成量也不相同。

(1) 发动机转速

发动机怠速运转时，由于过量空气系数小(较浓混合气)，同时怠速时汽缸内温度较低、残余废气系数较高，因而 CO、HC 的排放浓度较高。因此，可适当提高怠速转速，使进气量增加，燃烧较好，从而可降低 CO、HC 的排放量。

汽车在加速和高速行驶时，由于燃烧温度高，因而排放 NO_x 浓度较高。

在不同空燃比的混合气条件下，发动机转速对氮氧化物排放量的影响是不同的。当空燃比较小时，较浓的混合气在发动机中的燃烧速度加快，转速升高，发动机汽缸的混合气扰动加强，火焰传播速度加快，同时平均热损失减少，使发动机工作温度上升，则 NO 的排放量随转速的上升而提高。而当混合气较稀时，它在发动机中的燃烧速度就慢，转速越高，燃烧越向膨胀和温度不高的区域移动，结果发动机工作温度下降，使 NO 的排放量相对减少。

发动机转速升高，HC 排放量下降。这是因为发动机转速升高，增强了汽缸中的扰流混合与涡流扩散，改善了汽缸内的燃烧，增强了缸壁冷面的氧化；同时，发动机转速升高还增加了排气中的扰流混合，促进了排气系统中 HC 的氧化。因此，汽缸中的扰流混合与涡流扩散和排气中的扰流混合都使 HC 的排放量降低。值得说明的是，发动机在高速时为了克服发动机较高的阻力，排气流量加大，HC 在排气系统中停留的时间缩短，因此，HC 浓度的降低受到抑制，即高转速时 HC 排量的降低将小于预计结果。

(2) 发动机负荷

随着发动机负荷由小变大，进气歧管的压力也由小到大。

① 发动机负荷变化对一氧化碳(CO)排量的影响。首先，是发动机对 CO 排量(浓度)的影响。在发动机小负荷和大负荷工作时，所供给的混合气均较浓，此时 CO 的排量浓度较高。随着负荷的增加(进气歧管压力的变大)，CO 开始排放的浓度较大，随后逐渐减小，最后又增大，符合发动机小负荷和大负荷混合气较浓的情况。

其次，是发动机负荷变化对 CO 在单位时间内排放总量的影响。尽管在发动机中等负荷时，CO 的排放浓度较低，但是随着发动机负荷的增加，CO 的排放速度也增加。

因此，发动机负荷变大(或功率增加)，CO 在单位时间内排放的总量也随之增加。

② 发动机负荷变化对碳氢化合物(HC)排量的影响。当小负荷工作，即进气歧管压力较低时，供给发动机的混合气较浓，缸壁冷面和冷隙缝作用较强，HC 排量较高；若压力过低，还可能发生火焰传播不完全，结果使 HC 排量(浓度)明显增高。当负荷增加和进气歧管压力增大后，混合气变稀，HC 的排量降至很低，即使发动机全负荷工作，燃油喷射系统加浓混合气，使 HC 的排量有上升趋势，但由于满负荷时排气温度较高，对 HC 的氧化加强，结果限制了 HC 的排量。

③ 发动机负荷变化对氮氧化物(NO_x)排量的影响。随着发动机负荷增大，进气歧管压力增大，NO 的排量也增大。发动机负荷较小即进气歧管压力不大时，发动机的工作温度低，残余废气相对较多，火焰传播速度低，结果导致燃烧时间长，整个燃烧过程向膨胀行程推移，发动机最高温度低，因此，NO 的排量较少。随着发动机负荷的上升，上述因素逐步消失，发动机的最高温度不断升高，

NO 的排量也逐渐增多。

二、蒸发污染物

蒸发污染物是指汽车排气管排放之外,从汽车的燃料(汽油)系统损失的碳氢化合物蒸气。它包括:

① 燃油箱呼吸损失(昼夜换气损失)。由于燃油箱内温度变化排放的碳氢化合物(用 $C_1H_{2.33}$ 当量表示)。

② 热浸损失。在汽车行驶一段里程后,静置汽车的燃料系统排放的碳氢化合物(用 $C_1H_{2.30}$ 当量表示)。

由于汽油是一种容易蒸发的高挥发性的液体,燃油蒸气(HC)一般从燃油箱、燃油系统的各个接口和进气歧管等处泄出进入大气,泄漏量随发动机的磨损而增加,其造成的污染可达整车潜在全部污染的 10%。

1. 蒸发污染物生成机理

(1) 燃油箱呼吸损失的生成机理

燃油箱呼吸损失是指从设在油箱盖内的通风口泄漏出来的汽油蒸气。随着液体燃料从油箱泵出,燃油箱将会产生真空。高真空将使发动机断油及停转,燃油箱受大气压作用而变形或压坏,故发动机油箱盖内一般都有一个允许空气进出的小通风口。当汽车停放在炎热的太阳下时,汽油很快膨胀并蒸发,使得油箱内压力高于环境压力,燃油蒸气即通过小孔进入大气;如果油箱太满,膨胀的燃油从通风口溢出来,滴漏到地面迅速蒸发,生成碳氢化合物(HC)。

(2) 热浸损失的生成机理

热浸损失主要是从发动机进排气系统的通风口泄漏出来的汽油蒸气。由此可见,发动机进排气系统的通风口也是燃油蒸气的一个污染源。当发动机长时间运转后停下来时,发动机机体的温度会高于环境温度,发动机进气道、燃烧室中未燃烧的燃油就会蒸发,形成燃油蒸气。这些燃油蒸气便由内部通风口集聚到空气滤清器内,其中一部分泄漏进入大气形成 HC 污染。

汽车的燃油蒸发和泄漏除了汽车本身之外,还应包括汽车加油过程中的燃油蒸发或泄漏。

2. 蒸发污染物的危害

由于燃油蒸发污染物是从汽车的燃料(汽油)系统损失的碳氢化合物(HC)蒸气,其对人体健康的危害同排气管中所排放的 HC 物一样。

三、曲轴箱污染物

曲轴箱污染物是指从发动机曲轴箱通气孔或润滑系的开口处排放到大气

中的物质。

曲轴箱污染物的排放通常是由于发动机活塞与汽缸壁之间存在间隙,当发动机处在压缩过程和燃烧过程中,燃烧室内的油气混合气和已燃气体便从该间隙窜入曲轴箱内,并与曲轴箱内的润滑油蒸气混合后,从通风口排入大气。这部分废气主要是碳氢化合物(HC),占汽车排放污染物的25%,CO和NO_x仅占1%~2%。随着发动机磨损的增大,导致曲轴箱通风不良,使此处污染物的排放量不断增大。

课题二　我国汽车排放标准

我国汽车工业生产技术和汽车零配件质量尽管近十几年来有了长足的发展,但是与国际水平相比还是存在着较大的差距,其汽车产品的可靠性和耐久性在一定程度上还没完全达到标准;且车辆维修服务体系不完善,加之城市基础配套设施相对落后,在用车普遍运行工况较差,致使汽车的污染物排放相对较大。同时,由于我国汽车工业起步较晚,国内机动车排放污染物控制相对比较落后,其控制标准比较宽松,车辆排放控制水平低,机动车单车排放因子很大。随着我国经济的持续高速发展,汽车保有量和产量持续增长,机动车排放对大气所造成的污染已相当严重,汽车所造成的环境问题特别是在人口和交通密度相对较大的中等城市日益突出,已越来越引起了人们的高度关注和重视。

一、我国汽车排放标准控制技术轨迹

1. 汽车排放标准制定的基本政策

汽车排放标准通常包含排放限值和测量方法,同时也明确标准的适应范围。

多年来,我国一直致力于汽车环境保护技术的研究,并在吸收发达国家的成功经验后,制定了一条适合我国国情的汽车排放标准的基本政策:由松至紧;先解决主要矛盾(CO、HC)后解决次要矛盾(NO_x);先轻型车后重型车、先汽油车后柴油车;检测方法由怠速、双怠速逐步向各种简易工况法进行转变。其技术路线是:对汽油车先实行“怠速法”控制,再实施“强制装置法”,即对曲轴箱排放和燃油蒸发进行控制,而后再实行工况法控制等;对柴油车则是先实行“自由加速法”及“全负荷法”控制,然后再与汽油车同步实施工况法;而后再制定柴油车颗粒物排放物标准。

2. 我国汽车排放标准的历史沿革

我国于1982年颁布了大气质量标准,从1983年开始陆续制定并颁布了汽

车排放限值标准;1984 年实施了汽油车怠速排放、柴油车自由加速烟度、汽车柴油机全负荷烟度等 6 项排放限值和测量方法标准;1989 年颁布了轻型车排放限值和测量方法标准;1990 年实施了汽车曲轴箱排放限值标准;1993 年对过去发布的部分标准进行了修订,并新颁布了车用汽油机排放、汽油车蒸发排放和摩托车排放限值及测量方法标准,国标 GB 14761.1 ~ 7—1993 是我国 1993 年前制定的排放标准中最为全面的一套,污染物的限值与汽车基准质量有关,污染物为 CO、HC、NO_x;对车用汽油机实施限值的污染物为 CO、HC、NO_x;标准分为认证试验标准值和产品一致性试验标准值。曲轴箱污染物排放及汽油车的蒸发排放污染也在该标准中作了限制。2000 年颁布了《在用汽车排气污染物限值及测量方法》;2001 年颁布了《车用压燃式发动机排气污染物排放限值及测量方法》、《轻型汽车污染物排放限值及测量方法(II)》、2002 年《车用点燃式发动机及装用点燃式发动机汽车排气污染物排放限值及测量方法》。

为贯彻《中华人民共和国大气污染防治法》和《中华人民共和国环境噪声污染防治法》,防治环境污染,保护和改善生活环境和生态环境,保障人体健康,国家环境保护总局和国家质量监督检验检疫总局又于 2005 年先后颁布了 9 项国家污染物排放新标准,其中 7 项为汽车排放污染物排放限值及测量方法标准,两项为摩托车噪声限值及测量方法。如表 1-5 所示为我国最新的现行汽车排放限值标准。

我国汽车排放限值标准体系 表 1-5

序号	标准项目	标准编号	标准适用范围	实施日期
1	车用压燃式、气体燃料点燃式发动机与汽车排气污染物排放限值及测量方法	GB 17691—2005	设计车速 > 25km/h,压燃式(含气体燃料点燃式)发动机	2007-07-01
2	车用压燃式发动机和压燃式发动机汽车排气烟度排放限值及测量方法	GB 3847—2005	压燃式发动机	2005-07-01
3	点燃式发动机汽车排气污染物排放限值及测量方法(双怠速法及简易工况法)	GB 18285—2005	点燃式发动机(新生产和在用汽车)	2005-07-01
4	轻型汽车污染物排放限值及测量方法(中国 III、IV 阶段)	GB 18352.3—2005	点燃式、压燃式发动机,最大设计车速≥50km/h 轻型汽车	2007-07-01

续上表

序号	标准项目	标准编号	标准适用范围	实施日期
5	装用点燃式发动机重型汽车燃油蒸发污染物排放限值及测量方法	GB 14763—2005	点燃式发动机重型汽车	2005-07-01
6	装用点燃式发动机重型汽车曲轴箱污染物排放限值及测量方法	GB 11340—2005	—	2005-07-01
7	摩托车和轻便车排气烟度排放限值及测量方法	GB 19758—2005	—	2005-07-01

3. 我国现行的汽车排放污染物控制标准的分类

国家相关汽车排放法规政策对于机动车排放污染物的控制与检测，可以分为两个层面：一个层面是针对汽车制造厂新车“型式核准”认证和“生产一致性检查”；另一层面的法规标准与技术革新要求是针对客户所使用的新生产汽车和在用汽车。

(1) 汽车制造厂新车“型式核准”认证和“生产一致性检查”

所谓型式核准认证是对新设计车型的认证试验。汽车制造企业生产、销售汽车必须获得国家的污染物排放控制性能型式核准。一种车型的型式核准申请必须由汽车制造企业提出，申请核准的内容包括一种车型的排气污染物、曲轴箱污染物、蒸发污染物、污染控制装置耐久性和车载诊断(OBD)系统方面。影响排气污染物和蒸发污染物排放的零部件，在设计、制造和组装上必须使汽车在正常使用条件下，不论遇到哪种振动，都应满足国家有关的排放限值标准的要求。

生产一致性检查是指为了确保生产汽车的排放特性与已型式核准的车型一致，对批量生产车辆的试验，要求从成批生产的车辆中任意抽取三辆或若干辆进行试验。型式核准机关对制造厂提出的生产一致性保证要求，包括对质量管理体系的评估(作为初评内容)以及型式核准证书持有者和生产过程控制的确认检查(作为生产一致性保证计划内容)。

型式核准机关在批准型式核准之前，必须核实制造厂具备了有效控制生产过程的计划和规程，以保证生产的零部件、系统、独立技术总成或车辆与已型式核准的车型一致。

针对汽车制造厂新车“型式核准”认证和“生产一致性检查”的排放污染物

进行强制控制的意义在于力图从源头上保障汽车发动机具有良好的排放性能，如即将在2007年7月1日实施的国家标准GB 18352.3—2005《轻型汽车污染物排放限值及测量方法(中国III、IV阶段)》和GB 17691—2005《车用压燃式、气体燃料点燃式发动机与汽车排气污染物排放限值及测量方法(中国III、IV、V阶段)》,就是对这一层面的汽车排放进行控制。

(2) 新生产汽车和在用汽车

① 新生产汽车。是指制造厂合格入库或出厂的汽车。

② 在用汽车。是指已经登记注册并取得牌号的汽车。

最新的国家标准如GB 18285—2005《点燃式发动机汽车排气污染物排放限值及测量方法(双怠速法及简易工况法)》和GB 3847—2005《车用压燃式发动机和压燃式发动机汽车排气烟度排放限值及测量方法》,就是针对新生产汽车和在用汽车这一层面的法规标准与技术革新要求。这类标准特别是针对在用汽车排放污染物的控制标准,都是希望通过定期(路检不定期)地对在用汽车的排放进行检测,强制排放不合格的车辆进行维护或淘汰,最大限度地保障在用车群体维持新车排放运行水平。

4. 我国现行的汽车排放污染物控制标准简介

(1) GB 18352.3—2005《轻型汽车污染物排放限值及测量方法(中国III、IV阶段)》简介

GB 18352.3—2005是在GB 18352.2—2001的基础上进行修改的。

① 标准修改的依据及主要修改内容。GB 18352.3—2005标准修改采用欧盟(EU)对70/220/EEC指令《关于协调各成员国有关采取措施以防止机动车排放污染物引起空气污染的法律》进行修订的98/69/EC指令《修订70/220/EEC指令关于协调各成员国有关采取措施以防止机动车排放污染物引起空气污染的法律》以及随后截止至2003/76/EC的各项修订指令的有关技术内容为依据。

本标准与上述欧盟指令相比,主要修改内容为M类车型的分组、基准燃料的技术要求、将原II型试验修改为双怠速试验、实施时间及生产一致性保证要求。

② 标准中的有关规定。GB 18352.3—2005标准规定了轻型汽车污染物排放第III阶段和第IV阶段型式核准的要求、车辆生产一致性和在用车符合性的检查和判定方法及燃用液化石油气(LPG)或天然气(NG)轻型汽车的特殊要求。同时也规定了作为独立技术总成、拟安装在轻型汽车上的替代用催化转化器,在污染物排放方面的型式核准规程。

本标准还规定了装用点燃式发动机的轻型汽车,在常温和低温下排气污染物、曲轴箱污染物、蒸发污染物的排放限值及测量方法,污染控制装置的耐久性

要求,车载诊断(OBD)系统的技术要求及测量方法,以及双怠速的测量方法。

③ 标准的主要变化。本标准与 GB 18352.2—2001 相比主要变化如下:

加严了排放限值,改变了 I 型试验(指常温下冷启动后排气污染物排放试验)和 IV 型试验(指蒸发污染物排放试验)的试验规程;修订了试验用燃料的技术要求。

增加了 VI 型试验(指低温下冷启动后排气中 CO 和 HC 排放试验)的要求、双怠速试验的内容、车载诊断(OBD)系统及其功能的要求、在用车符合性检查及其判定规程、燃用 LPG(液化石油气)或 NG(天然气)轻型汽车的特殊要求和作为独立技术总成的替代用催化转化器的型式核准要求。

本标准提出了第 IV 阶段预告性要求

④ 标准的适应范围及实施时间。本标准适应于以点燃式发动机或压燃式发动机为动力、最大设计车速≥50km/h 的轻型汽车。

本标准自 2007 年 7 月 1 日起实施。

(2) GB 17691—2005《车用压燃式、气体燃料点燃式发动机与汽车排气污染物排放限值及测量方法(中国 III、IV、V 阶段)》简介

① 标准修改的依据及主要修改内容。本标准修改采用欧盟(EU)指令 88/77/EEC《关于协调各成员国采取措施防治车用柴油机发动机气态污染物排放法律的理事会指令》的修订版 1999/96/EC《关于协调各成员国采取措施防治车用压燃式发动机气态污染物和颗粒物排放,以及燃用天然气(NG)或液化石油气(LPG)的车用点燃式发动机气态污染物排放法律的理事会指令》,以及随后截止至最新修订版 2001/27/EC《关于协调各成员国采取措施防治车用压燃式发动机气态污染物和颗粒物排放,以及燃用天然气或液化石油气的车用点燃式发动机气态污染物排放法律的理事会指令》的有关技术内容。

② 标准中的有关规定。本标准规定了第 III、IV、V 阶段装用压燃式发动机汽车及其压燃式发动机所排放的气态和颗粒污染物的排放限值及测试方法,以及装用以 NG 或 LPG 作为燃料的点燃式发动机汽车及其点燃式发动机所排放的气态污染物的排放限值及测量方法。

③ 标准的主要变化。本标准是对 GB 17691—2001 的修订,它与 GB 17691—2001 相比主要变化如下:

加严了排气污染物排放限值;增加了装用以 NG 或 LPG 作为燃料的点燃式发动机汽车及其点燃式发动机的气态污染物的排放限值及测量方法;改变了测量方法,试验工况由 ESC(稳态循环)、ELR(负荷烟度试验)和 ETC(瞬态循环)工况所构成,针对不同车种或不同控制阶段,应用不同的试验工况。

从第 IV 阶段开始,增加了车载诊断系统(OBD)或车载测量系统(OBM)的

要求、排放控制装置的耐久性要求和在用车符合性的要求。

增加了新型发动机和新型汽车的型式核准规程；改进了生产一致性检查及其判定方法。

④ 标准的适应范围及实施时间。本标准适应于设计车速 >25km/h 的 M_2、M_3、N_1、N_2 和 N_3 类及总质量 >3 500kg 的 M_1 类机动车装用的压燃式（含气体燃料点燃式）发动机及其车辆的形式核准、生产一致性检查和在用车符合性检查。

本标准自 2007 年 1 月 1 日起实施。

（3）GB 18285—2005《点燃式发动机与汽车排气污染物排放限值及测量方法（双怠速法及简易工况法）》简介

本标准是对 GB 14761.5—1993《汽油车怠速污染物排放标准》和 GB/T 3845—93《汽油车排气污染物的测量怠速法》的修订与合并。本标准规定了点燃式发动机汽车怠速和高怠速工况排气污染物排放限值及测量方法，同时规定了稳态工况法、瞬态工况法和简易瞬态工况法三种简易工况测量方法。新修订后的标准增加了高怠速工况排放限值和对过量空气系数（λ）的要求。

本标准适应于装用点燃式发动机的新生产和在用汽车。

本标准自 2005 年 7 月 1 日起实施。

（4）GB 3847—2005《车用压燃式发动机和压燃式发动机汽车排气烟度排放限值及测量方法》简介

① 标准修改的依据及主要修改内容。本标准修改采用联合国欧洲经济委员会（UNECE）1986 年 4 月 20 日生效的 ECE R24/03 法规《对压燃式发动机和压燃式发动机汽车排气可见污染物排放的核准规则》的主要技术内容。对于在用汽车自由加速试验的排放限值及测量方法，参考了欧洲共同体委员会 96/96/EC 指令中 8.2.2 条对装用压燃式发动机汽车排气可见污染物排放的相关规定，增加了附录 I《在用汽车自由加速试验 不透光烟度法》。

② 标准中的有关规定。本标准规定了车用压燃式发动机和压燃式发动机汽车排气烟度的排放限值及测量方法。

③ 标准的主要变化。本标准与 GB 3847—1999 相比，主要变化如下：

A. 修订了型式核准和生产一致性检查排放限值。

B. 增加了对车（机）型型式核准和生产一致性检查申请的要求和对新生产汽车和在用汽车进行检测试验的要求。

C. 增加了加载减速工况法的测量方法内容及标准的规范性附录 I《在用汽车自由加速试验 不透光烟度法》、附录 J《在用汽车加载减速试验 不透光烟度法》、附录 K《在用汽车自由加速试验 滤纸烟度法》和附录 F《型式核准证书》。

④ 标准的适应范围及实施时间。该标准适用于压燃式发动机汽车排气烟度的排放,包括发动机型式核准和生产一致性检查。压燃式发动机汽车排气烟度的排放,包括新车型式核准和生产一致性检查、新生产汽车和在用汽车的检测。该标准也适用于按 GB 14761.6—1993《柴油车自由加速烟度排放标准》生产制造的在用汽车及污染物排放符合 GB 18352 的装用压燃式发动机的轻型汽车。

本标准自 2005 年 7 月 1 日起实施。

(5) GB 14763—2005《装用点燃式发动机重型汽车燃油蒸发污染物排放限值及测量方法(收集法)》简介

本标准规定了装用点燃式发动机、最大总质量超过 3 500 kg的 M 类和 N 类车辆燃油蒸发污染物排放型式核准申请、型式核准试验及排放限值、生产一致性检查方法及排放限值。

本标准是在 GB 14761.3—1993《汽油车燃油蒸发污染物排放标准》和 GB 14763—1993《汽油车燃油蒸发污染物的测量　收集法》的基础上,参考 GB 18352.2—2001 的部分技术内容进行的修订。

本标准与 GB 14761.3—1993 和 GB 14763—1993 的主要差异:一是对适用范围进行了调整;二是增加了型式核准申请、型式核准扩展和生产一致性检查的内容及炭罐的老化处理要求,并对炭罐的预试验提出了更严格的要求;三是对试验过程进行了更严格的控制;取消了对运行损失的测量。

本标准自 2005 年 7 月 1 日起实施。

二、我国现行汽车排放限值

1. 汽车排气污染物排放限值

我国汽车从定型(型式核准)、批量生产(生产一致性)、新生产汽车到在用汽车,其排气污染物都有相应的控制标准,即有不同的排放限值要求。

一般而言,型式核准排放限值严于生产一致性检查排放限值,目前两种排放限值基本是合二为一,但判定方法有所差异;新生产汽车的排放限值严于在用汽车的排放限值,但比型式核准及生产一致性检查限值稍宽松些。

(1) 型式核准的排放限值

① 点燃式发动机的轻型汽车。根据 GB 18352.3《轻型汽车污染物排放限值及测量方法(中国 III、IV 阶段)》(2007 年 7 月 1 日起实施)规定的装用点燃式发动机的轻型汽车在常温(I 型试验)和低温(VI 型试验)下冷启动后其排气污染物排放限值如表 1-6《I 型试验排放限值》及表 1-7《VI 型试验排放限值》所示。

I 型试验排放限值 表 1-6

阶段	类别	级别	基准质量（*RM*）（kg）	限值（g/km） 一氧化碳（CO） L_1		碳氢化合物（HC） L_2	氮氧化物（NO_x） L_3		碳氢化合物和氮氧化物（$HC+NO_x$） L_2+L_3	颗粒物（PM） L_4
				点燃式	压燃式	点燃式	点燃式	压燃式	压燃式	压燃式
III	第一类车	—	全部	2.30	0.64	0.20	0.15	0.50	0.56	0.050
	第二类车	I	*RM*≤1 305	2.30	0.64	0.20	0.15	0.50	0.56	0.050
		II	1 305 < *RM*≤1 760	4.17	0.80	0.25	0.18	0.65	0.72	0.070
		III	1 760 < *RM*	5.22	0.95	0.29	0.21	0.78	0.86	0.100
IV	第一类车	—	全部	1.00	0.50	0.10	0.0.8	0.25	0.30	0.025
	第二类车	I	*RM*≤1 305	1.00	0.50	0.10	0.08	0.25	0.30	0.025
		II	1 305 < *RM*≤1 760	1.81	0.63	0.13	0.10	0.33	0.39	0.040
		III	1 760 < *RM*	2.27	0.74	0.16	0.11	0.39	0.46	0.060

注：轻型汽车，一般是指装点燃式及压燃式四冲程发动机，最大总质量小于 3 500kg 的乘用车（M 类）和商用车（N_1 类）。

第一类车指包括驾驶员座位在内，座位数不超过 6 座，且最大总质量不超过 2 500kg 的 M_1 类汽车（M_1 类车是指包括驾驶员座位在内，座位数不超过 9 座的载客汽车）。

第二类车指该标准适应范围内除第一类车以外的其他所有轻型汽车。

VI 型试验排放限值 表 1-7

试验温度 266K（-7℃）				
类　别	级别	基准质量（*RM*）（kg）	CO，L_1（g/km）	HC，L_2（g/km）
第一类车	—	全部	15	1.8
第二类车	I	*RM*≤1 305	15	1.8
	II	1 305 < *RM*≤1 760	24	2.7
	III	1 760 < *RM*	30	3.2

② 压燃式发动机。对于装用压燃式发动机，型式核准的发动机的排气烟度排放，应按 GB 3847—2005（2005 年 7 月 1 日起实施）规定的《全负荷稳定转速试验　不透光烟度法》和《自由加速试验　不透光烟度法》所述方法测定。其测得的排气光吸收系数（即表示光束被单位长度的排烟衰减的一个系数，它是单位体积的微粒数 n、微粒的平均投影面积 a 和微粒的消光系数 Q 三者的乘积）测量值应不大于如表 1-8 所示规定的限值，并按 GB 3847—2005 附录《自由加速试验 不透光烟度法》规定的方法确定自由加速试验排气烟度校正值，该值即

为批准的该机型的自由加速排气烟度排放限值。

稳定转速试验的烟度排放限值 表 1-8

名义流量 G(L/s)	光吸收系数 k(m^{-1})	名义流量 G(L/s)	光吸收系数 k(m^{-1})
≤42	2.26	120	1.37
45	2.19	125	1.345
50	2.08	130	1.32
		135	1.30
		140	1.27
55	1.985	145	1.25
60	1.90		
65	1.84	150	1.225
70	1.775	155	1.205
		160	1.19
75	1.72	165	1.17
80	1.665	170	1.155
85	1.62	175	1.14
90	1.575	180	1.125
95	1.535	185	1.11
100	1.495	190	1.095
105	1.465	195	1.08
110	1.425	≥200	1.065
115	1.395		

根据 GB 17691—2005《车用压燃式、气体燃料点燃式发动机与汽车排气污染物排放限值及测量方法(中国 III、IV、V 阶段)》(2007 年 7 月 1 日起实施)的规定,对传统柴油机,包括那些安装了燃料电喷系统、排气再循环(EGR)和(或)氧化型催化器的柴油机进行型式核准时均应采用 ESC 试验(稳态循环)和 ELR 试验(负荷烟度试验)规程测定其排气污染物。对于安装了先进的排气后处理装置包括 NO_x 催化器和(或)颗粒物捕集器的柴油机,应附加 ETC 试验(瞬态循环)规程测定排气污染物。其排放限值如表 1-9《ESC 和 ELR 试验限值》、表 1-10《ETC 试验限值》所示。

表 1-9、表 1-10 中 IV、V 阶段或 EEV(指环境友好汽车,这是一种车型)的型式核准试验,应采用 ESC、ELR 和 ETC 试验规程测定其排气污染物。

③ 燃气发动机。应采用 ETC 试验规程测定其气态污染物。

ESC 和 ELR 试验限值 表 1-9

阶段	一氧化碳(CO) [g(kW·h)]	碳氢化合物(HC) [g/(kW·h)]	氮氧化物(NO_x) [g/(kW·h)]	颗粒物(PM) [g/(kW·h)]	烟度 (m^{-1})
III	2.1	0.66	5.0	0.10~0.13①	0.8
IV	1.5	0.46	3.5	0.02	0.5
V	1.5	0.46	2.0	0.02	0.5
EEV	1.5	0.25	2.0	0.02	0.15

注:①对每缸排量低于 0.75dm^3 及额定功率转速超过 3 000r/min 的发动机。

ETC 试验限值 表 1-10

阶段	一氧化碳(CO) [g(kW·h)]	非甲烷碳氢化合物(NMHC) [g/(kw·h)]	甲烷(CH_4)① [g/(kW·h)]	氮氧化物(NO_x) [g/(kW·h)]	颗粒物(PM)② [g/(kW·h)]
III	5.45	0.78	1.6	5.0	0.16~0.21③
IV	4.0	0.55	1.1	3.5	0.03
V	4.0	0.55	1.1	2.0	0.03
EEV	3.0	0.40	0.65	2.0	0.02

注:①仅对 NG(天然气) 发动机。

②不适应于第 III、IV 和 V 阶段的燃气发动机。

③对每缸排量低于 0.75dm^3 及额定功率转速超过 3 000r/min 的发动机。

(2) 生产一致性检查排放限值

生产一致性检查中其排放限值见表 1-6,并根据 GB 18352.3—2005《轻型汽车污染物排放限值及测量方法(中国 III、IV 阶段)》中附录《生产一致性检查的判定方法》判定准则,判定该系列产品 I 型试验是否合格。

装用压燃式发动机汽车以及装用天然气(NG)或液化石油气(LPG)作为燃料的点燃式发动机汽车生产一致性检查必须按 GB 17691—2005《车用压燃式、气体燃料点燃式发动机与汽车排气污染物排放限值及测量方法(中国 III、IV、V 阶段)》(2007 年 7 月 1 日起实施)的规定,进行发动机排放一致性检验,其排放限值见表 1-9、表 1-10。

根据 GB 18352.3—2005 的规定,还必须对在用车进行符合性检查。即对已通过污染物排放型式核准的车型,制造厂还必须采取适当措施,确保在正常使用条件下和汽车正常寿命期内,污染控制装置始终保持其功能。因此必须进行在用车符合性检查。在表 1-6《I 型试验排放限值》所示的 III 阶段必须在 5 年或 80 000km 内、在 IV 阶段必须在 5 年或 100 000km(以先达到者为准),对这些措施进行检查,按标准规定的程序试验和判定方法进行符合性评价。

(3) 新生产汽车排放限值

① 点燃式发动机。根据 GB 18285—2005《点燃式发动机汽车排气污染物排放限值及测量方法(双怠速法及简易工况法)》(2005 年 7 月 1 日起实施)规定,装用点燃式发动机的新生产汽车排气污染物排放限值如表 1-11 所示。GB 18285—2005 标准引用了 GB 18352.1—2001《轻型汽车污染物排放限值及测量方法(I)》和 GB 18352.2—2001《轻型汽车污染物排放限值及测量方法(II)》标准条款。

新生产汽车排气污染物排放限值(体积分数) 表 1-11

车型	类别			
	怠速		高怠速	
	CO(%)	HC($\times10^{-6}$)	CO(%)	HC($\times10^{-6}$)
2005 年 7 月 1 日起新生产的第一类轻型汽车	0.5	100	0.3	100
2005 年 7 月 1 日起新生产的第二类轻型汽车	0.8	150	0.5	150
2005 年 7 月 1 日起新生产的重型汽车①	1.0	200	0.7	200

注:①所谓重型汽车是指总质量超过 3 500kg 的车辆。

② 压燃式发动机。对于装用压燃式发动机,新生产汽车的排气烟度排放,应按 GB 3847—2005 规定的《自由加速试验 不透光烟度法》所述方法测定。其测得的排气光吸收系数不应大于该汽车型式核准批准的自由加速排气烟度排放限值(见表 1-8 规定的限值)加 $0.5m^{-1}$。

(4) 在用汽车排放限值

① 点燃式发动机。GB 18285—2005《点燃式发动机汽车排气污染物排放限值及测量方法(双怠速法及简易工况法)》(2005 年 7 月 1 日起实施)规定,装用点燃式发动机的在用汽车排气污染物排放限值如表 1-12 所示。

② 压燃式发动机。对于装用压燃式发动机,于 2005 年 7 月 1 日后生产的在用汽车的排气烟度排放,应按 GB 3847—2005 规定的《在用汽车自由加速试验 不透光烟度法》所述方法进行试验测定。所测得的排气光吸收系数不应大于该车型核准批准的自由加速排气烟度排放限值(见表 1-8 规定的限值)加 $0.5m^{-1}$;对于 2001 年 10 月 1 日起至本标准实施之日生产的汽车,所测得的排气光吸收系数不应大于以下数值,自然吸气式:$2.5m^{-1}$、涡轮增压式:$3.0m^{-1}$。对于 2001 年 10 月 1 日前生产的在用汽车按 GB 3847—2005 规定的《在用汽车自由加速试验 滤纸烟度法》进行试验测定,所测得的烟度值应不大于 4.5Rb(1995 年 7 月 1 日至 2001 年 9 月 30 日期间生产的在用汽车)或烟度值不大于 5.0Rb(1995 年 6 月 30 日前生产的在用汽车)。

在用汽车排气污染物排放限值(体积分数)　　表 1-12

车　型	类　别			
	怠　速		高 怠 速	
	CO(%)	HC(×10⁻⁶)	CO(%)	HC(×10⁻⁶)
1995 年 7 月 1 日前生产的轻型汽车	4.5	1 200	3.0	900
1995 年 7 月 1 日起生产的轻型汽车①	4.5	900	3.0	900
2000 年 7 月 1 日起生产的第一类轻型汽车②	0.8	150	0.3	100
2001 年 10 月 1 日起生产的第二类轻型汽车	1.0	200	0.5	150
1995 年 7 月 1 日前生产的重型汽车	5.0	2 000	3.5	1 200
1995 年 7 月 1 日起生产的重型汽车	4.5	1 200	3.0	900
2004 年 9 月 1 日起生产的重型汽车	1.5	250	0.7	200

注:①、②对于 2001 年 5 月 31 日以前生产的 5 座以下(含 5 座)的微型面包车,执行 1995 年 7 月 1 日起生产的轻型汽车的排放限值。

2. 汽车燃油蒸发污染物排放限值

(1) 轻型汽车燃油蒸发污染物排放限值

根据 GB 18352.3—2005《轻型汽车污染物排放限值及测量方法(中国 III、IV 阶段)》(2007 年 7 月 1 日起实施)规定,装用点燃式发动机的轻型汽车都必须进行蒸发污染物排放试验(即 IV 型试验——密闭室法)。试验时,蒸发污染物排放量应小于 2g/试验。

(2) 重型汽车燃油蒸发污染物排放限值

根据 GB 14763—2005《装用点燃式发动机重型汽车燃油蒸发污染物排放限值及测量方法(收集法)》规定,装用点燃式发动机的重型汽车按照该标准附录《燃油蒸发物排放试验规程》的要求进行蒸发污染物排放试验,其蒸发污染物排放量应小于 4.0g/测量循环。

3. 汽车曲轴箱污染物排放限值

(1) 轻型汽车曲轴箱污染物排放限值

根据 GB 18352.3—2005《轻型汽车污染物排放限值及测量方法(中国 III、IV 阶段)》(2007 年 7 月 1 日起实施)规定,装用点燃式发动机的轻型汽车除装压燃式发动机的汽车外,所有汽车都必须进行曲轴箱污染物排放试验(即 III 型试验)。试验时,发动机曲轴箱通风系统不允许有任何曲轴箱污染物排入大气。

(2) 重型汽车曲轴箱污染物排放限值

根据 GB 11340—2005《装用点燃式发动机重型汽车曲轴箱污染物排放限值及测量方法》(2005 年 7 月 1 日起实施)规定,其发动机曲轴箱通风系统应符合标准的有关规定。

三、汽车排放污染物的试验及测量方法

常见的汽车排放污染物检测试验有排气污染物检测试验、汽车燃油蒸发污染物检测试验和汽车曲轴箱污染物排放试验。其中排气污染物检测试验一般分为双怠速法、工况法和烟度法;汽车燃油蒸发污染物检测试验分为收集法和密闭室法。

(一) 汽车排气污染物检测试验方法

汽车型式核准认证试验、生产一致性检查、新生产汽车和在用汽车的排放污染物检测的试验方法是不同的。

① 型式核准试验。根据 GB 18352.3—2005《轻型汽车污染物排放限值及测量方法(中国 III、IV 阶段)》规定,不同类型的轻型汽车在型式核准时,要求进行的试验项目及执行的日期如表 1-13 所示。从表中可知,装用点燃式发动机的轻型汽车在型式核准认证试验时,其排气污染物检测采用了工况法(I 型试验和 VI 型试验)、双怠速法。装压燃式发动机的轻型汽车,还应按标准 GB 3847—2005《车用压燃式发动机和压燃式发动机汽车排气烟度排放限值及测量方法》

轻型汽车型式核准试验项目　　表 1-13

<table>
<tr><th rowspan="2">型式核准试验类型</th><th colspan="3">装点燃式发动机的轻型汽车</th><th rowspan="2">装压燃式发动机的轻型汽车</th><th colspan="2">执行日期</th></tr>
<tr><th>汽油车</th><th>两用燃料车</th><th>单一气体燃料车</th><th>第 III 阶段</th><th>第 IV 阶段</th></tr>
<tr><td>I 型</td><td>进行</td><td>进行(试验两种燃料)</td><td>进行</td><td>进行</td><td rowspan="6">2007.07.01</td><td rowspan="6">2010.07.01</td></tr>
<tr><td>III 型</td><td>进行</td><td>进行(只试验汽油)</td><td>进行</td><td>不进行</td></tr>
<tr><td>IV 型</td><td>进行</td><td>进行(只试验汽油)</td><td>不进行</td><td>不进行</td></tr>
<tr><td>V 型</td><td>进行</td><td>进行(只试验汽油)</td><td>进行</td><td>进行</td></tr>
<tr><td>VI 型</td><td>进行</td><td>进行(只试验汽油)</td><td>不进行</td><td>不进行</td></tr>
<tr><td>双怠速</td><td>进行</td><td>进行(试验两种燃料)</td><td>进行</td><td>不进行</td></tr>
<tr><td rowspan="2">车载诊断(OBD)系统</td><td rowspan="2">进行</td><td rowspan="2">进行</td><td rowspan="2">进行</td><td rowspan="2">进行</td><td>第一类汽油车</td><td>其他车辆</td></tr>
<tr><td>2007.07.01</td><td>2007.07.01</td></tr>
</table>

注:I 型试验:指常温下冷起动后排气污染物排放试验。

III 型试验:指曲轴箱污染物排放试验。

IV 型试验:指蒸发污染物排放试验。

V 型试验:指污染控制装置耐久性试验。

VI 型试验:指低温下冷起动后排气中 CO 和 HC 排放试验。

双怠速试验:指测定双怠速的 CO、HC 和高怠速的 λ 值(过量空气系数)。

的要求，进行《全负荷稳定转速试验　不透光烟度法》、《自由加速试验　不透光烟度法》排气烟度试验。

② 生产一致性检查。根据 GB 18352.3—2005《轻型汽车污染物排放限值及测量方法（中国 III、IV 阶段）》规定，通常采用工况法（I 型试验）检测。装压燃式发动机的轻型汽车，还应按标准 GB 3847—2005 的要求进行《自由加速试验　不透光烟度法》。

③ 新生产汽车和在用汽车。点燃式发动机轻型汽车根据 GB 18285—2005《点燃式发动机汽车排气污染物排放限值及测量方法（双怠速法及简易工况法）》规定，新生产汽车和在用汽车排气污染物的测量方法采用双怠速法或稳态工况法、瞬态工况法和简易瞬态工况法；装压燃式发动机的轻型汽车，按标准 GB 3847—2005《车用压燃式发动机和压燃式发动机汽车排气烟度排放限值及测量方法》的要求，新生产汽车进行《自由加速试验　不透光烟度法》、在用汽车按不同年代生产的汽车分别进行《在用汽车自由加速试验　不透光烟度法》、《在用汽车自由加速试验　滤纸烟度法》、《在用汽车加载减速试验　不透光烟度法》排气烟度试验。

1. 双怠速法（在用汽车排气污染物的测量方法）

根据 GB 18285—2005《点燃式发动机汽车排气污染物排放限值及测量方法（双怠速法及简易工况法）》（2005 年 7 月 1 日起实施）规定，全国点燃式发动机在用汽车排放监控，采用本标准规定的双怠速法排气污染物排放限值及测量方法。

双怠速法是测量点燃式发动机汽车在怠速和高怠速工况下排气污染物的方法。一般测定双怠速的 CO、HC 和高怠速的 λ 值。

所谓怠速工况是指发动机无负载运转状态。即离合器处于接合位置、变速器处于空挡位置（对自动变速箱的车应处于“停车”或“P”挡位）；采用化油器供油系统的车，阻风门应处于全开位置；油门踏板处于完全松开位置。

所谓高怠速工况是指满足上述（除最后一项）条件，用油门踏板将发动机转速稳定控制在 50% 额定转速或制造厂技术文件中规定的高怠速转速时的工况。根据 GB 18285—2005《点燃式发动机汽车排气污染物排放限值及测量方法（双怠速法及简易工况法）》规定，轻型汽车的高怠速转速规定为 2 500 ± 100r/min，重型汽车的高怠速转速为 1 800 ± 100r/min；如有特殊规定的，按照制造厂技术文件中规定的高怠速转速。

双怠速试验可以监控因化油器量孔磨损或者因催化转化器效率降低所造成的汽车排放恶化，并可作为环保部门对在用汽车的排放进行监测以及汽车修理厂对车辆的排放性能和发动机是否正常工作进行简易评价的方法。

根据 GB 18285—2005《点燃式发动机汽车排气污染物排放限值及测量方法（双怠速法及简易工况法）》规定，双怠法测量方法为：

（1）测量仪器

如表 1-14 所示。

测量仪器表 表 1-14

序号	按照标准要求生产制造的点燃式发动机汽车	使用的排放测量仪器应符合相应的标准
1	GB 14761.1—1993《轻型汽车排气污染物排放标准》	HJ/T3《汽油机动车怠速排气监测仪技术条件》
2	GB 14761.2—1993《车用汽油机排气污染物排放标准》	
3	GB 18352.1—2001《轻型汽车污染物排放限值及测量方法(Ⅰ)》	GB 18285—2005《点燃式发动机汽车排气污染物排放限值及测量方法（双怠速法及简易工况法）》附录 A《双怠速法排放气体测试仪器技术条件》
4	GB 18352.2—2001《轻型汽车污染物排放限值及测量方法(Ⅱ)》	
5	GB 14762—2002《车用点燃式发动机及装用点燃式发动机汽车排气污染物排放限值及测量方法》第二阶段排放限值	

（2）测量程序

应保证被检车辆处于制造厂规定的正常状态，发动机进气系统应装有空气滤清器，排气系统应装有排气消声器，并不得有泄漏。应在发动机上安装转速计、点火正时仪、冷却液和润滑油测温计等测量仪器。测量时，发动机冷却液和润滑油温度应不低于 80℃或者达到汽车使用说明书规定的热车状态。

发动机从怠速状态加速至 70% 额定转速，运转 30s 后降至高怠速状态。将取样探头插入排气管中，深度不少于 400mm，并固定在排气管上。维持 15s 后，由具有平均值功能的仪器读取 30s 内的平均值，或者人工读取 30s 内的最高值和最低值，其平均值即为高怠速污染物测量结果。对于使用闭环控制电子燃油喷射系统和三元催化转化器技术的汽车，还应同时读取过量空气系数（λ）的数值。

发动机从高怠速降至怠速状态 15s 后，由具有平均值功能的仪器读取 30s 内的平均值，或者人工读取 30s 内的最高值和最低值，其平均值即为怠速污染物测量结果。

若为多排气管时，取各排气管测量结果的算术平均值作为测量结果。

若车辆排气管长度小于测量深度时，应使用排气加长管。

(3) 测量结果判定

对于表1-12中规定的车辆，如果检测污染物有一项超过规定值，则认为排放不合格。对于使用闭环控制电子燃油喷射系统和三元催化转化器技术的车辆，如果检测的过量空气系数(λ)的数值超出1.00±0.03或制造厂规定的范围内，则认为排放不合格。

2. 工况法

无论是双怠速法还是柴油车自由加速度法，其共同突出的弊端是在车辆无载荷时进行检测，因此检测出的排放结果与车辆实际运行时排放状况仍然存在较大差距，且双怠速法几乎都不能测出汽车排气中的 NO_x，各项排气污染物的检测结果的代表性与真实性也较差。为此美国最早研发了车辆有载荷检测法，即将车辆置于底盘测功机上，车辆按规定车速在底盘测功机上“行驶”，驱动轮带动滚筒转动，滚筒并非处于自身无阻力可旋转状态，底盘测功机会按照检测标准事先设定的程序向滚筒、最终向驱动轮施加一定载荷，来模拟汽车道路行驶阻力。车辆按一定的速度、克服一定的阻力，走完试验工况，同时测量发动机排气中的污染物含量。

工况法是将汽车若干常用工况和排放污染较重的工况组合在一起测量污染物排放以及综合全面地评价车辆排放水平。由于汽车在道路上行驶时条件差异很大，没有严格的对比基准，测量很困难。因此，目前排放污染物检测标准试验规范规定，按照汽车在城市典型道路上或市郊道路上的实际行驶情况，制定出可以再现真实运行工况的模拟规范，使汽车在转鼓试验台(即底盘测功机)上运转，以测定汽车发动机排出的各种有害成分的浓度和数量。工况法是对汽车行驶条件下排气中的有害成分进行监测的最有效的一种方法。

工况法又根据轻型车和重型车之分而具体试验方法不同。对于轻型车的排放检测要求以整车在底盘测功机上进行(也有在发动机台架上进行的)，被检车辆按规定的测试循环运转，试验结果用单位行驶里程的排放质量(g/km)表示。对于重型车的排放检测只要求在发动机台架上进行，其结果用发动机的比排放量(g/kW·h)表示。

(1) I型试验——型式核准和生产一致性排放污染物检查常用的检测方法

根据GB 18352.3—2005《轻型汽车污染物排放限值及测量方法(中国III、IV阶段)》规定，自2007年7月1日以后起，所有的轻型汽车污染物排放型式核准和生产一致性检查时都必须进行常温下冷启动后排气污染物排放试验(即I型试验)。该试验通常是在带有负荷和惯量模拟的底盘测功机上，按试验规定的运转循环、排气取样和分析方法、颗粒物取样和称量方法进行。

① 试验设备。轻型汽车排气污染物试验装置如图1-9所示,测量轻型汽车排气污染物所采用的试验设备主要由底盘测功机、排气取样系统(采用定容取样系统CVS)、分析设备和控制系统等组成。

A. 底盘测功机。主要用于模拟汽车在道路上运行时所受到的滚动阻力、空气阻力、坡度阻力以及加减速时的惯性力。

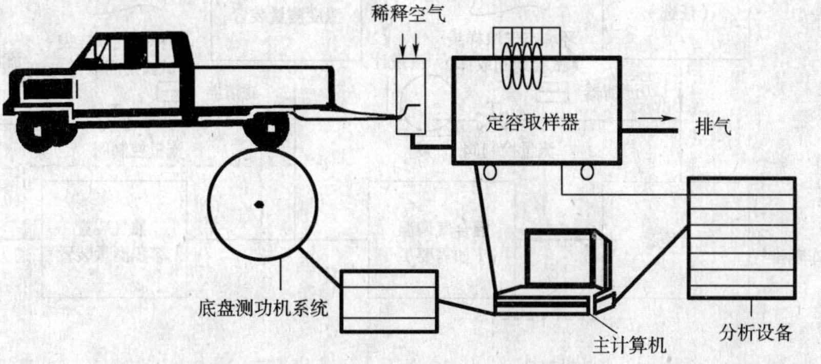

图1-9 轻型汽车排气污染物试验装置简图

底盘测功机一般装有惯量模拟器和功率吸收装置(PAU)。惯量模拟器可以是一组飞轮或电模拟或两者的混合,功率吸收装置可以是水力或电涡流或电力测功机。目前先进的底盘测功机是由一个飞轮与电模拟构成惯量模拟器,采用数字矢量控制的交流电力测功机为PAU、转鼓直径为1.219m的单鼓底盘测功机。

用底盘测功机模拟汽车道路行驶阻力的测量方法,一般采用滑行能量变化法,先在道路上分别测量车速为120km/h、100km/h、80km/h、60km/h、40km/h、20km/h时的道路行驶阻力或功率,然后在底盘测功机上按照车辆基准质量设定底盘测功机的当量惯量,调整底盘测功机的功率吸收功率与道路试验所测得的阻力相一致,偏差要求在±5%以内。

底盘测功机是采用标准砝码在其量程范围内选择多点进行静态标定。

B. 定容取样系统。主要是将车辆在底盘测功机上运行时的排气收集并在控制的条件下用环境空气连续稀释。然后通过变稀释度装置把稀释排气按一定流量排出,同时按一定比例连续收集该稀释排气到取样袋中待分析。

定容取样系统的测量概念中,应满足两个条件:应测定排气与稀释空气的混合气的总体积,并按体积比例连续收集样气进行分析。

变稀释度装置常用的是带容积泵的变稀释度装置 PDP-CVS 和临界流量文丘里管变稀释度装置 CFV-CVS。如图 1-10 所示为测量排气污染物的变稀释度系统示意图。

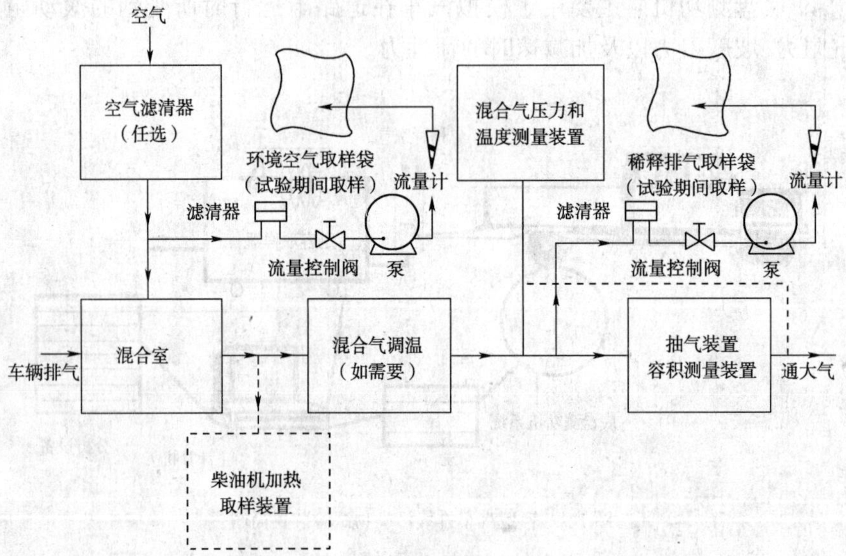

图 1-10 测量排气污染物的变稀释度系统示意图

C. 分析设备。用来对定容取样器的取样袋中稀释排气样气进行分析。气态污染物应使用下列仪器分析:

一氧化碳(CO)和二氧化碳(CO_2)分析仪为不分光红外线吸收(NDIR)型。

碳氢化合物(HC)分析仪,对点燃式发动机为氢火焰离子化(FID)型;对压燃式发动机为加热式氢火焰离子化(FID)型。

氮氧化物(NO_x)分析仪为化学发光(CLA)型或非扩散紫外线谐振吸收(NDUVR)型,两者均需带有 NO_x-NO 转换器。

颗粒物用重量法测定收集的颗粒物。

② 运转循环。运转循环由试验 1 部(市区运转循环)和试验 2 部(市郊运转循环)两部分组成,如图 1-11 所示。I 型试验共持续 19 分 40 秒,应不间断地完成。

A. 运转循环试验 1 部循环单元。试验 1 部循环单元由 4 个城区循环组成。每个城区循环包含 15 个工况(怠速、加速、匀速、减速等)。如表 1-15 所示。试验 1 部的试验期间平均车速为 19km/h,有效行驶时间为 195s;每个循环理论行驶距离为 1.013km;4 个循环的当量距离为 4.052km。

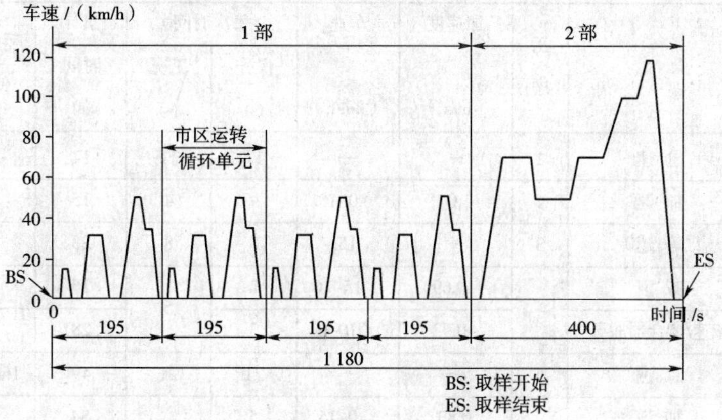

图 1-11　I 型试验用运转循环

按工况分解,如表 1-16 所示。

按使用挡位分解，如表 1-17 所示。

B. 运转循环试验 2 部循环单元,如表 1-18 所示。运转循环试验 2 部循环单元由 1 个城郊循环组成。该城郊循环包含 13 个工况(怠速、加速、匀速、减速等)。试验 2 部的试验期间平均车速为 62.6km/h,有效行驶时间为 400s;每个循环理论行驶距离为 6.955km;最大车速为 120km/h;最大加速度为 0.833m/s^2;最大减速度为 -1.389m/s^2。

按工况分解,如表 1-19 所示。

按使用挡位分解,如表 1-20 所示。

③ 气体取样和分析。排气取样系统应能抽取被测汽车排气污染物的真实排放量。该排气取样系统采用定容取样系统(CVS),试验期间排气被稀释，并按比例将样气收集到一个或多个袋中，在运转循环结束后进行分析，并测量稀释排气的总容积。

④ 结果判定。在试验时不仅记录 CO、HC 和 NO_x,也记录装压燃式发动机的 PM。试验应重复三次。每一项试验结果应乘以按 GB 18352.3—2005 标准要求,确定相应劣化系数,并经过计算求得的排气污染物排放量,必须小于排放限值,如表 1-6 所示。

(2) 简易工况法——在用汽车排放污染物常用的检测方法

简易工况法包含稳态工况法、瞬态工况法和简易瞬态工况法。根据 GB 18285—2005《点燃式发动机汽车排气污染物排放限值及测量方法(双怠速法及简易工况法)》(2005 年 7 月 1 日起实施)规定,在机动车保有量大、污染严重的

在底盘测功机上运转循环1部循环单元 表1-15

操作序号	操 作	工序	加速度 (m/s²)	车速 (km/h)	每次时间 操作 (s)	每次时间 工况 (s)	累计时间 (s)	手动换挡时所使用的挡位
1	怠 速	1	—	—	11	11	11	6s·PM+5s·K_1^*
2	加 速	2	1.04	0~15	4	4	15	1
3	等 速	3	—	15	8	8	23	1
4	减 速	4	−0.69	15~10	2	5	25	1
5	减速/离合器脱开		−0.92	10~0	3		28	K_1
6	怠 速	5	—	—	21	21	49	16s·PM+5s·K_1
7	加 速	6	0.83	0~15	5	12	54	1
8	换 挡				2		56	—
9	加 速		0.94	15~32	5		61	2
10	等 速	7	—	32	24	24	85	2
11	减 速	8	−0.75	32~10	8	11	93	2
12	减速/离合器脱开		−0.92	10~0	3		96	K_2
13	怠 速	9	—	—	21	21	117	16s·PM+5s·K_1
14	加 速	10	0.83	0~15	5	26	122	1
15	换 挡				2		124	—
16	加 速		0.62	15~35	9		133	2
17	换 挡				2		135	—
18	加 速		0.52	35~50	8		143	3
19	等 速	11	—	50	12	12	155	3
20	减 速	12	−0.52	50~35	8	8	163	3
21	等 速	13	—	35	13	13	176	3
22	换 挡	14			2	12	178	
23	减 速		−0.86	32~10	7		185	2
24	减速/离合器脱开		−0.92	10~0	3		188	K
25	怠 速	15	—	—	7	7	195	7s·PM

注：* PM——变速器置空挡，离合器接合。

K_1、K_2——变速器置于一挡或二挡，离合器脱开。

地区，可根据当地实际情况，确定在用汽车排放监控方案，选择双怠速法或简易工况法中的一种方法作为在用汽车排气污染物排放检测方法。对于同一车型的在用汽车实施排放监控,环保定期检测时不得采用两种或两种以上的排气污染物排放检测方法。

按工况分解 表 1-16

操　作	时间(s)	%	
怠速	60	30.8	35.4
怠速、车辆减速、离合器脱开	9	4.6	
换挡	8	4.1	
加速	36	18.5	
等速	57	29.2	
减速	25	12.8	
合计	195	100	

按使用挡位分解 表 1-17

操　作	时间(s)	%	
怠速	60	30.8	35.4
怠速、车辆减速、离合器脱开	9	4.6	
换挡	8	4.1	
一挡	24	12.3	
二挡	53	27.2	
三挡	41	21.0	
合计	195	100	

① 稳态工况法(ASM)。是指车辆在底盘测功机上的测试运转循环只有稳定的匀速过程,加载保持固定值,由 ASM5025 和 ASM2540 两个等速工况组成。

车辆驱动轮位于测功机滚筒上,将分析仪取样探头插入排气管中,深度为 400mm,并固定于排气管上。对独立工作的多排气管应同时取样。

A. ASM5025 工况:

a. 定义:是指经预热后的车辆加速至 25.0km/h,测功机以车辆速度为 25.0km/h、加速度为 1.475m/s^2 时的输出功率的 50% 作为设定功率对车辆加载,工况计时器开始计时(t = 0s)。车辆以 25.0km/h ± 1.5 km/h 的速度持续运转 5s,如果底盘测功机模拟的惯量值在计时开始后持续 3s 超出所规定误差范围,工况计时器将重新开始计时(t = 0)。如果再次出现该情况,检测将被停止。系统将根据分析仪最长响应时间进行预置,(如果分析仪响应时间为 10s,则预置时间为 10s,t = 15)然后系统开始取样,持续运行 10s(t = 25s)即为

ASM5025 快速检查工况。ASM5025 快速检查工况结束后继续运行至 90s（t = 90s）即为 ASM5025 工况。

Ⅰ型试验运转循环试验 2 部循环单元 表 1-18

操作序号	运转状态	工况	加速度（m/s^2）	车速（km/h）	每次时间 操作(s)	每次时间 工况(s)	累计时间(s)	手动换挡时使用的挡位
1	怠 速	1			20	20	20	K_1 ①
2	加 速		0.83	0~15	5		25	1
3	换 挡				2		27	—
4	加 速		0.62	15~35	9		36	2
5	换 挡	2			2	41	38	—
6	加 速		0.52	35~50	8		46	3
7	换 挡				2		48	—
8	加 速		0.43	50~70	13		61	4
9	等 速	3		70	50	50	111	5
10	减 速	4	−0.69	70~50	8	8	119	4s · 5+4s · 4
11	等 速	5		50	69	69	188	4
12	加 速	6	0.43	50~70	13	13	201	4
13	等 速	7		70	50	50	251	5
14	加 速	8	0.24	70~100	35	35	286	5
15	等 速	9		100	30	30	316	5②
16	加 速	10	0.28	100~120	20	30	336	5②
17	等 速	11		120	10	10	346	5②
18	减 速		−0.69	120~80	16		362	5②
19	减 速	12	−1.04	80~50	8	34	370	5②
20	减速、离合器脱开		−1.39	50~0	10		380	K_5 ①
21	怠速	13			20	20	400	PM ①

注：①PM——变速器置空挡，离合器接合；K_1、K_5——变速器置一挡或五挡，离合器脱开。

②如果车辆装有多于 5 挡的变速器，使用附加挡位时应与制造厂推荐的相一致。

b. 测试程序：车辆经预热后，加速至 25km/h，测功机根据测试工况要求加载，工况计时器开始计时（t = 0s），车辆保持 25km/h ± 1. 5 km/h 等速 5s 后开始检测。当测功机转速和扭矩偏差超过设定值的时间大于 5s，检测应重新开始。然后系统根据 ASM5025 工况所规定开始预置 10s 之后开始快速检查工况，

计时器为 $t = 15s$ 时分析仪器开始测量，每秒钟测量一次，并根据稀释修正系数及湿度修正系数计算 10s 内的排放平均值。运行 10s（$t = 25s$）ASM5025 快速检查工况结束。车辆运行至 90s（$t = 90s$）ASM5025 工况结束。测功机在车速 25km/h ±1.5 km/h 的允许误差范围内，加载扭矩应随车速的变化做相应的调整，保证加载功率不随车速改变。扭矩允许误差为该工况设定扭矩的 ±5%。

按工况分解 表 1-19

操　作	时间(s)	%
怠速	40	10.0
车辆减速、离合器脱开	10	2.5
换挡	6	1.5
加速	103	25.8
等速	209	52.2
减速	32	8.0
合计	400	100

按使用挡位分解 表 1-20

操　作	时间(s)	%
怠速	40	10.0
车辆减速、离合器脱开	10	2.5
换挡	6	1.5
一挡	5	1.3
二挡	9	2.2
三挡	8	2.0
四挡	99	24.8
五挡	223	55.7
合计	400	100

在测量过程中，任意连续 10s 内第 1 秒至第 10 秒的车速变化相对于第 1 秒小于 ±0.5km/h，测试结果有效。快速检查工况的 10s 内的排放平均值经修正后如果等于或低于限值的 50%，则测试合格，检测结束；否则应继续进行至 90s 工况。如果所有检测污染物连续 10s 的平均值均低于或等于限值，则该车应判定为 ASM5025 工况合格，继续进行 ASM2540 检测；如任何一种污染物连续 10s 的平均值超过限值，则测试不合格，检测结束。在检测过程中如任意连续 10s 内的任何一种污染物 10 次排放值经修正后均高于限值的 500%，则测试不合格，检测结束。

c. 排气污染物测量值的计算：排放测试结果应进行稀释校正及湿度校正，按标准规定的相关公式计算 10 次有效测试的算术平均值。

B. ASM2540 工况：

a. 定义：ASM5025 工况检测结束后车辆立即加速至 40.0km/h，测功机以车辆速度为 40km/h、加速度为 $1.475m/s^2$ 时的输出功率的 25% 作为设定功率对车辆加载，工况计时器开始计时（$t = 0s$）。车辆以 40.0km/h ±1.5 km/h 的速度持续运转 5s，如果底盘测功机模拟的惯量值在计时开始后持续 3s 超出所规定误差范围，工况计时器将重新开始计时（$t = 0s$）。如果再次出现该情况，检测将被停止。系统将根据分析仪最长响应时间进行预置，（如果分析仪响应时间为 10s，则预置时间为 10s，$t = 15$）然后系统开始取样，持续运行 10s（$t = 25\text{s}$）即为 ASM2540 快速检查工况。ASM2540 快速检查工况结束后继续运行至 90s（$t = 90\text{s}$）即为 ASM2540 工况。

在进行测量试验时，试验车辆的机械状况应良好，无影响安全或引起试验偏差的机械故障；车辆进、排气系统不得有任何泄漏。车辆的发动机、变速箱和冷却系统等应无液体泄漏；轮胎表面磨损应符合有关标准的规定，驱动轮轮胎压力应符合生产厂的规定。同时应使用符合规定的市售燃料，包括无铅汽油、压缩天然气、液化石油气等。

稳态工况法的检测设备包括底盘测功机、测量仪器（包括排气分析仪及湿度计、温度计、气压计、计时器）、自动检测控制系统和显示设备。

b. 测试程序。车辆从 25km/h 直接加速至 40km/h，测功机根据测试工况要求加载，工况计时器开始计时（$t = 0\text{s}$），车辆保持 40km/h ±1.5km/h 等速 5s 后开始检测。当测功机转速和扭矩偏差超过设定值的时间大于 5s，检测重新开始。然后系统根据 ASM2540 工况所规定开始预置 10s 之后开始快速检查工况，计时器为 $t = 15\text{s}$ 时分析仪器开始测量，每秒钟测量 1 次，并根据稀释修正系数及湿度修正系数计算 10s 内的排放平均值。运行 10s（$t = 25\text{s}$）ASM2540 快速检查工况结束。车辆运行至 90s（$t = 90\text{s}$）ASM2540 工况结束。测功机在车速 40km/h ±1.5km/h 的允许误差范围内，加载扭矩应随车速的变化做相应的调整，保证加载功率不随车速改变。扭矩允许误差为该工况设定扭矩的 ±5%。

在测量过程中，任意连续 10s 内第 1 秒至第 10 秒的车速变化相对于第 1 秒小于 ±0.5km/h，测试结果有效。快速检查工况的 10s 内的排放平均值经修正后如果等于或低于限值的 50%，则测试合格，检测结束；否则应继续进行至 90s 工况。如果所有检测污染物连续 10s 的平均值均低于或等于限值，则该车应判定为合格。如任何一种污染物连续 10s 的平均值超过限值，则测试不合格，检测结束。在检测过程中如任意连续 10s 内的任何一种污染物 10 次排放值经修正后均高于限值的 500%，则测试不合格，检测结束。

c. 排气污染物测量值的计算。排放测试结果应进行稀释校正及湿度校正，按标准规定的相关公式计算 10 次有效测试的算术平均值。

② 瞬态工况法。瞬态工况法测试设备的工作原理与车辆型式核准和生产一致性检查试验的基本要求一致，车辆在底盘测功机上变速变负荷运行，其运转循环与 I 型试验运转循环试验 1 部相同，其循环单元由 4 个城区循环组成。每个城区循环包含 15 个工况（怠速、加速、匀速、减速等）。如表 1-15 所示。试验 1 部的试验期间平均车速为 19km/h，有效行驶时间为 195s；每个循环理论行驶距离为 1.013km；4 个循环的当量距离为 4.052km。如表 1-15、1-16、1-17

所示。

采样系统与分析仪器也与车辆型式核准和生产一致性试验一致，定容取样系统采用 CFV-CVS（临界流量文氏管）式 CVS 系统连续计量和采集稀释排气样气。自动检测控制系统根据输入的车辆参数自动设置加载载荷和选择排放标准。检测程序、数据采集和分析判断检测结果由计算机自动进行。

③ 简易瞬态工况法。是一种瞬态加载简易工况法，它使用与瞬态工况法相同的底盘测功机，它吸取了瞬态工况测量稀释排气量最终可得出污染物排放质量的优点，也吸取了 ASM 直接利用便携式尾气分析仪就可对各种污染物浓度测试的长处，采用一个被称为“气体流量分析仪”的装置来测得汽车排气流量（经稀释），经处理计算，最终也可得出每种污染物每千米的排放质量。

简易瞬态工况法污染物排放试验设备包括一个至少能模拟加速惯量和匀速负荷的底盘测功机、一个五气分析仪（由 HC、CO、CO_2、NO、O_2 的浓度自动分析仪器和稀释气体分析仪器组成）和一个气体流量分析仪组成的采样分析系统。它可以实时地分析车辆在负荷工况下排气污染物的排放质量。

A. 五气分析仪。简易瞬态工况法气体污染物测试采用下列仪器分析：

一氧化碳（CO）、碳氢化合物（HC）和二氧化碳（CO_2）采用不分光红外线法（NDIR）；一氧化氮（NO）采用电化学法或其他等效方法。

B. 气体流量分析仪。气体流量分析仪由气室、涡漩流量传感器、氧气传感器、抽气机、温度和压力传感器等组成。使用时五气分析仪采样管插入排气管中分析原排放污染物浓度，将气体流量分析仪稀释软管对着排气管，并留有一定的空隙以保证稀释后的流量达到规定值，通过气体流量分析仪的抽气机吸入车辆排出的全部尾气和部分稀释空气，通过分析得到排气流量。

气体流量分析仪可以即时地测量排放气体的流量。气体流量分析仪将测量稀释后的气体的氧含量与原排放气体中的氧含量比较，求得质量稀释的比例，通过稀释比和气体流量分析仪测得的流量，计算出每 1 秒的排放体积。然后根据排放体积和五气分析仪测量出来的排放浓度来计算机动车每 1 秒排放出来的污染物质量。

C. 运转循环与瞬态工况法相同。

3. 烟度法

由于柴油机排烟的评价用颗粒物排出量的试验设备昂贵、复杂，试验工作量大，因此对柴油机排烟的评价经常采用烟度法。

烟度的测量方法主要有两类，一类是先用滤纸收集排气黑烟，再比较滤纸表面对光的反射率来测量烟度（即规定面积的清洁滤纸染黑的程度），这种方法称为滤纸法或反射法，如 GB 3847—2005 附录《在用汽车自由加速试验 滤纸烟度法》;另一类是根据光从排气中透射的程度来确定烟度,称为透光法或消光法,如 GB 3847—2005 附录《在用汽车自由加速试验　不透光烟度法》。

(1)《全负荷稳定转速试验　不透光烟度法》

这是在发动机上或在汽车上进行的全负荷曲线上不同稳定转速下测定排气烟度排放的方法,一般用于汽车型式核准认证试验。

① 测量原则。应在发动机全负荷稳定转速下测量发动机排气的光吸收系数值;要进行足够数量转速工况点测量,其范围在最高额定转速和最低额定转速之间且适当分布,其中测点必须包含最大功率转速和最大扭矩转速。

② 试验条件。其一,提交的发动机或汽车应技术状况良好,且已经磨合;其二,发动机试验时应带有规范的装备,并按制造厂的规定进行调整;其三,在进行发动机试验时,发动机功率应按 GB/T 17692 的规定测定;其四,在进行发动机试验时发动机功率可以与制造厂规定的功率差别为:最大功率点 ±2%,其他测量点为 +6%、-2%;其五,在进行汽车试验时,应确认燃油流量不小于制造厂规定的值;其六,排气装置上不得有任何可能使发动机排气稀释的孔隙。如果发动机有几个排气出口,则应将这些出口连接到一个单一的出口上,以便测量光吸收系数;其七,发动机应处于制造厂规定的正常工作状态,尤其是冷却液和机油,均应处于制造厂规定的正常温度。试验采用符合国家标准的商品燃料。

③ 实验室。应测量发动机进气口处空气的热力学温度 T、干空气压力 P_s,再确定大气系数 f_a。

④ 取样和测量仪器。排气的光吸收系数应使用不透光烟度计测量。

⑤ 光吸收系数的评定。对于按上述测定的各个发动机转速工况的排气光吸收系数,每一个都应根据下列公式计算名义气体流量:

对于二冲程发动机: $$G = \frac{v \cdot n}{60}$$

对于四冲程发动机: $$G = \frac{v \cdot n}{120}$$

式中:

G(二冲程、四冲程)——名义气体流量,L/s;

v——发动机汽缸容积,L;

n——发动机转速,r/min。

(2)《在用汽车自由加速试验　不透光烟度法》

对于 2001 年 10 月 1 日起至 2005 年 7 月 1 日止生产的汽车,应按该试验方法的要求进行自由加速试验。

自由加速工况是指在发动机怠速下,迅速但不猛烈地踏下油门踏板,使喷油泵供给最大油量。在发动机达到调速器允许的最大转速前,保持此位置。一旦达到最大转速,立即松开油门踏板,使发动机恢复至怠速。

① 试验条件。试验应在汽车上进行。试验前不应长时间怠速,以免燃烧室温度降低或积污。试验采用符合国家标准的商品燃料。

② 车辆准备。发动机应充分预热,使发动机处于正常运转温度。应采用至少3次自由加速过程或其他等效方法对排气系统进行吹拂。

③ 试验方法。其一,目测检测车辆的排气系统的相关部件是否泄漏;其二,发动机包括所有装有废气涡轮增压的发动机,在每个自由加速循环的起点均处于怠速状态,对重型发动机,将油门踏板放开后至少等待10s;其三,在进行自由加速测量时,必须在1s内,将油门踏板快速、连续地完全踩到底,使喷油泵在最短时间内供给最大油量;其四,对每个自由加速测量,在松开油门踏板前,发动机必须达到断油点转速,对带自动变速箱的车辆,则应达到制造厂申明的转速(如果没有该数据值,则应达到断油转速的2/3),关于这一点,在测量过程中必须进行检查。例如:通过监测发动机转速或延长油门踏到底后与松开油门前的间隔时间,对于重型汽车,该间隔时间应至少为2s;其五,计算结果取最后3次自由加速测量结果的算术平均值。在计算均值时可以忽略与测量均值相差很大的测量值。

(3)《在用汽车自由加速试验　滤纸烟度法》

对于2001年10月1日前生产的在用汽车应按本试验方法要求进行自由加速试验。

本标准规定了道路用柴油车在自由加速工况下排气中烟度的测量仪器和测量方法。本标准适应于装有柴油发动机、最大总质量大于400kg、最大设计车速等于或大于50km/h的汽车。

所谓自由加速滤纸式烟度,是指在自由加速工况下,从发动机排气管抽取规定长度的排气柱所含的炭烟,使规定面积的清洁滤纸染黑的程度。

① 测量仪器。规定采用滤纸式烟度计(简称烟度计),该烟度计由取样系统和测量系统组成,其技术参数和要求应符合HJ/T 4—1993的规定。

② 受检车辆。进气系统应装有空气滤清器,排气系统应装有消声器并且不得有泄漏。柴油应符合国家标准的规定,不得另外使用燃油添加剂。测量时发动机的冷却水和润滑油温度应达到汽车使用说明所规定的热状态。

③ 测量循环。测前压力为300～400kPa的压缩空气清洗取样管路,把抽气泵置于待抽气位置,将洁白的滤纸置于待取样位置,将滤纸夹紧。测试循环由气泵抽气、滤纸走位、抽气泵回位、滤纸夹紧、指示器读数组成。循环时间应于20s内完成所规定的循环。

④ 测量程序。一是安装取样探头,将取样探头固定于排气管内,插深等于300mm,并使其中心线与排气管轴线平行;二是吹除积存物,按自由加速工况进行3次,以清除排气系统中的积存物;三是测量取样,将抽气泵开关置于油门踏板上,仍按自由加速工况规定的工况及规定的循环测量4次,取后3次读数的算术平均值即为所测烟度值。

当汽车发动机出现黑烟冒出排气管的时间和抽气泵开始抽气的时间不同步的现象时,应取最大烟度值。

(4)《在用汽车加载减速试验　不透光烟度法》

由于柴油车自由加速度法,最突出的弊端是在车辆无载荷时进行检测的,因此检测出的排放结果与车辆实际运行时排放状况仍然存在较大差距,所以国家标准 GB 3847—2005 规定,在机动车保有量大、污染严重的地区,可采用加载减速工况法。它适用于装用压燃式发动机、最大总质量大于400kg、最大设计速度大于或者等于50km/h的在用汽车。

① 要求。该试验方法对车辆及发动机的要求是:试验前应该对车辆的技术状况进行预检,以确定待检车辆是否能够进行后续的排放检测。待检车辆放在底盘测功机上,按照规定的加载减速检测程序,检测最大轮边功率和相对应的发动机转速和转鼓线速度(VelMaxHP)、并检测 VelMaxHP 点、90% VelMaxHP 点和80% VelMaxHP 点的排气光吸收系数 k。排气烟度检测应采用分流式不透光烟度计。

功率扫描过程中实测的最大轮边功率不得低于制造厂规定的发动机标定功率的50%。

② 检测规程。排放检测由三部分组成:第一部分是对车辆进行预先检查,以保证受检车辆与证件的一致性和进行检测的安全性;第二部分是检查检测系统和车辆的状况是否适合进行检测;第三部分则是进行排放检测,检测工作由系统控制自动进行,以保证检测过程的一致性和检测结果的可靠性。每条检测线至少应配备三名检测员,一名检测员操作控制计算机,一名检测员负责驾驶受检车辆,另一名检测员进行辅助检查,并随时注意受检车辆在检测过程中是否出现异常情况。

(二)汽车燃油蒸发污染物检测试验方法

目前世界各国对汽油车燃油蒸发污染物检测试验方法有两种,即收集法和密闭室法。前一种是使用装有活性炭的收集器(简称收集法),测量时将收集器与汽油车供油系统和大气相通的部分连接,通过测量收集器的质量变化确定汽油车供油系统排入环境的 HC 化合物的质量;另一种方法是使用密闭室法(简称密闭室法),测量时将车辆推入密闭室内,通过分析仪测量密闭室内放入试验的车辆前后的 HC 化合物的浓度变化,计算出车辆供油系统挥发出的 HC 化合物的质量。

测量单位均为 g/测量循环。

我国国家标准规定了重型汽车和轻型汽车燃油蒸发污染物排放限值及测量方法。如我国重型汽车采用 GB 14763—2005《装用点燃式发动机重型汽车燃油蒸发污染物排放限值及测量方法(收集法)》;装用点燃式发动机的轻型汽车采用 GB 18352.3—2005《轻型汽车污染物排放限值及测量方法(中国 III、IV 阶段)》(密闭室法)。

密闭室法较收集法的精度高,覆盖的影响因素全面,但试验装置复杂。在采用相同的排放限值(g/测量循环)时,密闭室法要比收集法严格得多。

1. 装汽油发动机的轻型汽车燃油蒸发污染物排放测量(密闭室法)

根据 GB 18352.3—2005《轻型汽车污染物排放限值及测量方法(中国 III、IV 阶段)》的规定,蒸发污染物排放试验(即 IV 型试验)用于确定由于昼间温度波动、停车期间热浸和城内运转所产生的碳氢化合物(HC)。

(1) 试验阶段

① 由一个运转循环 1 部和一个运转循环 2 部组成的试验准备。

② 测定热浸损失。

③ 测定昼间换气损失。

(2) 试验准备

① 试验环境。在测量准备阶段和测量过程中,环境温度应保持在 293 ~ 303K(20 ~ 30℃)。

② 车辆准备。试验车辆试验前至少运行 3 000km,并且机械性能良好。如果车辆装有燃油蒸发控制系统,应装在车上与车辆一起运行并且系统处于正常工作状态,既不过分脱附,也不过分吸附。试验前,应清洗试验车辆,有时需用清洁剂清洗。

③ 加装温度传感器和放油装置。试验时,需向燃油箱加入燃油箱额定容积 40% 的燃油进行试验,传感器应安装在燃油箱中燃油的几何中心位置;另外,燃油箱需连接放油设备,用以放净燃油箱中的燃油。

(3) 试验设备

① 蒸发污染物排放测量用密闭室。密闭室是一个气密性好的矩形测量室,试验时可用来容纳汽车。应能从汽车各侧面方便地接近汽车,密闭室封闭时应能达到规定的气密性。密闭室内表面不渗透碳氢化合物并不与其发生反应。试验期间,温度调节系统应能控制密闭室内部空气温度,使其跟随规定的温度-时间曲线变化,且整个试验期间平均误差在 ±1K 内。

应调整温度控制系统，以提供圆滑的温度控制模式，即相对于设定的环境温度曲线具有最小的过调、波动和不稳定。在昼间换气排放试验期间的任何时间，密闭室内表面温度既不得低于278K(5℃)，也不得高于328K(55℃)。

密闭室壁面的设计应有良好的散热性。在热浸试验期间，密闭室内表面温度既不得低于293K(20℃)，也不得高于325K(52℃)。

为了适应由于密闭室内温度变化导致的容积变化，可以采用可变容积或定容积的密闭室。

② 分析系统——采用了碳氢化合物分析仪。

③ 底盘测功机。采用密闭室法，底盘测功机的阻力设定参照轻型汽车排气污染物测试方法中的规定。

(4) 试验程序

如图1-12所示。

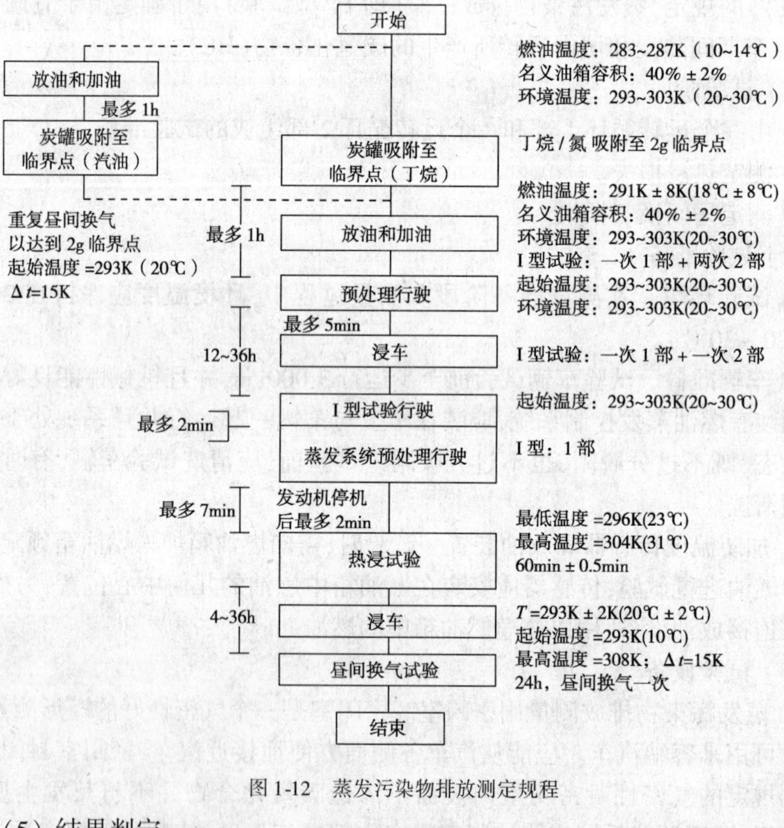

图1-12　蒸发污染物排放测定规程

(5) 结果判定

将热浸损失和昼间换气损失阶段测得的碳氢化合物的排放质量相加，作为试验的总结果。

2. 装汽油发动机的重型汽车燃油蒸发污染物排放测量(收集法)

该试验主要是针对点燃式发动机重型汽车在型式核准认证试验量一并进行的燃油蒸发污染物排放试验。

(1) 蒸发污染物排放试验的组成部分

① 试验准备。

② 燃油箱呼吸损失(昼间换气损失)测定。

③ 在底盘测功机上以 40km/h 车速匀速行驶,或在发动机台架上模拟车辆 40km/h 车速运行。

④ 热浸损失测定。

(2) 试验车辆(或试验发动机)和燃料

① 试验车辆(或实验发动机)。采用底盘测功机试验时,车辆技术状况应良好,试验前至少进行了 3 000km 的走合行驶。装在车辆上的蒸发污染物控制装置在走合期间应工作正常,炭罐经过正常使用,未经异常吸附和脱附。

采用发动机台架试验时,试验发动机技术状况应良好,安装在发动机台架上应配备装车时的所有附件(冷却风扇、发电机、空滤器、排气消声器等),试验前应按照制造厂要求磨合完毕。车辆上使用的蒸发污染物控制装置应工作正常,炭罐经过正常使用,未经异常吸附和脱附。试验时,发动机的供油系统(燃油箱、燃油管路、燃油泵等)、排气系统(后处理器、消声器、排气管的尺寸和长度)、冷却系统、蒸发污染物控制装置等应与车辆上使用的完全一致,包括燃油箱与发动机的相对位置。

② 试验设备。试验设备由底盘测功机、试验车辆(试验发动机)的冷却系统、燃油箱加热与控制装置、温度测量与记录仪器、加油和放油装置、燃油冷却装置、燃油蒸发污染物收集装置(包括收集器、活性炭、除湿管、干燥剂、接管和接头、均压管、称重天平、收集器烘干装置、干燥器及附加设备等)组成。

收集器准备:收集器内装满活性炭,在 150℃的烘干箱中烘干 3h 以上,然后盖上封堵、拧紧、密封,装入干燥瓶中,待其冷却到室温后,每隔 30min 称量 1 次,直至相邻 2 次称量之差小于 0.05g 为止,此质量为收集器净质量,该质量与所用收集器在试验前称得净质量的质量差,即为蒸发污染物排放量,每次试验中所用的所有收集器的使用前后质量差之和即为试验车辆的燃油蒸发污染物排放量。

收集器系统:试验时,需对燃油系统所有通大气部分安装收集器,收集燃油蒸发物。以未装燃油蒸发控制装置的使用化油器式的汽油车为例,其燃油箱和空气滤清器测量装置连接示意图如图 1-13、1-14 所示。

③ 试验程序。如图 1-15 所示。

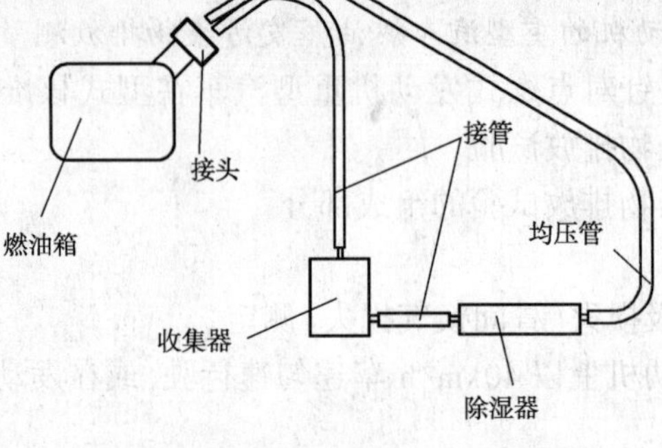

图 1-13　燃油箱测量装置连接示意图

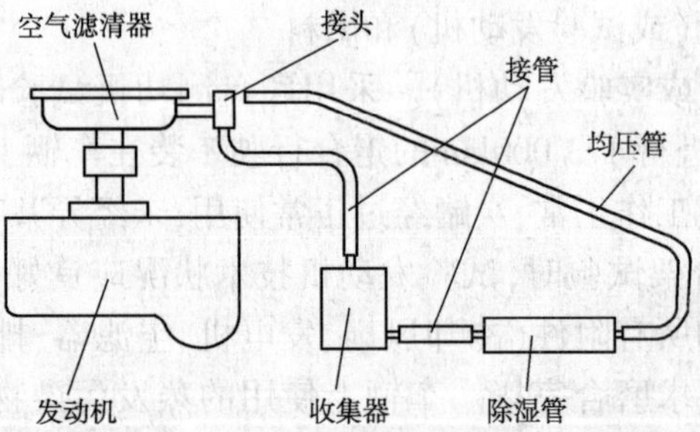

图 1-14　空气滤清器测量装置连接示意图

④ 试验结果。在上述的各项排放试验中，车辆的碳氢化合物（HC）排放量为燃油箱呼吸损失（昼间换气损失）和热浸损失测量试验结果的代数，单位为 g/测量循环。

（三）汽车曲轴箱污染物检测试验方法

汽车上发动机运行时，发动机燃烧室内的混合气有一部分通过活塞环进入曲轴箱，如果不控制，此部分混合气会通过曲轴箱的通风口和曲轴箱内润滑油蒸气混合后排入大气，此部分排放的 HC 约占汽油车 HC 总排放量的 20%。为控制此部分污染物排放，我国目前采用的国家标准是 GB 11340—2005《装用点燃式发动机重型汽车曲轴箱污染物排放限值及测量方法》（已于 2005 年 7 月 1 日开始实施）和 GB 18352.3—2005《轻型汽车污染物排放限值及测量方法（中国 III、IV 阶段）》标准进行曲轴箱污染物排放试验（即 III 型试验）。

1. 曲轴箱污染物排放试验（III 型试验）

（1）一般规定

① III 型试验在已经进行了 I 型或双怠速试验、装点燃式发动机的汽车上进行。

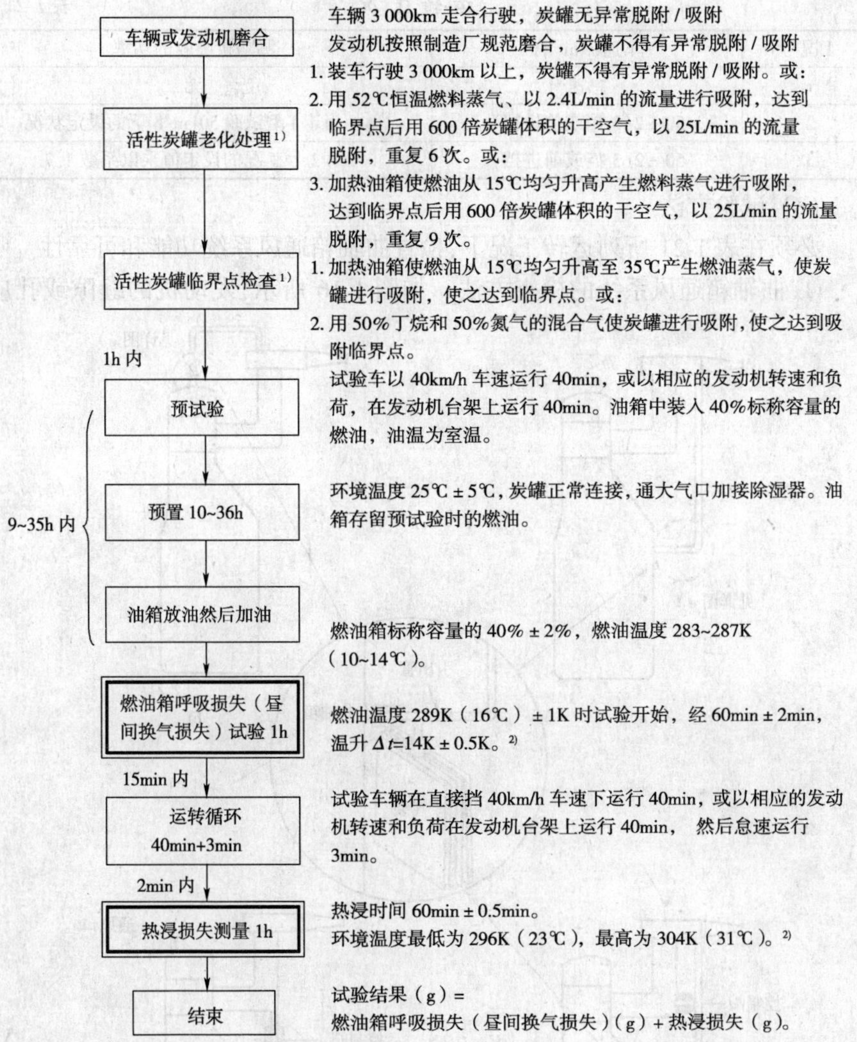

注：1）选用其中任意一种方法。

2）采用加宽框的项目为测量项，测量值进行结果评判的项目。

图 1-15　燃油蒸发污染物排放试验程序

② 被试发动机必须包括防漏发动机，但不包括那些在结构上即使有一点泄漏也会造成不能接受的运转故障的发动机（如卧式双缸对置发动机）。

（2）试验条件

① 怠速必须调整到制造厂规定的状况。

② 按如表 1-21 所示中规定的三种发动机运转工况进行测量。

运转工况　　表 1-21

工况号	车速(km/h)	测功机吸收的功率
1	怠速	无
2	50±2(3 挡或前进挡)	相当于Ⅰ型试验 50km/h 下的设定状况
3	50±2(3 挡或前进挡)	第 2 号工况的设定值乘以系数 1.7

(3) 试验方法

必须在表 1-21 所列运转工况下,检查曲轴箱通风系统功能和可靠性。

① 曲轴箱通风系统的检查方法。如图 1-16 所示,发动机的缝隙或孔应保

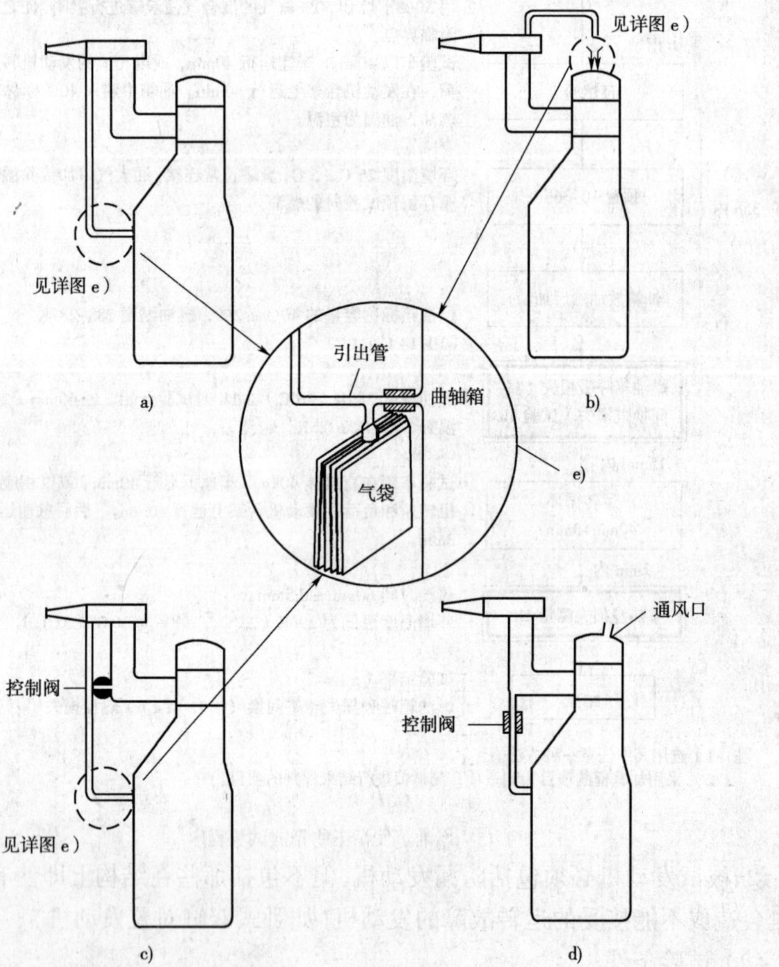

图 1-16　Ⅲ型试验

a)在微小真空度时直接再循环;b)在微小真空度时间接再循环;c)双回路直接再循环;d)带控制阀的曲轴箱通风(气袋必须接到通风口上);e)引出管和气袋的连接

持原状;在适当位置测量曲轴箱的压力。例如:在机油标尺处使用倾斜式压力计进行测量。如果在表1-21规定的各测量工况下,测得的曲轴箱内的压力均不超过测量时的大气压力,则认为汽车曲轴箱污染物排放满足要求。

用上述方法进行试验时,测量进气歧管中的压力,其准确度应在±1kPa以内;测量测功机指示的车速,其准确度应在±2km/h以内;测量曲轴箱内的压力,其准确度应在±0.01kPa以内。

如果在规定的某一测量工况下,在曲轴箱内测得的压力超过大气压力,若制造厂提出要求,则进行追加试验。

② 追加试验。发动机的缝隙或孔应保持原状;在机油标尺孔处连接一个容积大约为5L不泄漏曲轴箱气体的柔性袋。每次测量前应将气袋排空,且气袋应该封闭。在表1-21规定的每种测量工况下,气袋应与曲轴箱接通5min。

若在表1-21规定的每一测量工况下,气袋均没有出现可观察到的涨大,则认为此汽车曲轴箱污染物排放满足要求。

如果受发动机结构的限制,不能按追加试验所述方法进行试验时,应按下列方法进行测量:

在试验之前,除回收气体所需的孔外,所有的缝隙或孔均封闭;而气袋装在再循环装置的管路中、一个不导致任何额外压力损失的合适的取气管上,此再循环装置直接装在发动机连接孔上。

课题三　汽车排放控制系统

一、汽车排放控制系统概述

1. 排放控制系统在现代汽车上的运用

随着汽车数量增加,汽车有害排放物对大气的污染日趋严重,世界各国限制汽车排放污染的法规越来越严格,控制标准越来越高。汽车排放控制系统已成为现代汽车上重要的、不可缺少的组成部分,它能将汽车的有害排放物控制在最低程度,减少对大气的污染。

在传统汽车及发动机的设计中,主要考虑的是动力性和可靠性等使用性能指标。为了达到日益严格的排放控制要求,排放控制系统必须和整车其他系统一起进行统一设计,使现代汽车能够达到所规定的、包括排放性能在内的综合性能指标的要求。

排放控制系统与汽车上其他系统采用统一设计,各个系统相互依赖,实质上排放系统与其他系统有着紧密的联系。例如:发动机喷油量控制不当、点火时控制不准,不仅会使燃油消耗增加,动力性下降,而且排放污染物也会增加。现代汽车上的控制系统已基本实现"电子化",即运用电子系统(计算机)控制汽车,使汽车上的控制逐步"一体化",以达到更高的综合性能指标。因此,我们不能把排放控制系统看作一个独立系统只为解决单一排放的问题,而应视其为整车控制系统的一部分。现代汽车上一般采用了曲轴箱强制通风装置、燃油蒸发排放控制装置、进气加热装置、废气再循环装置、催化转换装置、发动机计算机管理、柴油机排放颗粒物搜集装置等。

2. 减少汽车排放污染的基本方法

减少汽车排放污染的第一种方法是机内控制法。这种方法是根据有害排放物生成机理，对发动机机构及控制系统进行改造和设计，采用新材料、新工艺、新技术和新的控制方法，使发动机内的可燃混合气充分和高效地燃烧，从而达到减少有害气体排放的目的。例如：将现代汽车发动机汽缸的直径设计较大而活塞行程较小，能迅速提高汽缸内壁温度，减少了因缸壁温度过低而使缸壁周围冷熄区混合气不能充分燃烧而产生的排放。火花塞上采用新材料和改进结构，提高了点火能量，有利于混合气充分燃烧。这些对发动机及控制系统本身的改造和重新设计，都能较好地减少排放污染。电子控制装置在现代汽车上的运用能进一步减少汽车排放污染。例如：发动机上的电子控制燃油喷射系统，它既能根据发动机的各种工况精确地控制喷油量，达到合理的空燃比，又能使燃油雾化良好，加上计算机精确的点火控制，使污染物排放进一步减少。

减少汽车排放污染的第二种方法是机外控制法。这种方法将汽车排出的有害气体通过循环、过滤、催化反应等装置,使它们重新进入汽缸燃烧或在排放过程中被氧化、还原,变成无害物质排出车外,以减少排放污染。如现代汽车上的曲轴箱通风装置,它可以把"窜"入曲轴箱的混合气强制导入燃烧室进行重新燃烧,从而有效避免了混合气从曲轴箱中溢出而污染空气;再如二次空气喷射装置,将新鲜空气喷入到排放道中,利用废气余热使有害气体充分氧化、还原,有效抑制碳氢化合物、一氧化碳、氮氧化合物等有害气体的排放。

机内控制排放污染的有关内容已在"汽车发动机构造"及"电控发动机"中详细阐述,本课题将对机外控制排放污染的各装置、系统进行重点阐述。

二、汽油车排放控制系统

1. 曲轴箱强制通风装置

(1) 作用

曲轴箱强制通风装置(PCV)是将汽缸中窜入曲轴箱的混合气(主要是碳氢

化合物、水蒸气和各种汽化的酸)强行导入发动机进气歧管再进入燃烧室重新燃烧,减少碳氢化合物对大气的污染。

由于"缸壁"间隙的存在,虽然以活塞环进行密封,但活塞环与缸壁不可能达到绝对密封的程度,特别是在发动机使用一定时间后,活塞环与缸壁均产生不同程度磨损,使活塞环与缸壁的密封性能降低。在发动机工作时,一些高压的混合气和燃烧后的其他物质会窜入曲轴箱。

这些混合气中,70% ~80% 是未燃烧的碳氢化合物,20% ~30% 是燃烧后的物质即水蒸气和各种汽化的酸。若将这些混合气经曲轴箱直接排入大气,会对大气造成严重污染。若将其封闭在曲轴箱中,随着窜入曲轴箱混合气数量增加,会使曲轴箱内压力越来越高。当压力上升到一定程度,使密封垫损坏,导致漏油。同时,混合气若残留在曲轴箱中与机油混合,可造成机油粘度和润滑性能下降。混合气中酸性物质也会腐蚀发动机内部零件,加速零件的磨损,导致发动机早期损坏。

现代汽车使用的曲轴箱强制通风装置将窜入曲轴箱的混合气引入进气道和燃烧室重新燃烧,较好地解决了以上矛盾,并且使发动机的燃油经济性得到了提高。

(2) 基本组成

曲轴箱强制通风装置由连接进气道与曲轴箱的软管和 PCV 阀组成,如图 1-17 所示。

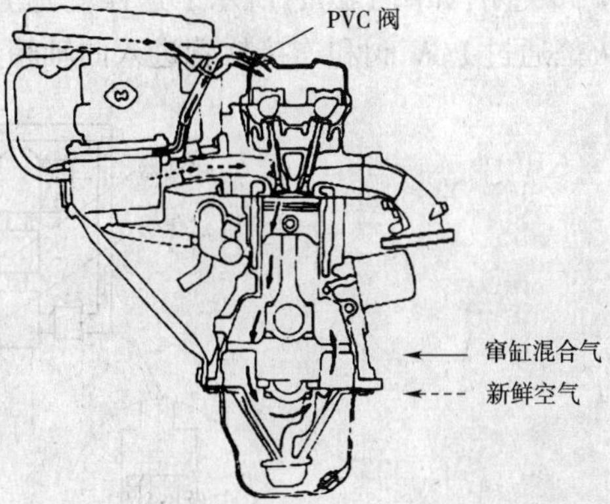

图 1-17　曲轴箱强制通风装置

曲轴箱强制通风阀(PCV 阀)是该装置中最重要的部件,它是一个单向阀。但有的车型用一个节流式固定量孔取代了 PCV 阀,同样起到控制流向进气道"窜气"的作用。一些电控发动机,曲轴箱强制通风装置是由计算机统一控制完成的。为了防止飞溅而产生的机油雾被吸入进气道,一些车型上的曲轴箱通风装置还有专门的滤清器,如图 1-18 所示。

(3) 工作原理

曲轴箱强制通风装置的工作原理如图 1-19 所示。当发动机工作时,进气歧管形成一定的真空,在真空吸力的作用下,曲轴箱中混合气经软管和 PCV 阀导入进气歧管进入汽缸燃烧;同时,新鲜空气经空气滤清器、软管进入曲轴箱中。若曲轴箱混合气的数量超过了 PCV 阀的吸入能力时,混合气也可以通过软管,经空气滤清器吸入进气道。

PCV 阀可以根据发动机不同的工作状况进行流量控制。在发动机怠速或低速运转时，PCV 阀开度较小，这样可防止过量的混合气进入进气歧管，使发动机因混合气过稀而导致怠速不稳或熄火。当发动机处于大负荷工作状态时，PCV 阀开度较大，允许较多的“窜气”进入汽缸参与燃烧。

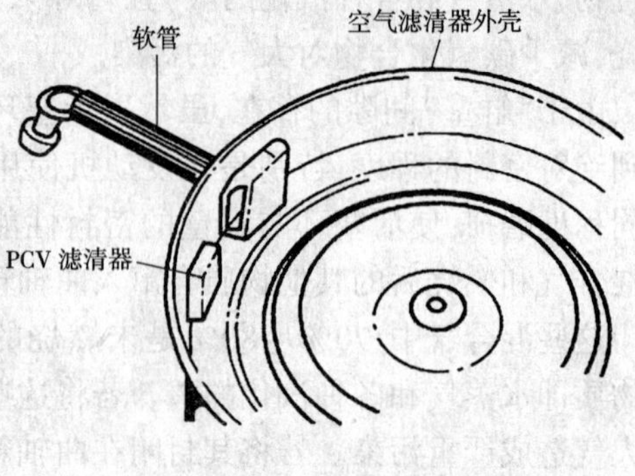

图 1-18　曲轴箱强制通风装置滤清器

发动机在不同的工作状况下，PCV 阀的工作情况如下：

① 发动机停机或回火。发动机停机时，由于进气歧管没有真空度，在弹簧力的张力作用下，PCV 阀关闭；当发动机产生回火现象时，由于进气歧管压力骤增，在压力和弹簧张力的作用下，PCV 阀关闭，如图 1-20a) 所示。这样就完全关闭了 PCV 装置的通道，有效防止了火焰通过 PCV 阀和连接软管进入曲轴箱点燃“窜气”而损害发动机。

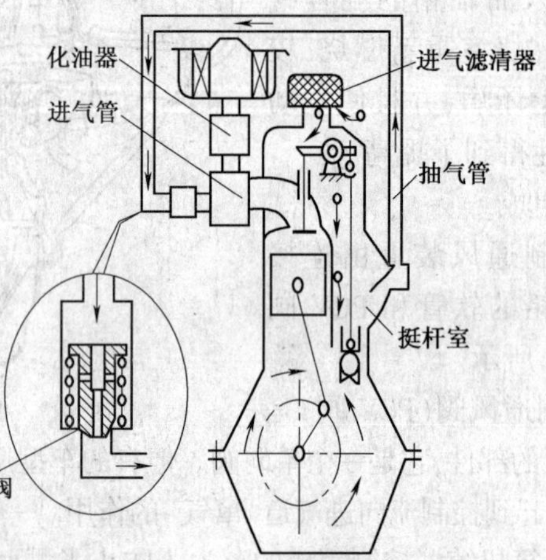

图 1-19　曲轴箱强制通风工作原理示意图

② 发动机怠速或低速运转。发动机怠速或低速运转时，进气歧管中真空度高，PCV 阀移动使真空通道狭窄，如图 1-20b) 所示，只允许较少的曲轴箱混合气通过。

③ 发动机中等负荷运转。发动机中等负荷运转时，进气歧管真空度适中，PCV 阀在弹簧张力和真空度的作用下，处于使真空通道较大的位置如图 1-20c) 所示，此时允许较多的曲轴箱混合气通过。

④ 发动机加速或大负荷。发动机加速或大负荷时，进气歧管真空度低，此

时 PCV 阀完全打开如图 1-20d)所示,真空通道面积大,曲轴箱混合气被吸入进气道的数量达到最大值。

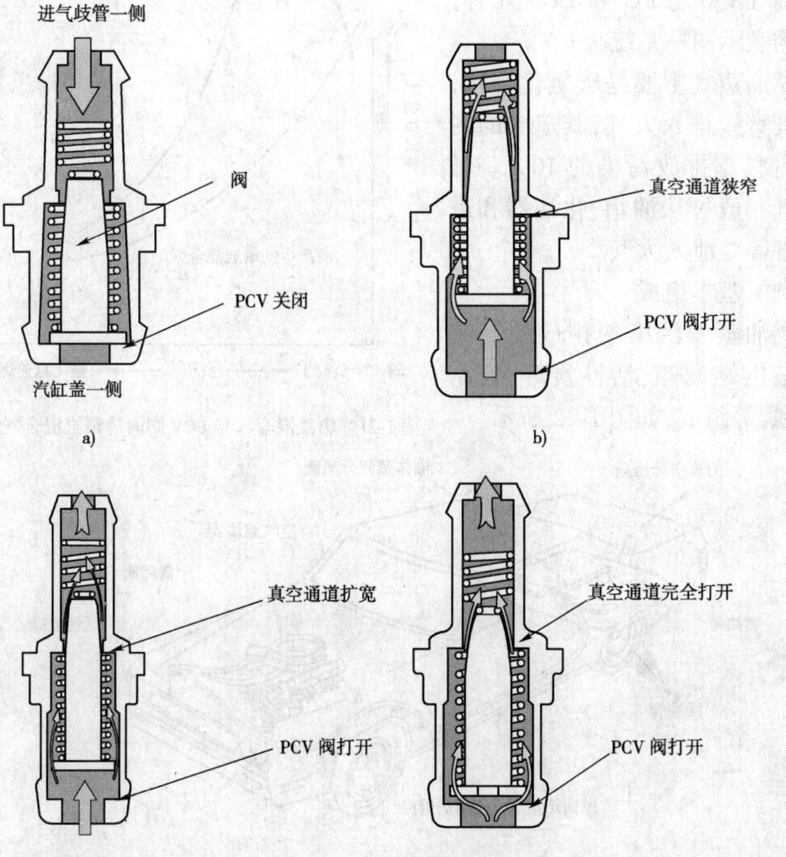

图 1-20　PCV 阀的工作情况

曲轴箱混合气生成和 PCV 阀通过曲轴箱混合气的数量如图 1-21 所示。可以看出,当 PCV 阀吸入“窜缸”混合气量超过“窜缸”混合气量时,新鲜空气经空气滤清器、软管进入曲轴箱,防止曲轴箱出现负压;当 PCV 阀吸入“窜缸”混合气量少于“窜缸”混合气量时,“窜缸”混合气又可经软管、空气滤清器进入进气歧管,防止曲轴箱气压过高。

2. 燃油蒸发污染物排放控制装置

(1) 作用

燃油蒸发污染物排放控制装置的作用是限制燃油蒸发气体直接排入大气,

避免对大气的污染，并将它重新导入汽缸进行燃烧。该装置的英文缩写有 EVAP、EEC 和 ECS 几种，它们均表示同一系统。

燃油蒸气主要是碳氢化合物，若让其直接排入大气，其造成的污染可占整车排放污染的 10%。燃油蒸气一般可从油箱、化油器和进气歧管等处泄入大气。

（2）基本组成

燃油蒸发污染物排放控制装置一般由燃油箱、活性炭罐、控制阀、软管等组成，如图 1-22 所示。

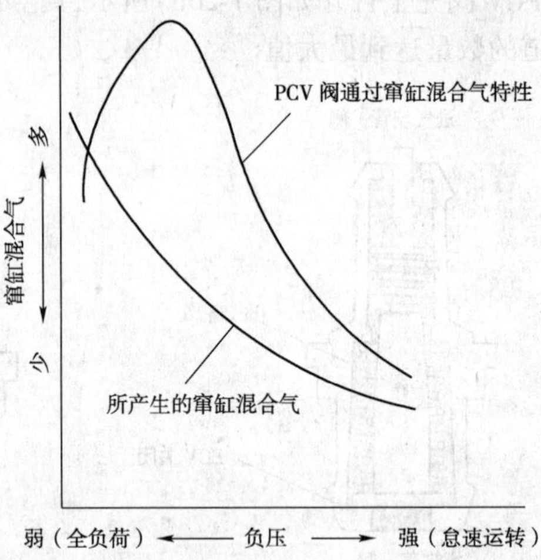

图 1-21 窜缸混合气与 PCV 阀通过窜缸混合气特性

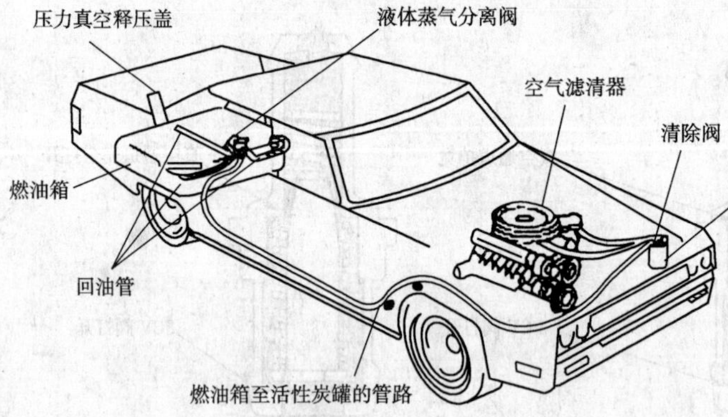

图 1-22 燃油蒸发污染物排放控制装置

燃油箱是汽车燃油储存装置，它是密封的，以免燃油蒸气排入大气。油箱内的燃油蒸气可经软管流向活性炭罐。油箱盖中设置了单向阀可阻止燃油蒸气从盖中溢出，但可让新鲜空气由此单向阀进入油箱。当发动机工作使油箱内燃油减少时，油箱内将产生轻度真空，此时盖中单向阀开启，新鲜空气经单向阀进入油箱。液体蒸气分离阀的作用是防止液体燃油通过蒸气管路流到活性炭罐。

（3）工作原理

活性炭罐中的活性炭对汽油蒸气分子有极强的吸附性，燃油箱中汽油蒸气经软管吸附在活性炭罐中。当发动机工作时，吸附在炭罐中的汽油蒸气经软管进入发动机进气歧管，参与燃烧，进入进气歧管的燃油蒸气量由控制阀控制。

活性炭罐用于存储燃油蒸气,一般为黑色圆柱形。其内部结构和工作原理如图1-23所示。燃油蒸气从"燃油蒸气进口"进入,被活性炭粒子吸附,发动机工作时,在真空的作用下从"燃油蒸气排泄口"吸出,进入发动机燃烧室,同时,新鲜空气经滤清网进入活性炭罐。

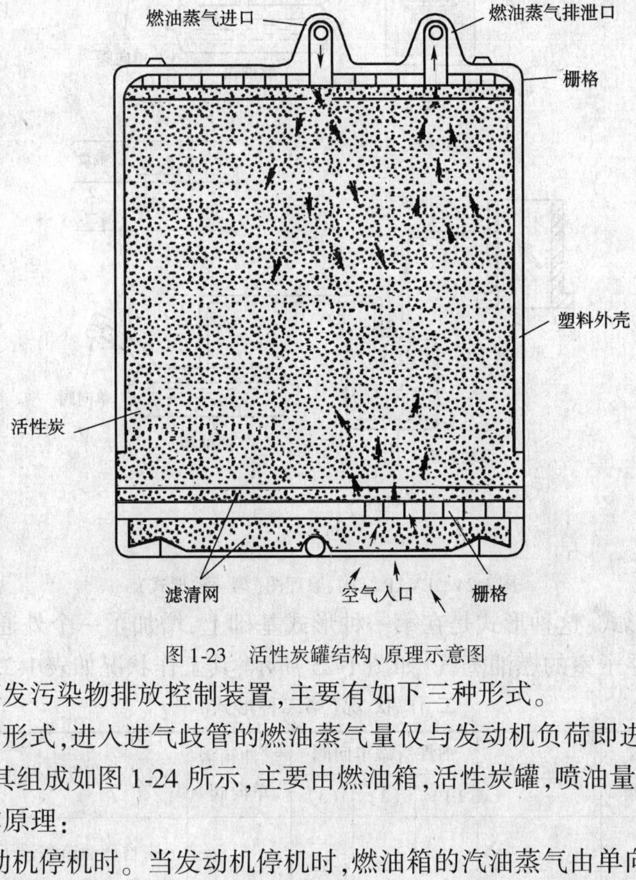

图1-23　活性炭罐结构、原理示意图

燃油蒸发污染物排放控制装置,主要有如下三种形式。

第一种形式,进入进气歧管的燃油蒸气量仅与发动机负荷即进气歧管的真空度有关,其组成如图1-24所示,主要由燃油箱,活性炭罐,喷油量孔组成。

其工作原理:

① 发动机停机时。当发动机停机时,燃油箱的汽油蒸气由单向阀2送到活性炭罐。如果由于油量减少使燃油箱内有负压,此时,单向阀3和油箱盖单向阀使部分燃油蒸气和大气进入油箱,平衡压力。在发动机不工作时,由于喷油量孔处没有真空度,在弹簧张力的作用下,单向阀关闭,防止燃油蒸气从喷油量孔溢出,如图1-24a)所示。

② 发动机工作时。当发动机工作时,活性炭罐的汽油蒸气通过喷油量孔吸进燃烧室燃烧。如果节气门开度小于10度,由于节气门低于喷油量孔,负压就不作用于活性炭罐,单向阀关闭。这就是说,在怠速或低负荷运转时,燃油蒸发气不从活性炭罐吸出,如图1-24b)所示。

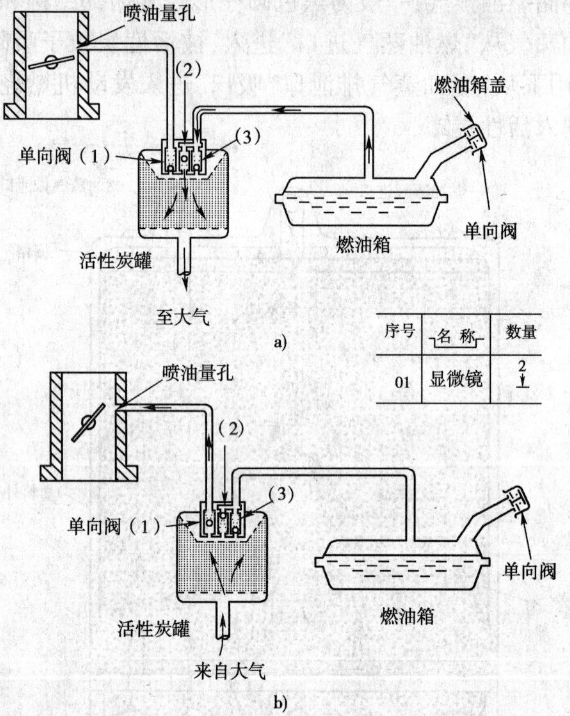

图 1-24　EVAP 结构、原理图（第一种形式）

第二种形式：这种形式是在第一种形式基础上，增加了一个外通风控制阀，解决化油器浮子室的燃油蒸气，如图 1-25 所示，其工作状况如表 1-22 所示。

工 作 状 况（第二种形式）　　表 1-22

点火开关	外通风控制阀	行车条件	活性炭罐单向阀			燃油箱盖单向阀	蒸发的燃油（HC）
			（1）	（2）	（3）		
断开	开	—	—	—	—	—	来自燃油箱和浮子室的 HC 被送至活性炭罐
接通	关	怠速和低速	关	—	—	—	来自燃油箱的 HC 被送至活性炭罐
		中、高速	开	—	—	—	来自活性炭罐的 HC 被吸入进气歧管
燃油箱内高压		—	—	开	关	关	来自燃油箱的 HC 被送至活性炭罐
燃油箱内高真空度		—	—	关	开	开	空气被吸进燃油箱

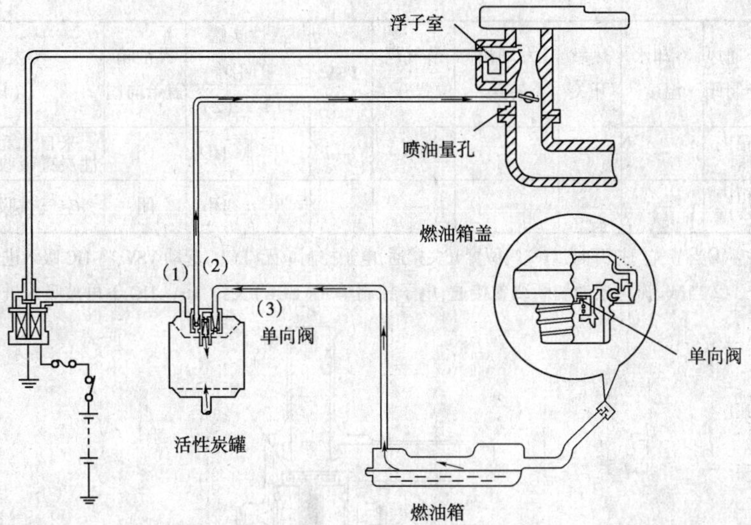

图 1-25 EVAP 结构、原理图(第二种形式)

第三种形式:这种装置是在第二种的基础上增加了一个电控真空通道控制阀(VSV)(如图 1-26a)所示)及电控单元(ECU)(如图 1-26b)所示)。电控单元根据水温、节气门开度等传感器信号,控制 VSV 阀工作。电控单元控制通过 VSV 阀的电流通、断或大小,使 VSV 阀打开、关闭或开启的程度,从而控制喷油量孔吸入活性炭罐的燃油蒸气量,其工作状况如表 1-23 所示。

工作状况(第三种形式) 表 1-23

点火开关	外通风控制阀	冷却水温度	热敏开关	发动机转速	节气门位置开关	VSV	活性炭罐单向阀		燃油箱盖单向阀	蒸发的燃油(HC)
							(1)	(2)		
断	开	—	—	—	—	—	—	—	—	来自油箱和浮子室的HC被活性炭罐吸收
接	闭	43℃以下	通	—	—	断	—	—	—	来自活性炭罐的HC被吸入进气歧管
		55℃以上	断	启动	—	断	—	—	—	
				1 000r/min以下	断	断	—	—	—	
					通①	通	—	—	—	来自活性炭罐的HC被吸入进气歧管
				1 600 ~ 1 900r/min	—	通	—	—	—	
				2 290r/min以上	通	—	通	—	—	
					断②	断	—	—	—	来自油箱的HC被活性炭罐吸收

续上表

点火开关	外通风控制阀	冷却水温度	热敏开关	发动机转速	节气门位置开关	VSV	活性炭罐单向阀		燃油箱盖单向阀	蒸发的燃油（HC）
							（1）	（2）		
燃油箱内高压		—	—	—	—	—	开	闭	闭	来自油箱的 HC 被活性炭罐吸收
燃油箱内高真空度		—	—	—	—	—	开	闭	闭	空气被吸进燃油箱

注：①当节气门打开时，节气门位置开关接通，电子控制单元（ECU）起动 VSV，将 HC 吸入进气歧管。

②当减速时，燃油切断装置接通，电子控制单元（ECU）关掉 VSV，HC 不再被吸入进气歧管。

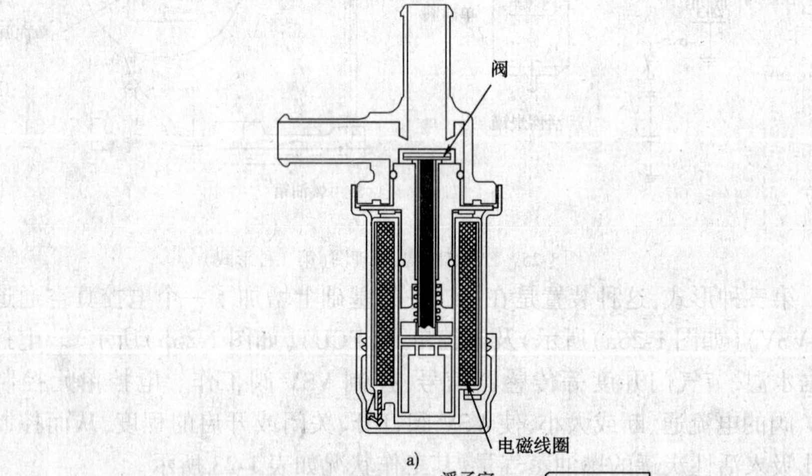

图 1-26　第三种形式工作原理图

a）电控真空通道控制阀（VSV）；b）EVAP 结构、原理图燃油蒸发污染物排放控制装置因车型的不同而异，但其控制原理基本相同。例如：在电控发动机中，ECU 控制 VSV 阀工作状况的主要依据是发动机冷却水温和节气门开度。当发动机冷却水温度较低时，为了减少发动机暖机期间碳氢化合物的生成，VSV 阀处于关闭状态；当发动机冷却水温度达到一定值后，VSV 阀打开，将活性炭罐中燃油蒸气吸入进气歧管。当节气门打开且冷却水温度达到规定值时，ECU 使 VSV 打开，准许炭罐燃油蒸气吸入。但是当减速断油装置工作时，ECU 使 VSV 关闭，炭罐燃油蒸气不再被吸入进气歧管，防止混合气过浓。ECU 根据发动机负荷大小，控制 VSV 阀的开启量，负荷大时 VSV 阀开启大，进气歧管吸入炭罐的燃油蒸气多；反之，则少。

3. 节气门怠速开度控制装置

(1) 作用

节气门怠速开度控制装置的作用是防止车辆减速瞬间，节气门完全关闭而引起的混合气过浓，减少 HC 和 CO 的排放。

车辆减速时，节气门迅速完全关闭，使进气歧管内真空度突然增强，有些附着在进气歧管壁上的汽油蒸发，使空气-燃油混合气变得太浓。同时由于减速过程中汽缸压缩压力下降，燃烧变得不稳定(不完全燃烧、缺火)，所产生的 HC 和 CO 大量增加。为防止这种情况，节气门怠速开度控制装置(TP)在减速时，将节气门开得比怠速运转时略大一些，防止减速瞬间混合气过浓，然后逐步完全关闭。

(2) 基本组成

节气门怠速开度控制装置主要由真空延时阀(VTV)、膜片、拉杆、调整螺钉、软管等组成，如图 1-27 所示。

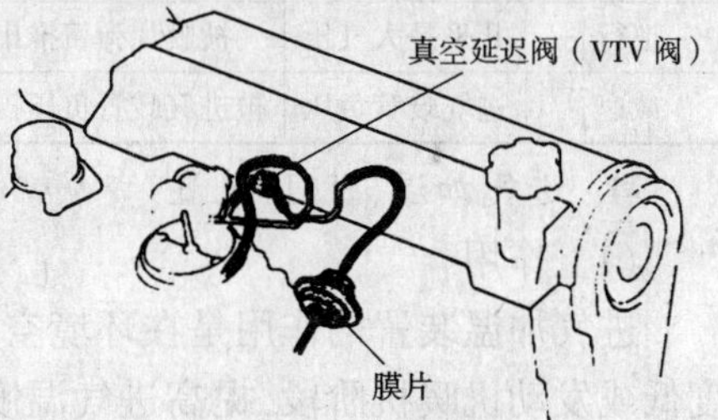

图 1-27　节气门怠速开度控制装置

(3) 工作原理

① 汽车正常行驶。汽车正常行驶时，TP 口没有负压，TP 内的弹簧将膜片推至左侧，如图 1-28a)所示。

② 汽车减速行驶。汽车在减速行驶时，与节气门相连的杠杆顶住调整螺钉，阻止节气门完全关闭。然后来自 TP 口的负压通过 VTV 量孔作用在膜片上，使节气门逐渐关闭，如图 1-28b)所示。

汽车行驶状态与节气门怠速开度控制阀工作情况如表 1-24 所示。

真空延时阀(VTV)是该系统中重要部件，它控制膜片的动作情况。其结构如图 1-29 所示。

由于单向阀是橡胶制成的，当单向阀翘曲面朝向 A 时，阀中 2 个大量孔都打开，因此，空气很容易从 A 通至 B。这就是说，如果 A 处有负压，这一作用也很容易传至 B 处。当单向阀翘曲面朝向 B 时，阀中 2 个大量孔关闭，只有小量孔打开。因为通气孔面积减小，B 处的负压只能缓慢传至 A，膜片受到的负压也是缓慢增加的。因此，膜片带动拉杆使节气门缓慢关闭。

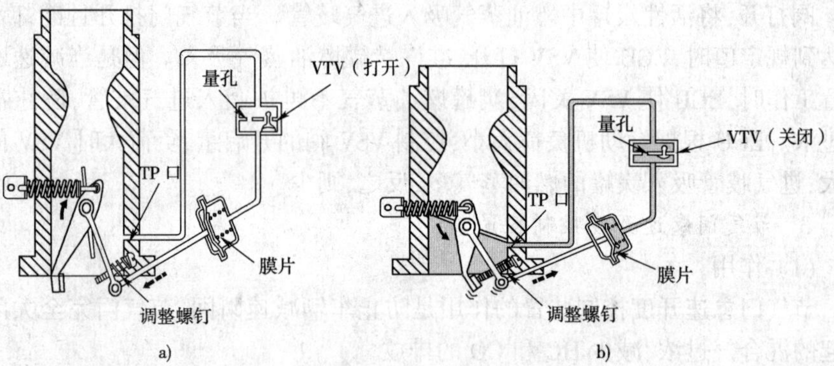

图 1-28　节气门怠速开度控制阀工作原理

表 1-24

行车条件	TP 口负压	TP 膜片	节气门
怠速	进气歧管负压	被进气歧管负压拉入	怠速位置
巡行	几乎是大气压	被膜片弹簧推出	高速位置
减速	进气歧管负压	被进气歧管负压拉出	开启少许，然后缓慢关闭至怠速位置

4. 进气加温（HAI）装置

(1) 作用

进气加温装置的作用是在环境空气温度低或发动机暖机阶段，提高进气温度，以增加燃油的蒸发，使混合气燃烧更加充分，减少排放污染。

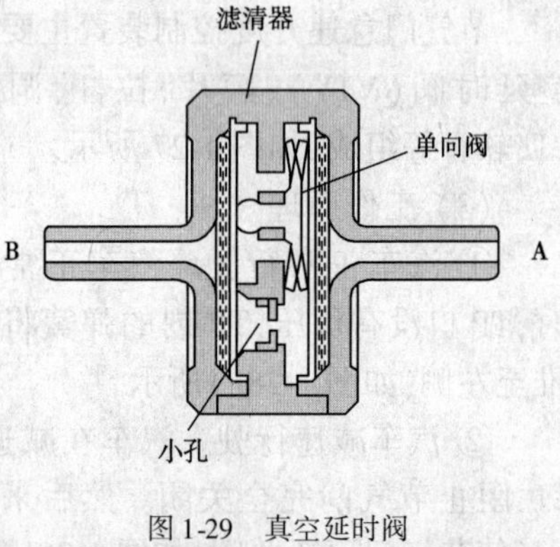

图 1-29　真空延时阀

发动机工作时，混合气中汽油蒸发、雾化越好，进入燃烧室后燃烧越完全，排放中污染物就越少。进气加温装置可使燃油在进入发动机前加温，使其充分蒸发、雾化，让燃油与空气充分混合。此外，当进气歧管和发动机其他部件温度较低时，汽油易附着在进气歧管壁等处，使混合气变得太稀。为了防止这种情况发生，进行进气加温是完全必要的。但是，进气温度过高会导致进气密度低，使发动机充气效率下降，影响发动机动力。因此，必须对进气加温进行控制。现代汽车多数采用多点燃油喷射系统，由于燃油以较大的压力呈雾状从喷油器喷出，所以在进气温度较低或发动机温度较低的状态下，燃油都有较好的雾化性能。因此，一般都不再装备进气加温装置。

(2) 基本组成

进气加温装置一般有两种形式：一种是恒温进气式，用来加热进入空气滤清器的空气；另一种是早期燃油蒸发式，用来加热进气歧管中的混合气。恒温进气式加温装置更为多见，下面进行重点介绍。

恒温式进气加温装置由温度控制阀(ITC)、HAI 膜片、空气控制阀、热空气软管、真空软管等组成，如图 1-30 所示。

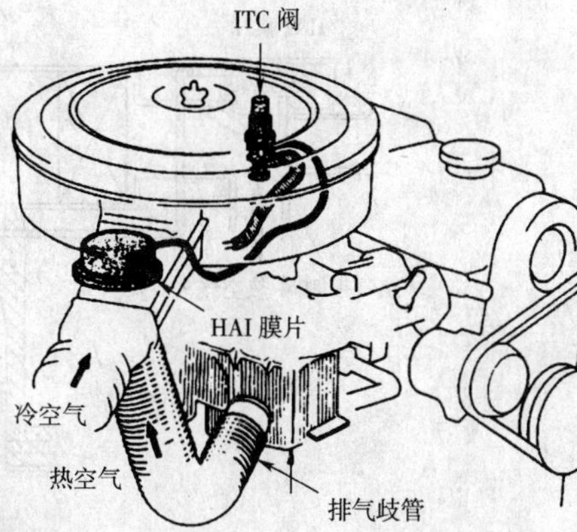

图 1-30 进气自动加热装置

温度控制阀安装在空气滤清器中，根据空气温度自动开、闭 HAI 膜片与节气门下的真空通道。HAI 膜片在真空力的驱动下带动空气控制阀改变热、冷空气通道。

(3) 工作原理

当环境温度和发动机温度较低时(均低于 30℃)，ITC 阀因低温处于关闭状态，进气歧管的真空度经软管、ITC 阀传至 HAI 膜片，在真空力的作用下，膜片克服弹簧的张力上移，带动空气控制阀向上运动，关闭冷空气通道，打开热空气通道，来自排气歧管的热空气进入空气滤清器，如图 1-31a)所示。

随着发动机温度上升，进入空气滤清器中的空气温度也上升，ITC 阀逐渐打开，外部空气进入真空软管，使真空吸力相对减弱，在 HAI 膜片弹簧张力的作用下，使膜片逐渐下移，带动空气控制阀逐渐关闭热空气通道。当发动机温度达到正常值时，ITC 阀关闭真空通道，只有大气作用在膜片上。此时，热空气通道完全关闭，如图 1-31b)所示。

恒温式进气加温装置在不同车型上也有所不同。上述装置是利用进气温度，通过真空度控制热、冷空气的进入。有些车型则采用一个延时继电器，当节气门打开时，它可保持 HAI 膜片的真空度几秒钟，使恒温进气加热装置的工作不受进气歧管真空度下降的影响。但无论它的形式如何变化，其工作原理和作用相同。

5. 废气再循环装置

(1) 作用

废气再循环装置(EGR)的作用是可有效降低排放中的氮氧化合物。

排放中氮氧化合物的数量与发动机燃烧室温度成正比,如图1-32所示。发动机怠速或低速运转时,因为此时发动机温度不高,氮氧化合物的排量在规定的范围内。当发动机处于加速或大负荷状态时,发动机燃烧室温度上升,氮氧化合物排放明显提高,必须对其进行控制。

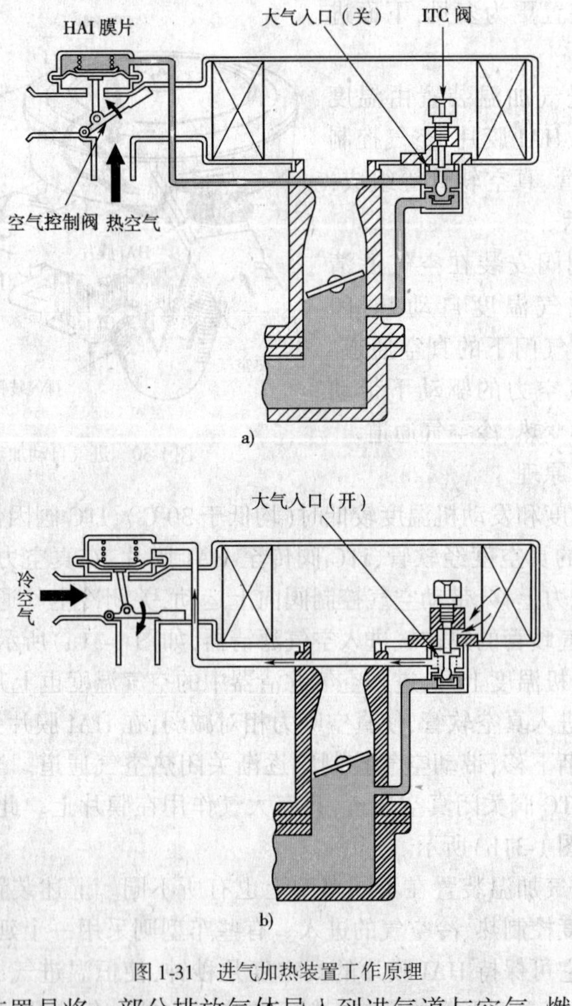

图1-31 进气加热装置工作原理

废气循环装置是将一部分排放气体导入到进气道与空气、燃油混合气混合在一起(循环废气占全部废气的6% ~15%),进入发动机汽缸。由于导入的废气中氧含量极低,不会改变可燃混合气的浓度。废气进入发动机汽缸,减小了可燃混合气密度,从面降低发动机内部燃烧的瞬间高温;同时,循环废气有一定的温度，使进气歧管的空气燃油混合气受热膨胀，被吸入发动机每个汽缸的有效燃烧物减少，也有利于抑制燃烧的瞬间高温；再则，虽然循环废气有一定的温度，但比燃烧时燃烧室温度低得多，循环废气进入汽缸，起到了一定的吸热作用。综上所述将一定量的废气引入汽缸，能较好地降低燃烧室温度，从而减少氮氧化合物的排放。

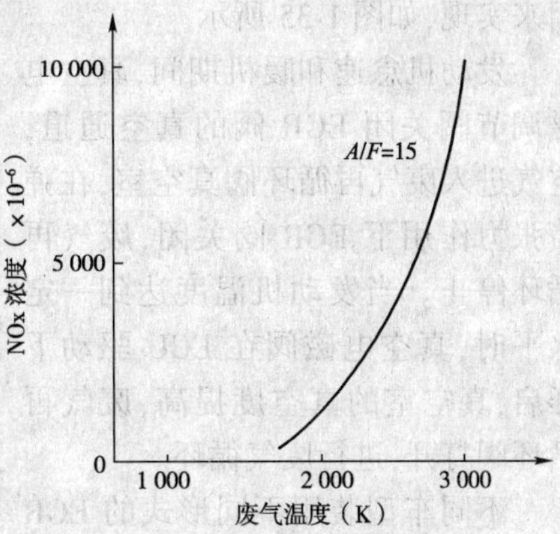

图 1-32 燃烧温度与 NO_x 排放量的关系

从上述分析可知，若过多地让废气引入进气道并进入汽缸，会影响发动机的充气效率和发动机燃烧作功时瞬间的最高压力，因此会对发动机的动力性产生一定的影响。同时，从氮氧化合物的生成量看，发动机处于怠速或低速工况时，氮氧化合物的排放是在标准范围内的，因此没有必要进行废气循环。由此可见，废气循环装置不能简单地用一根软管直接连通排气管与进气道，参与循环的废气量必须控制在一定范围内且与发动机的工况相适应，这就是 EGR 装置必须具备的功能，如图 1-33 所示。

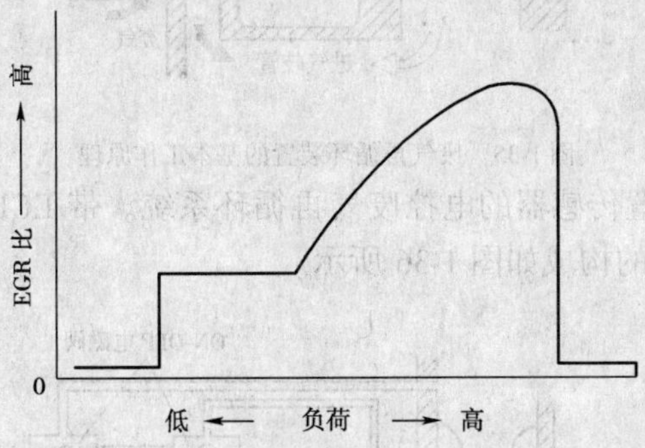

图 1-33 废气循环量和发动机负荷关系

(2) 基本组成与工作原理

废气再循环装置基本由 EGR 阀、温控真空阀、电控真空调节阀、真空软管和与排气歧管相连的管道组成，如图 1-34 所示。

执行废气再循环时，一部分废气从排气歧管经管道通过废气再循环阀进入进气歧管与新鲜空气混合。EGR 阀控制废气进入进气歧管的通道面积，EGR 阀的动作由隔膜上方真空室的真空度控制，真空室的真空度由 ECU 根据冷却水温度、发动机负荷等输入信息，控制真空调节电磁阀（电控汽车）的开启或关闭来实现,如图 1-35 所示。

发动机怠速和暖机期间,真空电磁调节阀关闭 EGR 阀的真空通道,空气进入废气再循环阀真空室,在弹簧张力作用下 EGR 阀关闭,废气再循环停止。当发动机温度达到一定水平时,真空电磁阀在 ECU 驱动下开启,真空室的真空度提高,废气再循环阀打开,进行废气循环。

不同车型装用不同形式的 EGR 系统,下面介绍两种电控废气再循环系统:

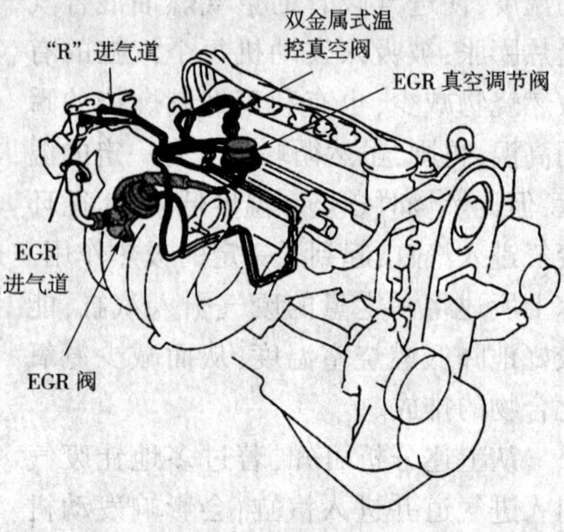

图 1-34 EGR 装置

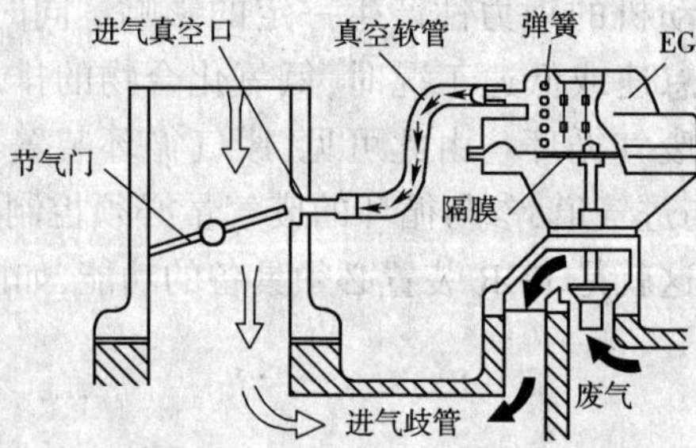

图 1-35 废气再循环装置的基本工作原理

① 带 EGR 位置传感器的电控废气再循环系统。带 EGR 位置传感器的电控废气再循环系统的构成如图 1-36 所示。

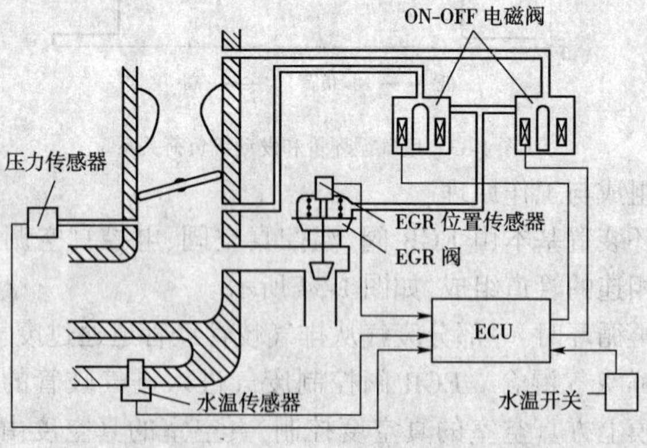

图 1-36 带 EGR 位置传感器的电控 EGR 系统

该系统在 EGR 阀上装有一个可以检测 EGR 阀升程的位置传感器即 EGR 位置传感器，如图 1-37 所示。EGR 位置传感器用来检测 EGR 阀的开度，并将其转化为电信号送给 ECU 作为控制废气再循环的参考信号。在这种 EGR 控制系统中，根据发动机转速和负荷，预先设定出阀的升程位置，通过改变 ON-OFF 电磁阀的工作状态，控制膜片室的负压。工作时，ECU 将预先设定的 EGR 阀升程位置与当前 EGR 阀升程位置(由 EGR 阀位置传感器提供)作比较，若不相等，由 ECU 控制改变 ON-OFF 电磁阀的工作状态而改变 EGR 阀膜片室负压，使 EGR 阀的升程调至 ECU 预先设定的位置。在发动机处于怠速、小负荷、全负荷及高转速状态时，利用节气门开度、发动机转速等控制参数，由 ON-OFF 电磁阀把空气导入 EGR 阀膜片真空室，使 EGR 阀完全关闭，停止废气再循环。

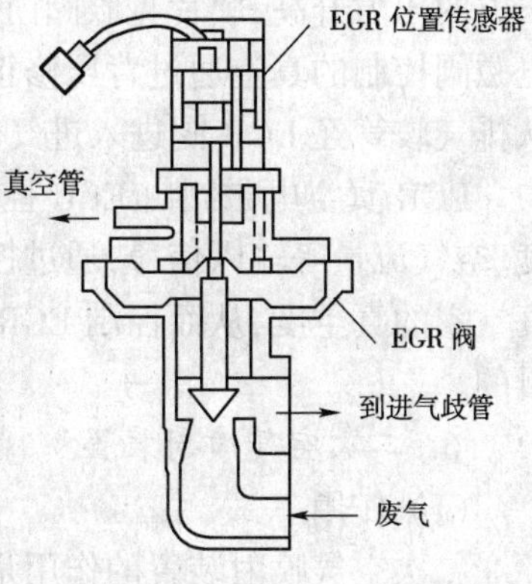

图 1-37　EGR 位置传感器

② 装有背压修正阀的电控 EGR 系统。如图 1-38 所示为装有背压修正阀的电控 EGR 系统。在 EGR 真空电磁阀与 EGR 阀之间的真空管路中装有一个背压修正阀，其作用是根据排气歧管中的背压，控制废气再循环。即当发动机在小负荷工作时，排气背压低，背压修正阀保持 EGR 阀处于关闭状态，不进行废气再循环；当发动机负荷增大，排气歧管背压增大时，背压修正阀才允许 EGR 阀打开，进行废气再循环。

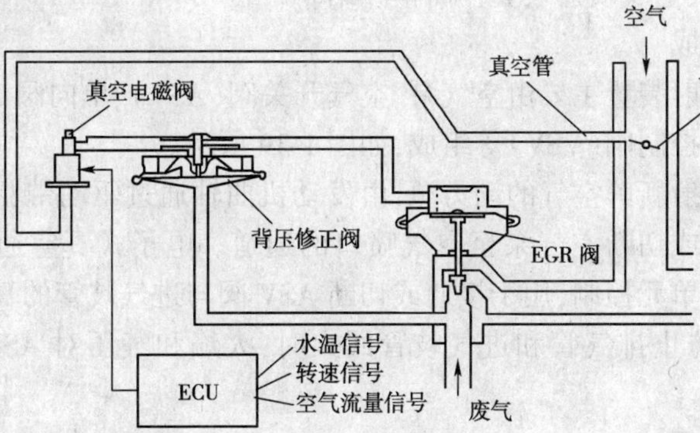

图 1-38　装有背压修正阀的电控 EGR 系统

从图 1-38 可以看出，背压修正阀的背压气室下方通过管路与进气歧管相连。发动机在小负荷工作时，排气背压低，在修正阀弹簧力的作用下，背压室膜片下移，修正阀门关闭真空通道。此时，EGR 阀在弹簧力的作用下保持关闭，不进行废气再循环。当发动机负荷增大时，排气歧管背压上升，修正阀背压气室下方的压力升高，膜片克服阀门弹簧力向上运动，将修正阀打开。由 EGR 真空电磁阀控制的真空通过背压修正阀进入 EGR 阀上方真空室，EGR 阀吸起，废气从排气歧管经 EGR 阀进入进气管进行废气再循环。

EGR 真空电磁阀由 ECU 控制，ECU 根据发动机转速、进气压力、冷却水温度、空气流量等输入信号，通过控制 EGR 真空电磁阀的开度来控制 EGR 阀上方真空室的真空度，从而控制 EGR 阀的开度，达到对参与循环废气量进行控制的目的。

6. 二次空气喷射装置

(1) 作用

二次空气喷射装置的作用是在发动机工作时，二次空气喷射装置向排气管中喷入新鲜空气，利用废气的热量，使废气在排入大气前再次燃烧，使废气中的 CO、HC 转化为 CO_2 和 H_2O，从而减少 CO、HC 的排放。

新鲜空气一般喷入排气歧管中。由于该区域废气刚从汽缸中排出有足够高的温度，有利于氧化反应，提高氧化效率。而在装有三元催化转换器的车上，新鲜空气直接喷入转换器。

由于新鲜空气的喷入是通过空气泵来实现的，空气泵的工作将会消耗发动机动力，因此，在减少 CO、HC 排放的同时，发动机的动力会有所下降，油耗亦会增加。由于这个原因，随着 EFI(电子控制燃油喷射)、三元催化转换器等排气净化装置在汽车上的应用，二次空气喷射装置在有的车上已经不再采用了。这里，只对典型二次空气喷射装置作简单介绍。

(2) 基本组成

二次空气喷射装置主要由空气泵、空气开关阀(ASV)、单向阀 A、单向阀 B、电子式真空通道控制阀(VSV)等组成，如图 1-39 所示。

空气泵是喷射新鲜空气的动力源，由发动机曲轴通过驱动带驱动。空气开关阀(VSV)接通或切断空气泵至空气喷口的通道。电子式真空通过通道控制阀(VSV)受电控单元控制，用于接通或切断 ASV 阀与进气歧管的真空通道。单向阀 A、B 分别防止排气管和进气歧管回火时，火焰和气压对 ASV 和 VSV 阀的损坏。

(3) 工作原理

当发动机处于减速状态并且转速低时(有些车辆设计在 2 000r/min 以下)，此时进气歧管真空度大，在真空吸力的作用下，单向阀 B 打开，与此同时电控单元指令 VSV 阀打开 ASV 阀至进气歧管的通道，在真空度的作用下 ASV 阀连通空气泵与喷口通道,新鲜空气在空气泵的作用下经 ASV 阀、单向阀 A 由喷口喷入排气歧管中。其工作情况如图 1-40 所示。

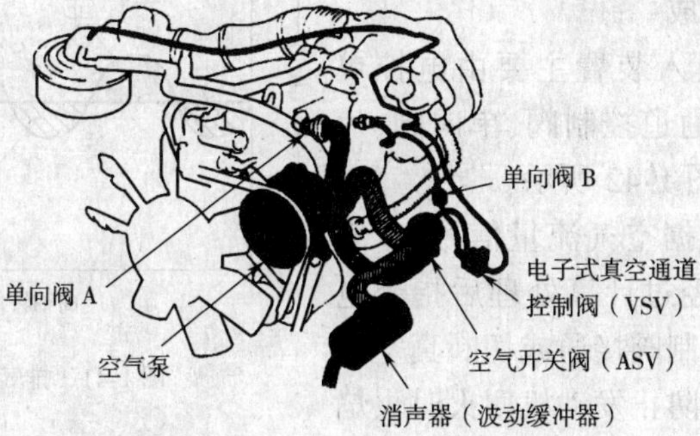

图 1-39 二次空气喷射装置的组成

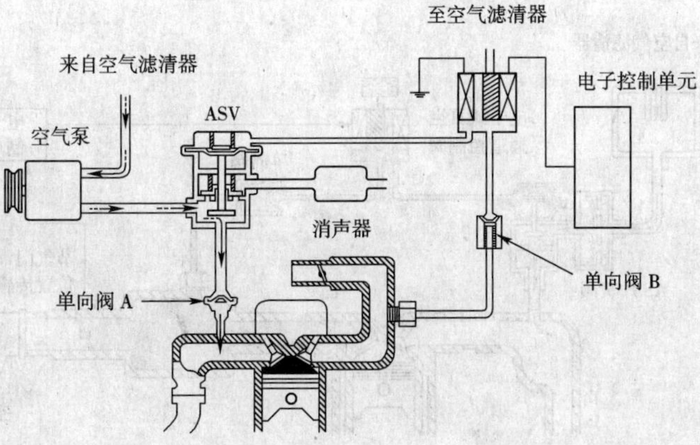

图 1-40 二次空气喷射工作原理图

当新鲜空气喷入排气歧管中,在排气歧管的高温状态下,新鲜空气中的氧分子分别与排气中的一氧化碳和碳氢化合物产生氧化反应分别生成无害的二氧化碳和水,其氧化反应式如式(1-13)、(1-14)所示。

$$2CO + O_2 \rightarrow 2CO_2 \quad (1\text{-}13)$$

$$4HC + 5O_2 \rightarrow 4CO_2 + 2H_2O \quad (1\text{-}14)$$

为了保证发动机的动力性,在发动机冷却水温较低时或发动机负荷较大时,二次空气喷射装置不工作。

7. 二次空气吸入(AS)装置

(1) 作用

二次空气吸入装置是利用排气管中废气的波动(即排气压力有规律的突然变化,如图 1-41 所示)打开和关闭片簧阀,让新鲜空气吸入排气歧管利用废气余热与废气中的 CO、HC 产生化学反应,生成 CO_2,H_2O 减少 CO、HC 的排放。

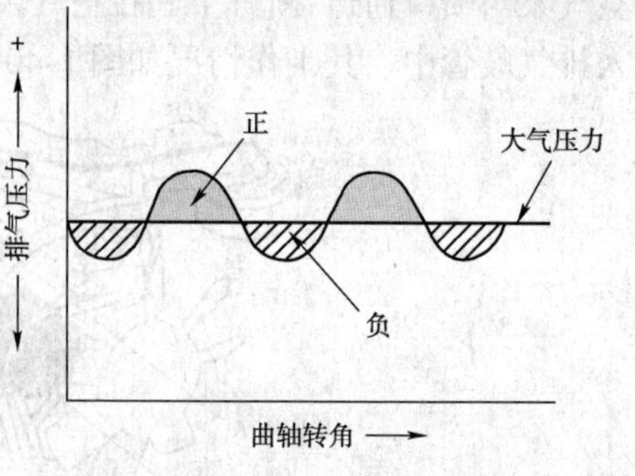

图 1-41 排气压力变化

(2) 基本组成

二次空气吸入装置主要由电控单元、电子式真空通道控制阀、单向阀、片簧阀等组成,如图 1-42 所示。

电控单元根据空气流量信号、节气门位置等信号,经过计算处理后指令电子式真空通道控制阀接通或切断真空通道。单向阀可以防止发动机回火时火焰和压力对真空通道控制阀的损坏。片簧阀在排气压力波的作用下,开启或关闭新鲜空气通道。

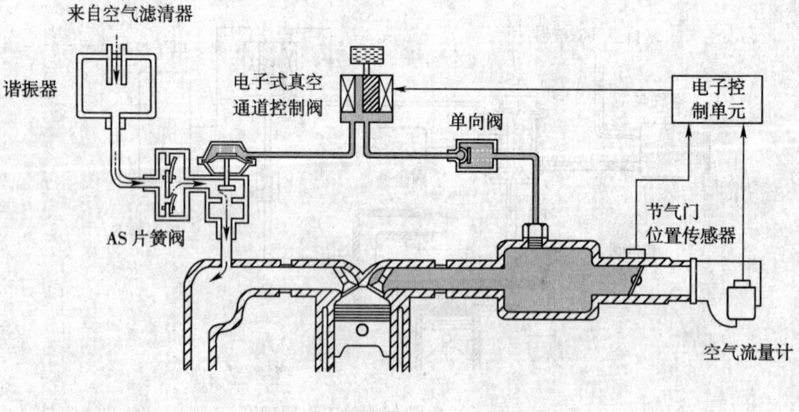

图 1-42 二次空气吸入装置的组成

(3) 工作原理

电控单元根据空气流量计、节气门开度信号确定发动机的工作状态。对于有些车型当发动机正常行驶,其转速在 3 600r/min 以下时或发动机处于怠速,其转速在 1 200 ~ 3 200r/min 时,电控单元指令电子式真空通道控制阀打开真空通道,进气歧管真空度经单向阀作用在片簧阀真空室中,使片簧阀通道打开。同时,当排气中出现负压时,片簧阀亦打开,新鲜空气经片簧阀、软管进入排气管中或三元催化装置中,如图 1-43 所示。反之,当发动机处于其他工况时,电控单元指令电子式真空通道控制阀关闭真空通道,片簧阀的真空室膜片在弹簧张力作用下向下移动,关闭片簧阀通道,此时二次空气吸入装置停止工作。

可以看出,二次空气喷射和二次空气吸入装置减少排放当中 CO、HC 的原

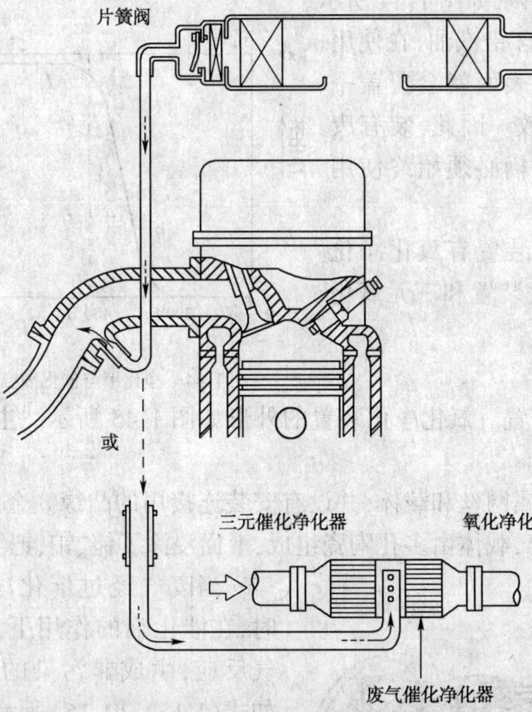

图 1-43　二次空气吸入装置工作示意图

理相同，即都是利用排气的余热使新鲜空气中的氧气与一氧化碳、碳氢化合物产生氧化反应从而减少排放污染。它们的区别只是使新鲜空气进入排气歧管的动力源不同，二次空气喷射装置由发动机驱动空气泵作为喷射空气的动力，而二次空气吸入装置运用排气管中的气压脉动作为吸入新鲜空气的动力。

8. 废气催化转换装置

催化剂是其本身形态、质量均无变化，却能促成化学反应的物质。事实上 HC、CO 和 NO_x 与氧气一起被加热至 500℃，也较难产生化学反应。但是当这些气体通过催化剂时就容易产生化学反应，这些气体就转化为无害的 CO_2、H_2O 和 N_2。

汽车的废气催化净化所用的催化剂，视气体的种类而异，通常使用的有铂、钯、铑等。

(1) 作用

利用催化剂，使排气中的 HC、CO、NO_x 相互之间产生催化反应生成无害的 CO_2、H_2O 和 N_2，可有效减少 HC、CO 及 NO_x 的排放。当催化剂温度超过 400℃

时，净化率接近100%，如图1-44所示。

但是如果使用含铅汽油，在使用一段时间后催化剂表面就会覆盖一层铅，使催化剂失效。因此，装有废气催化净化器的车辆必须始终使用无铅汽油。

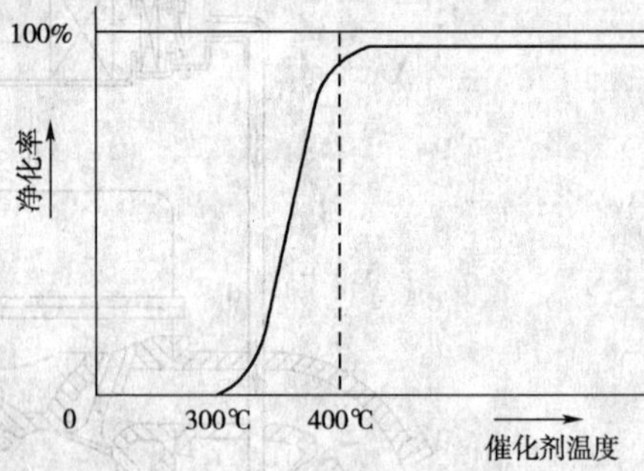

图1-44 净化率与催化剂温度关系图

废气催化净化装置有氧化净化装置、三元催化净化装置和三元氧化催化装置三种形式。

(2) 结构原理

① 氧化净化装置。氧化净化装置的外形如图1-45所示。主要由外壳、金属丝网和载体组成。

外壳内装载金属网丝和载体，并设有安装连接用的凸缘。金属网丝有缓冲作用，防止载体破碎，载体由多孔陶瓷组成，上面浸涂了铑、铂、钯等催化材料。

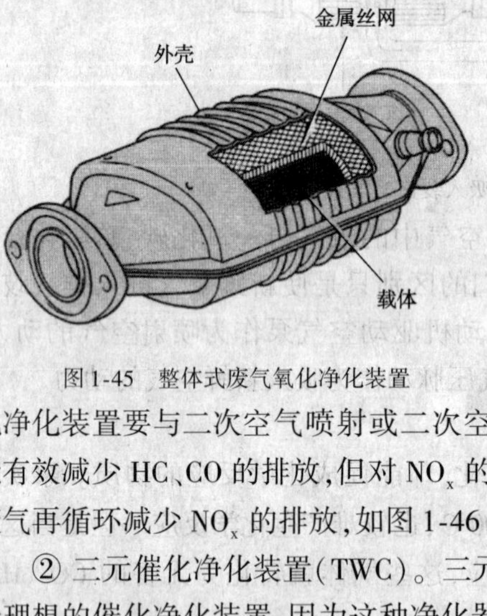

图1-45 整体式废气氧化净化装置

当废气经过催化净化转换装置时，在催化剂的作用下，CO、HC与氧气反应，生成非污染的CO_2和H_2O。如式(1-15)、(1-16)所示。

$$2CO + O_2 \rightarrow 2CO_2 \qquad (1\text{-}15)$$

$$4HC + 5O_2 \rightarrow 4CO_2 + 2H_2O \qquad (1\text{-}16)$$

要使氧化净化装置有效的工作，必须要有过量的氧气。因此，废气催化净化装置要与二次空气喷射或二次空气吸入装置结合一起使用。这种装置能有效减少HC、CO的排放，但对NO_x的排放没有什么作用。所以，还必须通过废气再循环减少NO_x的排放，如图1-46所示。

② 三元催化净化装置(TWC)。三元催化净化装置还原氧化催化净化器是最理想的催化净化装置，因为这种净化器不仅能将CO和HC转换成非污染物，也能将NO_x转换成非污染物。

NO_x和O_2是氧化物(能使燃烧发生)，CO和HC是还原物(能被燃烧)。这两种物质按照式(1-17)～(1-20)反应，生成N_2、H_2O和CO_2。

$$NO_x + CO \rightarrow N_2 + CO_2 \qquad (1\text{-}17)$$

$$NO_x + HO \rightarrow N_2 + CO_2 + H_2O \qquad (1\text{-}18)$$

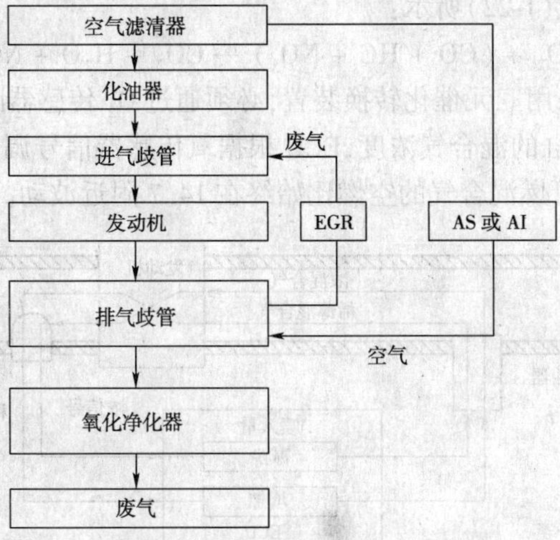

图 1-46　二次空气喷射与氧化净化装置

$$O_2 + CO \rightarrow CO_2 \quad (1\text{-}19)$$

$$O_2 + HC \rightarrow H_2O + CO_2 \quad (1\text{-}20)$$

三元催化净化装置结构与氧化净化装置相同。

三元催化净化装置虽然对废气排放有良好的净化效果，但要使上述反应发生，达到良好的净化效果，必须保证空-燃比在理论值附近，如图1-47所示。

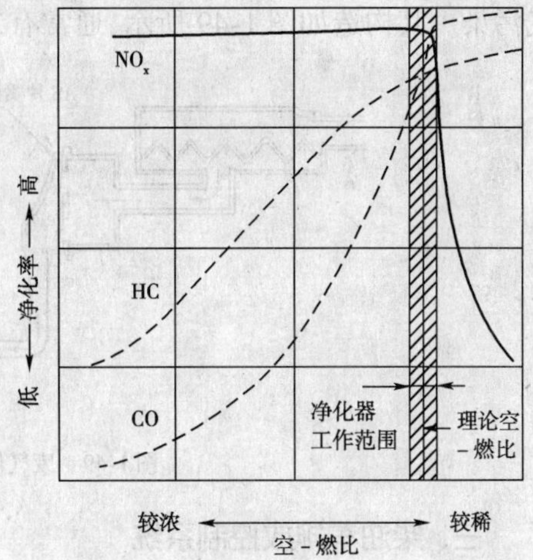

图 1-47　空燃比与废气净化率

可以看出，当混合气较浓时，HC、CO 的转化率较低，CO、HC 排放较高。其原因是混合气浓度高，废气中 CO 和 HC 的浓度就高，NO_x 的还原反应就会发生。但因为 O_2 不足，反应后还有 CO 和 HC 残留并排出。其反应式如式(1-21)所示。

$$CO + HC + NO_x \rightarrow N_2 + CO_2 + H_2O + CO + HC \quad (1\text{-}21)$$

另一方面，如果燃烧的是稀混合气，废气中 O_2 的浓度高，对 CO 和 HC 的氧化就很有效。但是，CO 和 HC 被 O_2 氧化比 NO_x 被还原要快，反应后还有 NO_x

残留并排出，如式(1-22)所示：

$$O_2 + (CO + HC + NO_x) \rightarrow CO_2 + H_2O + NO_x \tag{1-22}$$

因此，如果采用三元催化转换装置，必须通过 O_2 传感器随时监测废气中 O_2 的浓度即进入汽缸的混合气浓度，ECU 根据氧传感器信号调整喷油器的喷油脉宽(喷油量)，使可燃混合气的空燃比始终在 14.7 附近波动。如图 1-48 所示。

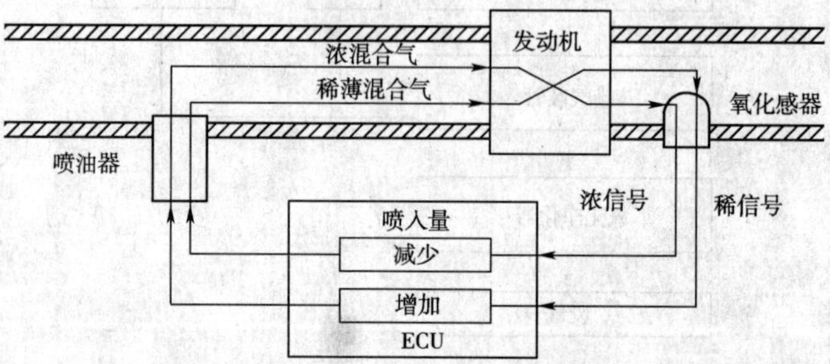

图 1-48　氧传感器反馈与混合气浓度调节

③ 三元氧化净化装置(TWC-OC)。三元氧化净化装置是前面讲述的氧化催化净化装置和三元催化净化装置的组合，用于排气控制系统，进一步减少空气污染。其构造如图 1-49 所示，通常有二次空气吸入(AS)装置。

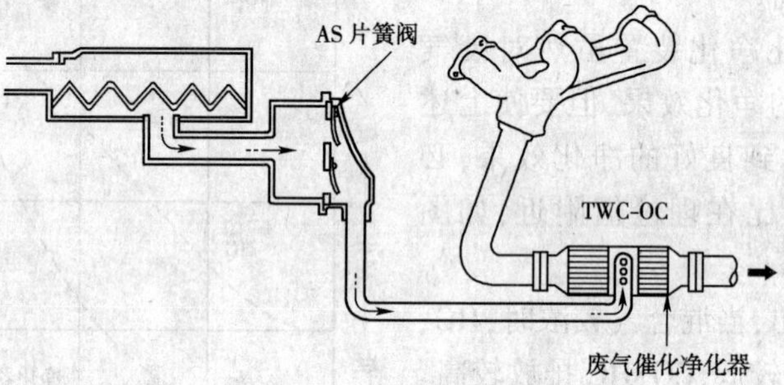

图 1-49　废气催化净化装置

三、柴油车排放控制系统

柴油机废气中污染物为 HC、CO、NO_x、PM(颗粒物)。颗粒物排放是由于燃烧时柴油与空气混合不均匀所致。柴油机最难解决的问题是 PM 排放和 NO_x 的排放。

在柴油机中，柴油和空气的混合在汽缸内进行，边混合边燃烧，混合时间极短，加之柴油挥发性不好，所以柴油和空气混合极不均匀，在燃烧室内存在混合气太浓或太稀的区域。混合气太浓，柴油不能完全燃烧或不能燃烧。混合气太稀,火焰传播速度下降或不能传播,导致 HC 的生成。另外,喷油器完成喷射后的滴油现象也是导致 HC 生成的重要原因。

CO 的生成是由于燃烧过程中氧气不足造成的。从总体上看,柴油机燃烧时,空气是过量的,但由于在柴油机缸内柴油和空气很难混合均匀,局部地方可能缺氧,所以生成 CO。一般而言,柴油机只在负荷很大时才会生成较多 CO。但从总体上看,柴油机排放的 CO 要比汽油机低很多。

NO_x 的生成主要和燃烧室温度和氧浓度有关。柴油机汽缸内的燃烧温度可以达到 2 000℃以上,同时,柴油机燃烧时氧气过量,所以会生成大量的 NO_x。

由于柴油机缸内混合气的不均匀,使得局部区域氧气不足,导致碳粒的形成。这些碳粒还会吸附在一些大分子的 HC 分子上,是构成颗粒(PM)的主要成分。同时,柴油含硫量较高,排气中可形成硫酸盐,构成颗粒排放的另一成分。由此可知,柴油机排放颗粒物的主要成分为干炭烟大分子碳氢及硫酸盐。

汽油机排放的 HC 和 CO 比较高,柴油机的 HC 和 CO 排放较低,这是由于柴油机燃烧时基本处于富氧的氛围中。柴油机的颗粒(PM)排放比汽油机要高得多,这是由于柴油机混合燃烧时,油气混合不均匀,部分区域缺氧燃烧所致。

柴油机的排放从控制措施来讲,主要也是分为两个方面:一方面通过对柴油机结构上的改进及控制上的优化来减少产生的排气污染物;另一方面则是通过采取一系列后处理措施来分解、转化或捕集排气污染物。由于柴油机与汽油机排放污染物的不同,因此柴油机的排放后处理措施与汽油机相比也存在较大的区别。

1. 柴油机结构的改进与控制的优化

通过改进柴油机结构和进行优化控制,能有效降低柴油机在燃烧过程中有害物的生成量,其主要的措施方案如下所述。

(1) 采用高压共轨系统

高压喷射能使柴油更好的雾化,实现柴油与空气的良好混合,大幅度降低柴油机的颗粒物排放。如图 1-50 所示为柴油机最高喷油压力与颗粒排放量之间的关系。可见,随着最高喷油压力的升高,柴油机微(颗)粒排放量大幅度下降。

由于传统的直列泵、分配泵、单体泵及喷嘴等供油系统,其喷油压力随柴油机转速的降低和供油量的减少而降低,这对于转速范围很宽的车用柴油机来说很不利。也就是说柴油机在低速工况时,会因供油压力不足,导致柴油雾化不好,柴油与空气混合不均匀,从而导致排放数量增加。高压共轨系统的应用有效的改变了这一状况。所谓“共轨”,是指柴油机各缸的喷油器共用一根高压油管,如图1-51所示。

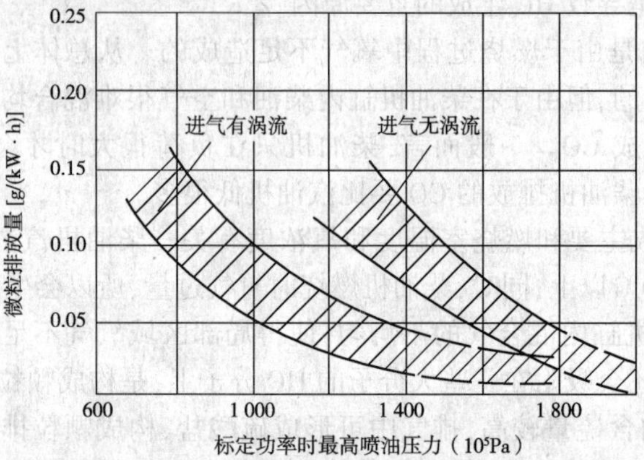

图1-50　柴油机微粒排放量与最高喷油压力之间的关系

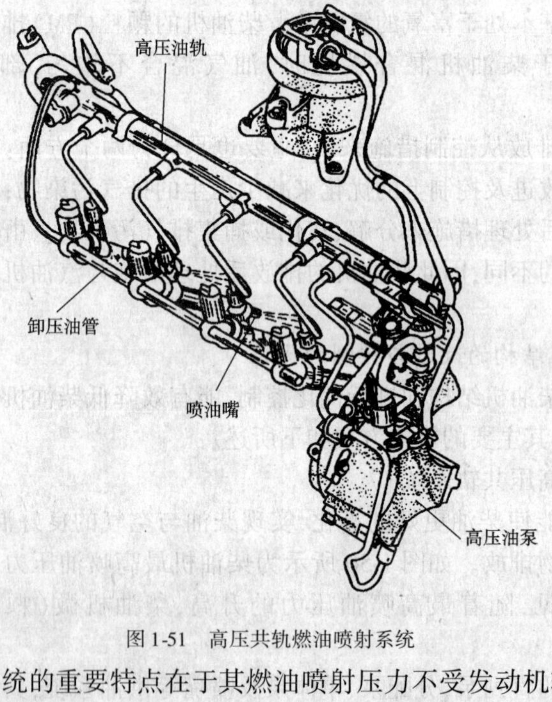

图1-51　高压共轨燃油喷射系统

高压共轨系统的重要特点在于其燃油喷射压力不受发动机转速的影响,在发动机低速时,仍能提供很高的燃油压力,所以有助于提高柴油机的低速转矩,改善柴油机低速小负荷时的排放性能与经济性。同时,共轨系统对燃油喷射时刻控制比较自由,在一个工作循环内,可以实现多次喷射,可实现复杂的喷油策略以优化柴油机的燃烧过程,从而达到降低柴油机的噪声和排放的目的。另外,充分利用共轨系统喷油策略的柔性,可以协助柴油机排气后处理工作的进行。

(2) 采用可变涡流的四气门机构

满足未来排放标准的涡流燃烧过程所具有的作用只有结合四气门缸盖才能充分发挥出来,在四气门缸盖中喷嘴垂直安装在其中间。这种设计,能使燃油均匀分布在汽缸中,因而为燃油和空气良好混合提供了有利的先决条件,这一点是二气门机构无法达到的。

四气门机构的另一个优点是可根据转速和负荷变化改变涡流强度。由此,可在整个转速和负荷范围内,确保在燃烧室内获得适合的气流运动。在全负荷和高转速范围内涡流强度低,氢氧化合物排放也低,而在低转速和低负荷时,通过提高涡流强度能弥补喷射系统效率的减弱,如图 1-52 所示。

图中横坐标表示涡流比。在二只气门均打开和其中一只气门关闭时的涡流和流量特性。在将进气涡流调节到中等的四气门机构中,关闭一只进气道时,燃油和空气的混合程度明显提高。试验表明,采用此项技术后,在 NO_x 不恶化的前提下,可使 PM 排放降低 30% ~40%,这种优势尤其在低负荷工况时更为明显。

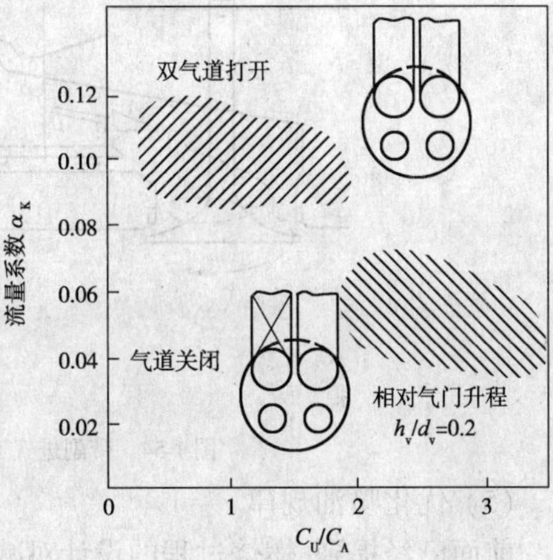

图 1-52 四气门机构的涡流和流量特性

(3) 采用新型喷嘴

采用无压力室和小压力室喷油嘴可以有效降低 HC 排放和颗粒排放。这是因为,就传统的标准喷嘴而言,在喷油结束时,针阀落座关闭,但此时压力室中还有燃油,这些燃油的一部分在高温作用下蒸发,以较大油滴的形式进入燃烧室内燃烧。由于这部分燃油是在燃烧后期进入燃烧室的,而且雾化不好,所以燃烧不完全,会导致较多的有害气体的排放。就排放而言,压力室容积对 HC 和颗粒排放均有影响,压力室容积越小,HC 和颗粒排放越低;反之,就越高。有研究甚至认为,无压力室喷油嘴也可使 NO_x 排放得到一定程度的降低。目前应用的各种喷油嘴的结构如图1-53所示。

(4) 采用副进气道的可变涡流系统

为使柴油与空气更好混合,对于每一工况应有一个合适的涡流以抑制不完全燃烧。如图 1-54 所示为带有副进气道的可变涡流系统示意图。在主进气道

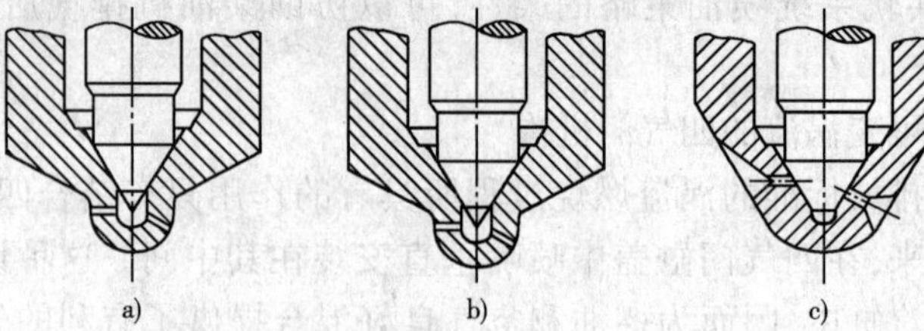

图 1-53　喷油嘴压力室结构比较图

a)标准压力室油嘴;b)小压力室油嘴;c)无压力室油嘴

的下部增加一个副进气道,通过副进气道阀门的开度控制副进气道的空气流量,达到改变涡流强度,减少 PM 排放量。

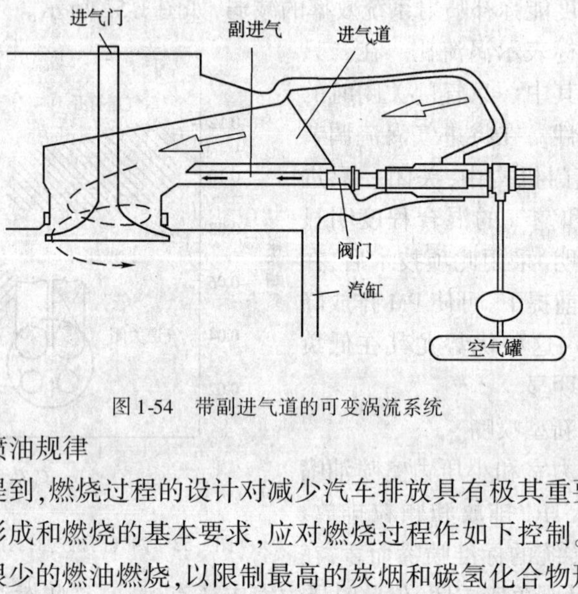

图 1-54　带副进气道的可变涡流系统

(5) 优化喷油规律

前面已经提到,燃烧过程的设计对减少汽车排放具有极其重要的意义。为达到混合气的形成和燃烧的基本要求,应对燃烧过程作如下控制。一是燃烧第一个阶段只有很少的燃油燃烧,以限制最高的炭烟和碳氢化合物形成以及燃烧噪声。二是在燃烧第二阶段保证燃油和空气充分混合,以避免随后的炭烟形成。三是在燃烧第三阶段,保证剩余空气与燃烧气体强烈混合,以使炭烟氧化。通过在单缸试验机上的试验,可得出如图 1-55 所示的试验结果。

实验结果表明,优化喷油规律不仅可以降低燃烧噪声(在这种情况下噪声降低 10dB)并且特别是在低负荷范围内可使有害物排放明显下降。

(6) 优化涡轮增压器与柴油机的匹配

采用增压中冷技术可降低柴油机的燃油消耗率,也可降低 NO_x 的排放。增压中冷技术会带来两个效果:一是可以增大进气密度,二是可以降低进气温度。这样,一方面由于进气量充足,燃烧过程更为完善,另一方面由于中冷后发动机

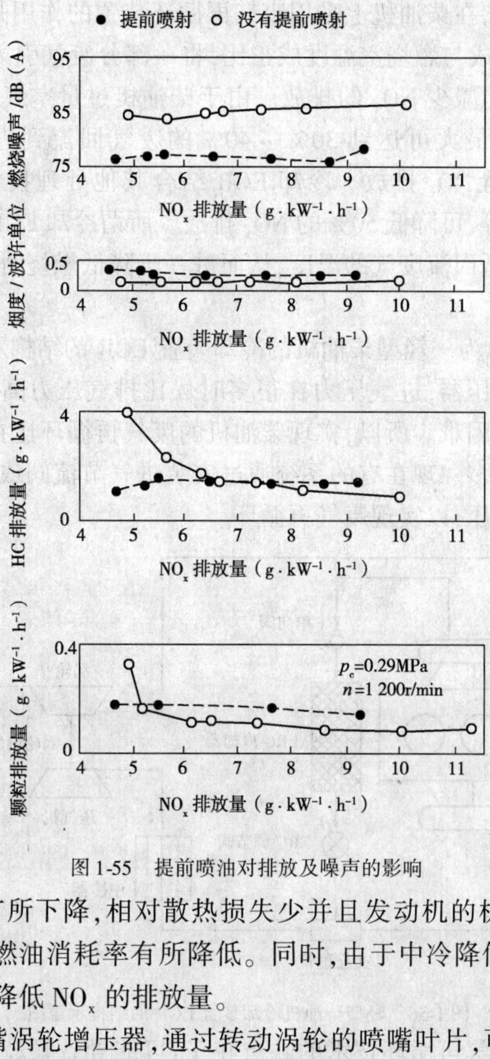

图 1-55 提前喷油对排放及噪声的影响

的平均循环温度有所下降，相对散热损失少并且发动机的机械损失也有所减少，因此发动机的燃油消耗率有所降低。同时，由于中冷降低了最高的燃烧温度，所以可以有效降低 NO_x 的排放量。

采用可调喷嘴涡轮增压器，通过转动涡轮的喷嘴叶片，可调节发动机的进气量和进气压力。因而，可以使柴油机与增压器在全工况范围内获得良好的匹配，可较为全面改善发动机的排放和经济性，并可改善柴油机的加速性，提高低速时的扭矩。也有的轿车柴油发动机采用二级增压系统来提高柴油加速性，增大柴油机的升功率，改善扭矩特性，减少低速时的有害物质排放。

当然，提高柴油机燃烧效率，降低柴油机排放还有一些新装置和新结构，例如：电控柴油机喷射系统，这些内容已在“发动机构造”中阐述，这里不再赘述。

2. 柴油机排放机外控制装置

(1) 柴油机废气再循环(EGR)装置

与汽油机一样，在柴油机上采用废气再循环装置的作用是减少排放中 NO_x 的含量。NO_x 的生成与燃烧室温度成正比，将一部分废气引入燃烧室可降低燃烧最高温度，从而能减少 NO_x 的排放。由于柴油机过量空气系数较大，所以允许较大的 EGR 量，最大可达到 30% ~40% 的废气回流到进气管中。非冷却 EGR 可降低 30% 的 NO_x 排放。冷却 EGR 结合其他处理技术，如提高喷射压力、改变喷油速率等，可降低 50% 的 NO_x 排放。所谓冷却 EGR 是指对回流的废气进气冷却，以降低回流废气的温度，从而进一步降低燃烧时的最高温度，减少 NO_x 的排放。

如图 1-56 所示为一轻型柴油机的冷却装置 EGR 的结构示意图。由于柴油机一般带有涡轮增压器，进气压力在很多时候比排气压力高，要实现废气回流到进气管有一定的困难。所以，实现柴油机的废气再循环比在汽油机上实现废气再循环要困难得多。现在有的系统通过安装进气节流阀或文丘里管，在进气管路上造成局部低压，以实现废气再循环。

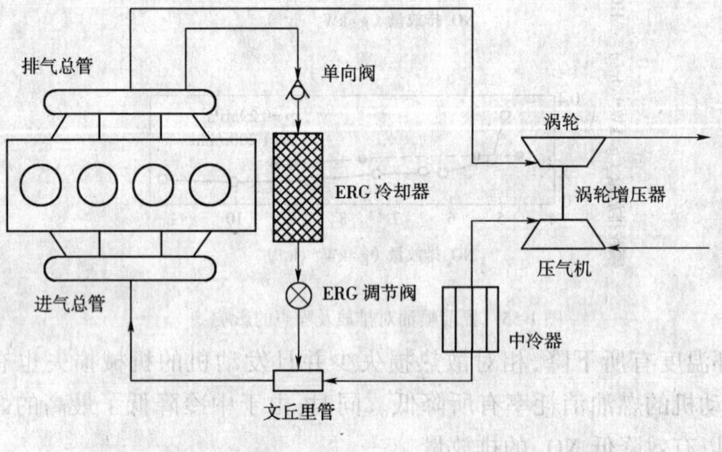

图 1-56　轻型柴油机冷却装置 EGR 的结构示意图

柴油机采用废气再循环技术的缺点在于：可能导致颗粒物（PM）排放的增加，增加了润滑油的污染，并可能带来发动机的磨损，容易形成进气管沉积物，油耗亦有轻微增加。

（2）NO_x 的还原催化技术

① 利用尿素作为还原剂，降低 NO_x 排放（SCR）。该方案的基本原理是 NH_3 与 NO_x 在催化剂的作用下进行反应，NO_x 可还原成 N_2，其化学方程式如（1-23）、式（1-24）所示：

$$4NO + 4NH_3 + O_2 \rightarrow 4N_2 + 6H_2O \tag{1-23}$$

$$NO + NO_2 + 2NH_3 \rightarrow 2N_2 + 3H_2O \tag{1-24}$$

化学方程式表明，O_2 在这一反应过程中是不可缺少的成分，因此可以说这种催化反应更适合于燃烧富氧混合气的柴油机。

该系统基本组成如图1-57所示，该技术一般利用一个压缩空气辅助的溶液喷嘴，在催化剂前将尿素的水溶液喷到排气中，也有方案考虑喷射粉末尿素在排气系统中。催化剂主要是一些金属氧化物如 V_2O_5、TiO_2 和 WO_3。最佳反应温度在250～500℃之间。

目前，对于柴油机而言，该技术对 NO_x 转换效率最高，可达60%～90%，而且使用该技术不会导致柴油颗粒排放的增加。同时，所使用的催化剂有较高的耐硫性。

但是该方案需要尿素喷射设备，如尿素溶液箱、喷嘴，同时需要尿素喷射控制ECU。相对而言，其成本较高，安装空间要求较大，并要求每个用户经常自觉添加还原剂。因此最好的还源剂还是燃油中含有的HC。

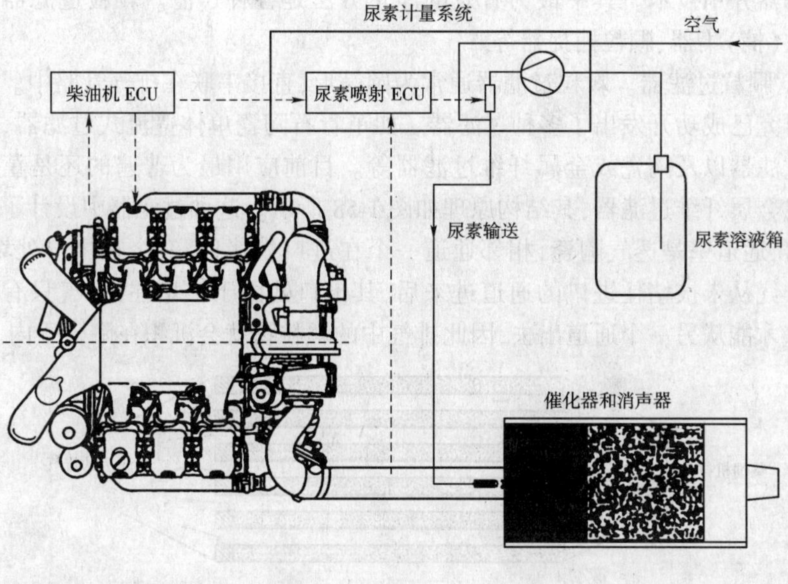

图1-57　SCR系统组成示意图

② 以HC作为还原剂降低 NO_x 排放。以HC为还原剂减少 NO_x 排放的方法很受重视。近年来，NO_x 的转化效率提高得很快。用欧洲试验规范进行的试验结果表明，NO_x 的转换效率在20%左右，消耗的HC为燃油消耗的2%左右。

（3）氧化催化技术

柴油机用的氧化催化剂与汽油机的基本相同，可用铂、铑等贵金属。氧化催化的作用是促使排气中PM、HC和CO发生反应，生成水和二氧化碳排出。

柴油机在混合气较稀状态下燃烧，所以其排气温度比燃烧在理论空燃比状态的汽油机要低。因此，柴油机催化剂要能在较低温度下工作，而且要能处理液态的组分。对于低温工况，催化器的高表面积能像海绵一样有效地存储液态组分，直到排气温度足够发生催化氧化反应。所幸的是可溶性有机组分（SOF）的大分子 HC，可以在较低温度下由合适的催化剂催化氧化，这个温度低于氧化气体中小分子 HC 的温度。所以，在较低温度下存储的 SOF，在排气温度达到 200～250℃时，就可以被氧化。

钯（Pd）的催化活性尽管不如铂（Pt），但产生的硫酸盐要少得多。同时价格也便宜，因此也有选择 Pd 作为柴油机氧化催化剂的活性成分的。

（4）颗粒物的净化系统

柴油机颗粒物是柴油机排放控制的主要对象之一。现在常用的净化技术有上述的氧化催化技术、过滤净化技术、颗粒收集或捕集技术以及氧化催化器和过滤器并用技术。其中最为有效的净化方法是各种过滤。颗粒过滤器也叫颗粒收（捕）集器、颗粒捕捉器等。

① 颗粒过滤器。颗粒过滤器通常为圆筒形，直接串联在排气管路中。近年来的研究已成功开发出了多种过滤器。如堇青石陶瓷单体壁流式过滤器、烧结金属过滤器以及陶瓷或金属纤维过滤器等。目前应用最为普遍的还是堇青石陶瓷或金属纤维过滤器，其结构原理如图 1-58 所示。这种过滤器中设计了很多个通道，通道壁是透气陶瓷，相邻通道一个在进口处堵住，一个在出口处堵住。这样排气从未被堵住进口的通道进来后，其出口处由于被堵住，排气只有透过陶瓷壁才能从另一个通道出去，因此排气中的颗粒物就会沉积在陶瓷壁内。

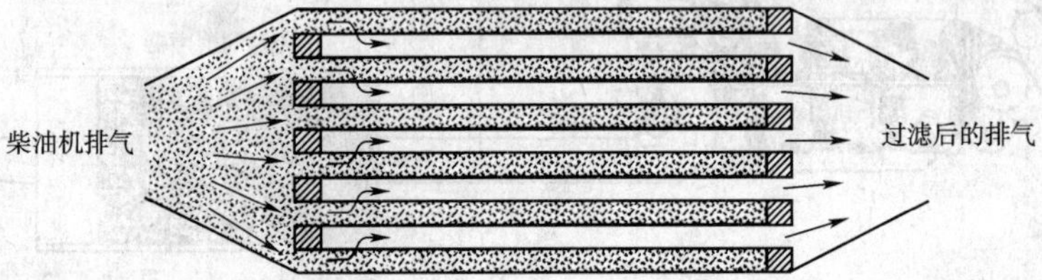

图 1-58　柴油机排气颗粒过滤器结构原理示意图

颗粒过滤器的过滤效率大多在 90% 以上，但是随着颗粒物的不断沉积，排气阻力也将随之增大，当排气阻力达到 16～20kPa 时，发动机性能恶化。因此必须定期或连续清除沉积在过滤器内的颗粒，这就是下面介绍的过滤器再生装置。

② 颗粒过滤器的再生装置。随着过滤器中颗粒物的不断沉积，使排气阻力增加，发动机性能恶化。颗粒过滤器再生装置的作用就是适时清除过滤器中的

颗粒物,使排气通畅。

过滤器再生的基本原理是使过滤器沉积的颗粒物发生氧化反应变成 CO_2 随废气一起排入大气。要使颗粒发生氧化反应,必须达到其氧化(点燃)温度,在没有催化剂的情况下,其点燃温度一般在 600 ~ 700℃,而柴油机在怠速或低速工况下排气温度一般在 200℃以下,想利用排气温度点燃颗粒物是不现实的,必须有一套装置加热颗粒物使之达到点燃温度。如图 1-59 所示,就是一套燃油喷射式再生系统。该装置提高排气温度的方法是在过滤器入口前,设置一燃烧器,用喷油器向燃烧器中喷入少量的燃油,利用排气中的氧或另外供给的新鲜空气,用火花塞或电热塞点燃燃油,产生高温气体,点燃过滤器中颗粒。

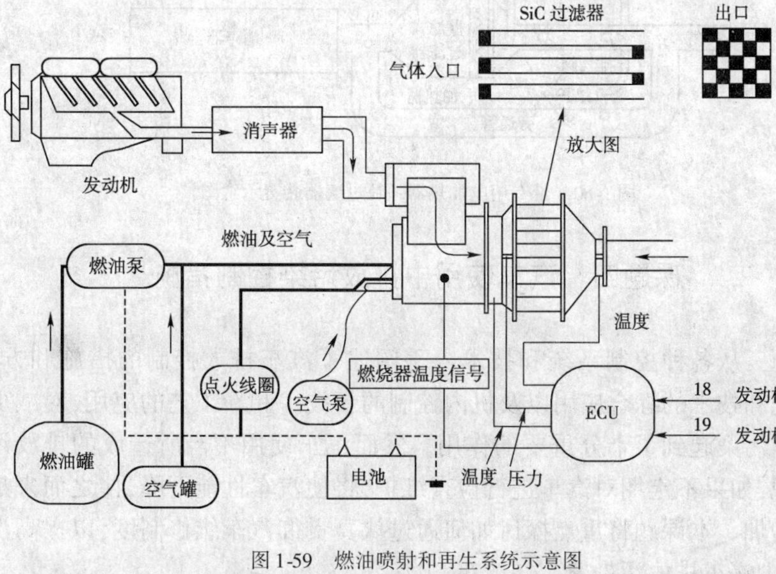

图 1-59　燃油喷射和再生系统示意图

另一种提高排气温度的方法是利用电加热法,如图 1-60 所示。该装置是在普通过滤器中另装电加热器,电加热器通电后温度升高,点燃颗粒物,使颗粒物与二次空气产生氧化反应。该装置中设置了电控单元,电控单元根据发动机负荷、转速及排气压力等信号控制泵入二次空气的电动鼓风机、电加热器的通断以及排气阀的控制电磁阀。当然如果采用催化剂过滤氧化剂则有可能减少过滤器内累积的颗粒量和减少电加热器的电能消耗,而且容易将颗粒燃烧温度控制得较低。

(5) 四效催化净化器

四效催化净化器的作用是减少排气中 CO、HC、PM 和 NO_x 的排放。其基本原理像在三元催化器中的 CO、HC 和 NO_2 互为氧化剂和还原那样,四效催化器

能使颗粒物和 NO_x 互为氧化剂和还原剂,并在同一催化床上同时除去 CO、HC、PM 和 NO_x。该后处理装置是一种最理想的柴油机的排气净化技术,该技术逐步进入实用阶段。

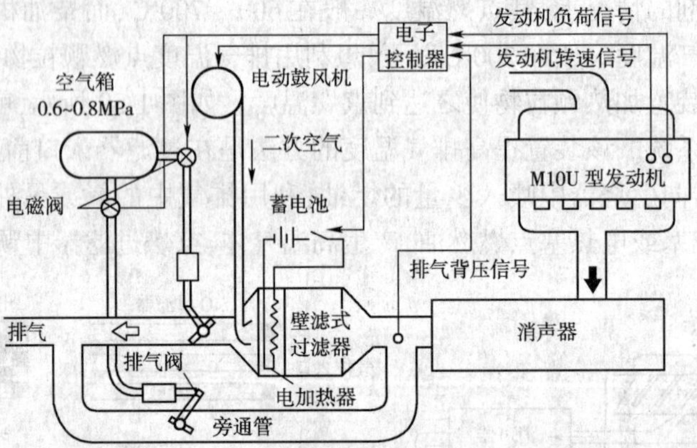

图 1-60　带专用电加热器颗粒过滤器装置示意图

课题四　汽车使用中排放污染控制措施

课题三从各种控制系统和技术入手阐述了汽车排放控制的措施和方法。各种系统和技术的综合应用以及机内控制的新技术和新工艺的应用,对减少汽车的排放污染起到了十分重要的作用。然而汽车使用不当所造成的排放污染不容忽视,如果不定期对汽车进行检查维护,将使汽车性能下降,伴之而来是汽车排放增加。本课题将重点探讨如何通过认真贯彻汽车维修制度,以提高汽车性能,减少汽车排放污染。

一、汽车使用中排放控制的意义和重要性

随着社会消费水平的日益提高,汽车不仅只是国民经济生产中主要的运输和交通工具,而且也逐渐进入百姓的家庭成为主要的代步工具。虽然现在对汽车排放控制越来越严格,排放控制技术也大量运用在汽车上,就单车而言汽车污染物的排放量确实大大得到了降低。但是,随着汽车数量的急剧增加,汽车排放污染物总量呈逐年上升趋势,汽车排放污染已成为全球性公害,我们必须予以高度重视。如我国首都北京、国际大都市上海、广州等经济发达的城市,汽车排放污染与煤尘污染混为一体,相互作用,给当地空气质量带来了极大的影响。有报告显示,广州、深圳等城市汽车尾气染污已占据大气污染的50%左右。

北京地区大气中HC及CO成分的6%以上来自汽车排放，大气中NO_x的成分也有将近4%来自汽车尾气排放。正如本教材课题一中所述，汽车排放污染物对人体健康造成的危害是非常严重的，它刺激人体皮肤和呼吸道，使人产生不良反应甚至生病；它通过呼吸系统和血液循环使人体慢性中毒。所以对汽车使用中的排放污染的控制要放眼长远、立足当前、防重于治，要以防治结合为原则，从政策法规到技术措施环环紧扣，认真采取有效措施予以控制。

二、在用汽车排放控制的难点

我国控制汽车排放的重点应立足于对使用中的汽车排放的控制，在这点上容易得到社会的共识，但就目前而言，对使用中的汽车实施排放控制还存在下列困难。

1. 改造在用车难度很大

汽车作为一种耐用消费品，其使用寿命一般都在10年以上。汽车出厂时，其排放只达到当时的排放要求，随着时间的推移，排放控制标准也随之提高，原来出厂的汽车其排放标准自然不能达到新标准的要求。那么，如何使原来的汽车重新达到新的排放标准？当然，对汽车进行改造是首先要考虑到的，也是最直接有效的办法。然而要对在用汽车进行改造可谓困难重重。

首先，我国在用汽车品种繁多，各种车辆在设计制造过程中都经过详细的论证、试验和定型认证。其各种固有的技术参数，包括动力性、经济性、排放等指标是相互制约、互为依托的。对已经定型的产品进行改进，从技术角度讲有一系列繁杂的程序，必须经过反复试验验证，在取得可靠的试验数据并经有关部门认可批准后方可实施。再则，现代汽车是机、电、液一体化产品，汽车运行的许多数据是共用的，若任意改变其中某一参数，将会影响到整个汽车的工作性能，可谓“牵一发而动全身”。还有，对已定型的汽车产品进行改动，还涉及到产品专利、知识产权等一系列问题。因此，对在用汽车进行改造而使其达到新的排放标准，不可能一蹴而就。

2. 对在用汽车排放控制的管理难度大

我国在用汽车数量多，分布广、使用环境复杂，实行的是多头管理。因此，要对在用汽车进行排放控制，从管理的角度上讲异常困难。

(1) 我国汽车运输业的格局已发生变革

我国的汽车运输业早已跳出了计划经济时期以专业运输单位和大型工矿企业自备车辆运输为主的旧框子，取而代之的是以各种隶属关系、各种经济成分、各行各业共办运输的新格局。

同时，汽车以十分迅猛的发展趋势进入家庭。因此，车辆所有权、使用对象、使用目的和使用范围以及运输形式、车辆使用模式等都发生了深刻变化。面对这样复杂纷繁的运输群体和运输结构形式，要制定有效可行的在用汽车排放控制政策，进行有效管理其难度是可想而知的。

(2) 我国运输汽车所处的运行环境千差万别

我国幅员辽阔，自然地理环境和气候条件使运输汽车所处的运行环境千差万别。而各地区制定的车辆使用政策和排放控制指标又相距甚远，不利于汽车排放污染的控制。

(3) 我国现行的车辆管理体系存在诸多问题

我国现行的车辆管理体系存在着明显的行政意志痕迹和部门利益痕迹，管理上亦存在着多头干预、部门职能交叉、条块分割的弊端。一些行业自成体系，脱离车辆管理的统一制度另搞一套；有些地方和部门实行产品垄断和技术封锁，使车辆管理无法统一实施。比如：除军车管理外，大型矿山、油田用车辆、一些特种车辆（如城市公共汽车、出租车、邮车）等，多采用独立的车辆管理体系，非常不便于实施全国统一的车辆技术管理政策，势必影响对汽车排放的控制。

再则，就目前我国汽车运输的现状而言，许多经营户对车辆缺乏科学管理，不能合理使用。如出现超载、以修代保、随意加装设备等急功近利的短期行为。尽管十几年来车辆技术管理部门、汽车维修管理部门、交通部门颁布了一系列管理规章并采取了一定的技术措施，但如何将全社会的在用车辆纳入科学的、制度化的技术管理轨道，仍然是一个严肃的课题。

三、汽车使用中排放控制的主要途径及最佳选择

虽然对在用汽车进行排放控制存在着诸多困难和问题，但这不能成为放弃对我们生存环境保护的理由。恰恰相反，我们应借鉴国外对汽车排放控制的先进经验，积极探索和寻求适合我国国情的控制和治理汽车使用中排放控制的有效途径。据资料介绍和诸多专家学者的研究推荐，目前国际、国内对汽车使用中实施排放控制的主要途径有：

1. 限制车辆使用

一些国家或地区为了减少汽车排放污染，制订了限制车辆使用的政策。例如：在城市鼓励坐公交车或多人合乘小客车、车辆限时通行或限制从人口稠密地区通行、单双日按车牌尾数限制使用等。这些政策的出台与实施，无疑会大大减少汽车排放污染。然而这与车辆用户购车的初衷是明显相悖的。与国家发展交通运输事业、鼓励汽车制造产业的发展、拉动市场消费需求相矛盾。可见该方法仅能作为权宜之计，长期以此作为控制在用汽车的排放，显然有所偏颇。

2. 改进燃油品质

改进汽车燃油品质是减少汽车排放污染最有效和最理想的方法之一。因为燃油的品质与发动机的燃烧过程和燃烧效果有着直接的关系。例如:过去的车辆使用含四乙基铅的低标号燃油,其铅添加剂虽然能提高汽车的抗暴性能,但其燃烧后的废气中的铅有致癌的成分。当换用无铅的高标号汽油后,发动机燃烧质量得到了提高,也剔除了排放中铅成分。然而,要提高和改进燃油品质,并非能一蹴而就,它需要有关科学家付出5年、10年乃至更长时间努力。因此,我们只能把“改进燃油品质”作为控制汽车排放的努力方向。

3. 对汽车进行技术改造增加排放后处理装置

在设计上,通过对汽车的技术改造,提高燃油的燃烧效率,使燃料充分、完全燃烧,减少汽车排放污染当然也是主要途径之一。课题三所提到的各种汽车后处理装置,对减少汽车排放污染起着极其重要的作用。但是显而易见,增加任何一种排放后处理装置都会增加汽车的制造成本,同时部分排放后处理装置对汽车的动力性、经济性亦有一定的影响。

4. 对使用中汽车进行定期检查维护

汽车排放污染的增加是车辆性能不稳定或恶化的一种表征。其内在原因是多方面的,如燃油品质不佳、车辆超负荷运作、发动机各系统工作不正常或调整不当、曲轴箱通风装置工作不良、废气排放控制装置工作失效等,都会导致汽车排放的增加。随着汽车行驶里程的增加,汽车各系统工作性能必然下降,配合间隙必然会失去原来的标准,这就要求必须对汽车进行定期维护和检查,以恢复汽车各系统的正常工作状态,消除汽车故障隐患,减少汽车排放污染。

有人错误的认为对于汽车排放污染的检测和维修,只要用汽车尾气分析仪检查汽车尾气排放是否达标即可。若不达标,就对与汽车排放相关的装置或系统进行简单的检查调整,就能解决问题。但事实上,只有对汽车的整车技术参数,尤其是发动机的各种技术状况和技术参数进行全面的检测和有效维修,车辆排放才能保证在正常的状态之下。为此,必须建立严格的车辆技术管理制度,确保车辆按照一定的周期接受全面的技术状况检查和测试,保证车辆的技术要求,使之达到排放控制标准。国内外治理使用中汽车排放污染的成果和经验证明,建立完整的汽车维护体系、实行严格的汽车检测维护制度是目前最科学、合理、经济、有效的汽车排放污染控制途径。

5. 提高驾驶员的汽车排放控制意识

汽车驾驶员是汽车的使用者和主导者,驾驶员驾驶技术的熟练程度和对汽车排放控制意识的强弱都与汽车排放有着十分密切的关系。

(1) 驾驶员应不断提高汽车驾驶技术

汽车驾驶员应通过学习和实践不断提高汽车驾驶技术，在行车过程中要顺畅、流利，避免急加速、紧急制动；要合理使用挡位，避免高速低挡或低速高挡；要尽可能地使用经济车速并合理选择行车路线避免绕道。

(2) 汽车驾驶员要养成日常维护的习惯

汽车驾驶员要养成日常维护的习惯，出车前应对汽车的油、水、电及安全部位进行维护和检查，保证汽车良好的性能。并自觉定期(或定里程)将汽车送往维修站进行检查调整。

(3) 在较长时间等候时，应及时关闭发动机，以减少燃油消耗和排放增加

上述几种控制在用汽车排放污染的方法是目前常见的、运用得最多的方法。但从发展的眼光看，要真正意义减少汽车排放污染或实现汽车使用中的零污染，我们还得从新技术、新能源着手。比如：使用天然气汽车、混合动力汽车就能大大减少汽车排放污染；使用太阳能汽车、电动汽车就几乎能实现汽车使用中的零污染。

四、我国汽车检查维护制度与排放控制

随着汽车工业的迅猛发展，汽车维护业也经历了从无到有，从小到大，由弱变强的发展过程，逐步形成了在国民经济中有巨大作用和一定影响的独立行业。前面已探讨了控制汽车排放污染最有效的途径是对车辆进行定期检查和维护，由此可见汽车维修业对控制汽车排放也起着举足轻重的作用。

1. 我国汽车检查维护制度的历史沿革

旧中国，由于汽车数量极为有限，所以汽车修理远没有形成规模生产，称不上一个单独的行业，自然也谈不上有什么维修制度和行规行约。新中国成立后，随着“一五”计划的实施，国家建立了包括汽车制造在内的一批大型骨干企业。20 世纪 50 年代中期，国产汽车正式出厂，推动了一些大城市道路运输企业的组建，少数由国家组建的汽车维修企业也应运而生。但当时由于受到配件材料、工艺技术等因素的影响，汽车修理几乎都是以修旧利废为主，很难保证汽车性能的全面恢复，更无暇顾及汽车排放控制。

我国最早的“保修”制度，源自于前苏联。后来，随着我国汽车制度和道路运输业发展的需要，又有了许多的改进和变革。

1951 年交通部召开了全国汽车运输技术工作会议，拟定了《汽车运输企业暂行技术标准与定额》，并于 1952 年 7 月正式发行全国各运输单位试行。由此初步形成了一些技术管理制度。

1954 年 7 月 29 日，交通部正式颁布了“红皮书”，即《汽车运输企业技术标准与技术经济定额》。其中规定：汽车的技术保养分三级，即例行保养，一级保

养,二级保养;汽车修理分三类,即小修、中修和大修。“红皮书”的颁布,对保证车辆的技术状况起到了重要的作用,但汽车排放控制并不是“红皮书”关注的焦点。

1963年,交通部又召开了全国专门会议,对实行了近10年的“红皮书”进行讨论和修改。并于12月颁布实行了《汽车运输企业技术管理制度》和《汽车运输技术规范》,以适应汽车运输业迅速发展的需要。

1965年,交通部又颁布了“汽车运用规程”和“汽车修理规程”,将汽车保养分为四级,即例行保养、一级保养、二级保养和三级保养,也就是我们所说的不包括例行保养的三级保养制;汽车修理分为四类,即汽车大修、总成大修、汽车小修和零件修理,取消了汽车中修。

1980年颁布了《汽车运输和修理企业技术管理制度》,1981年颁布了《汽车修理技术标准》(JT 3101—1981),在《制度》中明确规定例行保养从保养篇中划出纳入使用篇。

此后,汽车的技术保养和修理都按三级、四类划分。各级保养的作业项目是:

① 例行保养:以清洁、检查、补给为中心。

② 一级保养:以紧固、润滑为中心。

③ 二级保养:以检查、调整为中心。

④ 三级保养:以总成解体消除隐患为中心。

总之,原来汽车保养分级和周期的确定,一般依据以下三个方面确定:一是汽车制造厂所建议的作业周期与作业内容;二是科研部门经过试验而提供的作业周期和作业内容;三是各地区汽车运输企业主管部门从本地区、本部门具体实际情况出发,对贯彻计划、预防、保养制度所积累的原始资料及对个别车型的鉴定,经过分析研究,初步拟出的保养分级、周期与作业内容,然后在实践中进行论证,积累经验,不断总结改进,最后确定执行。

上述一系列汽车维修管理措施的出台,规范了维修行业,使企业的管理水平和维修能力得到了很大的提高,形成了一支汽车维修的技术骨干队伍。广大运输企业逐步认识重营运、轻维修给车辆管理和汽车性能带来的危害,纷纷建立企业车辆技术管理制度,对车辆严格实施计划保养和修理制度,这对保持车辆技术完好,在当时起到了至关重要的作用。虽然当时的车辆技术管理中没有控制汽车排放的概念,但通过定期的检修和维护,保证了车辆的技术状况。因此,当时的车辆技术管理制度对减少汽车排放也起到了一定的作用。

20世纪70年代末期,由于我国国民经济体制改革,使我国汽车运输行业的车辆数量迅速增加,在汽车运输和维修中,提出有路大家行,有车大家维护的方针，维修业也像雨后春笋般迅速发展，后来的车辆维修制度已不能适应和满足新形势的需要，改革旧制度，探讨新的维修制度势在必行。

近年来，汽车工业迅猛发展，汽车已由机械和简单的电产品转变为机、电、液一体化的高科技产品。特别是大量电子产品，如各种传感器、执行器和微电脑在汽车上的运用，汽车检测技术显得尤为重要。因此，又提出了最佳的保养制度是"定期检测、强制维护、视情修理"。同时随着人民环保意识的增强，在汽车维护检测制度中，汽车排放也被列为其重点内容。例如：汽车的年检中，汽车排放是必检内容。交通部1990年3月发布的13号部令中，第一次把车辆检测诊断技术的应用列入条款。同时，对原汽车保养制度的指导性原则进行了重大调整，即把"定期保养、计划修理"改为"定期检测、强制维护，视情修理"。取消了大拆大卸的三(四)级保养制，改为二级维护制。

《道路运输业车辆技术管理规定》(交通部1990年第13号令)和《道路运输车辆维护管理规定》(交通部1998年第2号令)规定车辆必须按国家和行业有关标准规定的行驶里程划分间隙时间，进行规定的检测和维护作业，达到规定的技术条件，接受规定的质量监督。根据部令的要求，交通部还及时颁布了《汽车维护工艺规范》(JT/T 201—1995)行业标准。

(1) 定期检测

"定期检测"是通过现代化的技术手段，借助先进的检测仪器，定期对汽车进行检查、测量，以正确判断汽车的技术状况。它包含两层含义：一是根据车辆的老旧程度、使用率和使用强度等，制定定期检测的里程或周期。实现"定期检测"最好的办法是建立车辆综合性能检测站，由道路运政管理部门有计划地定期组织车辆到认定的检测站进行综合性能检测。二是"定期检测"结合汽车维护周期进行，以此来确定附加作业项目，同时通过汽车的检测和技术鉴定，确定汽车需要修理的情况。

从"定期检测"的含义可以看出：实行"定期检测"是提高车辆技术状况、保证安全生产、充分发挥车辆效能、降低运行消耗、减少汽车排放污染的关键。

(2) 强制维护

强制维护并没有废除过去的计划维护制度，只是在计划预防制度的基础上增加了定期检测内容，以确定附加作业项目。在执行车辆维护时，必须结合状态检测去进行。亦即"强制维护"同样是在计划预防的基础上进行状态检测的维护制度，只是进一步强调了维护的重要性。

(3) 视情修理

"视情修理"是随着检测诊断技术的发展和维修市场的变化而提出的。过去"计划修理"往往以车辆行驶里程或车辆行驶时间确定修理周期，"计划修理”较少考虑车辆本身的技术状况、车辆的运行条件和强度等因素。因此,常常会出现有的车辆技术状况良好的情况下要强制进行修理,造成浪费。有的车辆因修理不及时而使汽车技术状况恶化,造成动力性、经济性、安全性下降、汽车排放污染急剧上升。“视情修理”必须经过检测诊断和技术鉴定,这里体现了技术与经济相结合的原则,也体现了维修技术的发展,这是制度的一次重大变革。总之,“视情修理”的实质是:由原来的以行驶里程或车辆使用时间为基础确定汽车修理方式改变为以汽车实际技术状况为基础的修理方式。“视情修理”与“强制维护”是相辅相成的。

2. 汽车检查维护与排放控制

汽车排放控制是一个系统而复杂的工程,从汽车的设计制造到燃料的品质,从使用维护到驾驶员控制汽车排放污染的意识,其中任何一个因素无不影响到汽车的排放。然而,单就使用中汽车排放控制这个角度看,实行一整套严格的、切实可行的检查维护制度不失为更切实际和经济有效的策略。

近年来,一些经济发达、长期受汽车排放污染困扰的国家,相继提出和实行了对使用中汽车控制的 I/M 制度。I/M 是英文 Inspection 和 Maintenance 最前面两个字母的缩写,其含义是:通过对在用汽车的检查,确定引起排放污染严重的原因,然后有针对性地采取维修措施,使在用汽车最大限度地降低排放污染。比较我国现行的汽车检查维护制度,在治理使用中汽车排放污染方面,无论是方向还是具体方法操作程序都非常相似,由此就更加坚定了坚持通过对汽车检查维护来控制在用汽车排放污染的信心。但是,过去国家治理大气环境污染不像今天这么紧迫和突出,对汽车排放给大气所造成污染的认识也不如今天这么明确。因此,汽车维修体系在实际工作中偏重于对整车技术状况的衡量和评价,还没有把控制汽车排放置于最关键和最突出的位置之上。在人们日益关注自身生存环境的今天,为了保持大自然的清洁与美丽,保护人们的生存环境,汽车维修管理也应调整工作思路,在贯彻“定期检测、强制维护、视情修理”的工作方针的前提下,进一步完善汽车检查维护制度,补充完善对汽车排放控制的操作内容和工艺措施。具体应从以下几个方面入手。

(1) 加强立法,促进汽车检查维护制度的全面落实

只有强硬的政策支撑,才能保证一个行之有效的规章制度的实施。对在用汽车的技术管理上,必须迅速改变管理机构重叠、职能交叉、条块分割的局面。在车辆排放控制方面要形成高层次的配套法规,用以指导和规范管理部门的行为,避免部门规章由于受职能、工作性质和信息知识等方面的局限而缺乏普遍的法律约束力。

从各种统计资料看,绝大多数营运车辆都能遵守汽车维护管理制度,根据

车辆行驶里程或使用时间进行定期检测和强制维护，而一些行政事业单位公务用车或家庭用车，都往往忽视了强制维护制度的贯彻实施。由于车辆没有及时进行检测维护，其技能参数出现明显变化，表现为动力下降、油耗上升、排放超标等。汽车污染物排放与汽车故障密切相关。如点火过迟、混合气过浓均会导致发动机排放明显增加。汽车故障又与使用时间和检测维护状况紧密相关。对车辆定期检测和维护可以延长汽车使用寿命，保持完好技术状况，使污染物的排放稳定且保持在正常状况。

通过对汽车使用的可靠性研究，制定出了“定期检测、强制维护、视情修理”这一新的汽车维护制度。汽车可靠性研究将汽车故障分为早期故障、偶然故障和耗损故障三种类型。造成早期故障的原因主要有：设计欠佳、制造欠佳、装配不当、检验不严格。造成偶然故障的原因有：操作不当、没有对车辆及时维护、材料隐患及工艺和结构缺陷，而耗损故障的原因是长期使用而导致零件超过了使用极限。从以上三类故障的成因不难看出，汽车故障伴随着车辆使用而滋生，汽车故障率与汽车使用里程成正比。如果不坚持对使用中汽车进行定期检查和强制维护，必将导致汽车排放污染的超标。为此，一是要加大政策控制力度，制定强硬的行政措施，督促使用中汽车实行车辆维护制度；二是提高汽车检测和维护的工艺技术水平和服务质量。

国外一些国家，不仅要对所有在用汽车定期检查和维修，而且特别强调：

① 不允许在用车辆发生排放净化装置的失效或损坏，否则一经发现，要追究有关单位和人员的法律责任，这就迫使车辆使用者随时注意排气净化装置的工作状态，经常到维修合同单位接受检查和进行必要的维修。

② 车辆使用者或维修单位有意将车辆排放控制系统调整不当、拆除排放控制系统及部件、拆去有关铅封再自行重封的行为和任何对排放控制系统有不利影响的做法，一律视为非法并予以制裁。

③ 制定了严格的燃料管理政策，车辆改用其他燃料要取得相应的认可，经改换燃料的车辆必须保持原有排放控制装置并满足排放限制要求。

④ 在汽车上加装排气净化及节能等附加装置和选用汽车零部件时，必须经权威检测机构对其性能和使用效果检测、经过有关部门认可，并确保不使车辆排放污染状况恶化。

总之，汽车排放控制要有强硬的行政措施为依托，有相关法律为保障。决不允许各行其是、随心所欲。

(2) 保证汽车检查维护质量

汽车检查维护质量，直接影响到汽车性能的恢复和汽车排放的控制，要保证汽车的检查维护质量应从以下四个方面入手：

① 规范检查维护程序。首先,汽车技术管理文件中要明确规定使用中车辆的检查和维护周期,并严格监督实行;第二,对从事汽车检查、维护的单位必须要坚持资质认可,督促其严格按质量保证体系运作;第三,对车辆的维护必须按工艺规范和技术标准操作,不允许简化或省略规定的工艺过程。否则,有关部门要依据法律、法规进行惩处。

② 明确检查维护项目。我国汽车维修中执行的《汽车维护工艺规范》(JT/T 201—1995),明确规定了一、二级维护的作业项目,应严格按规定项目进行操作。

③ 规定检测维护所必须设施、设备。现代汽车的检测与维护必须借助于一些设施、设备才能完成。比如:用汽车尾车分析仪检测汽车尾气排放;用点火正时灯检测发动机点火正时;借助四轮定位仪检测汽车轮胎的定位。因此,在进行汽车检查企业资质认定时,设施、设备的装备情况应当作为一项重要的指标。

④ 提高汽车检测维修人员的技术水平。汽车检测维修人员技术水平的高低和操作的熟练程度,直接影响到检测结果的准确和维修质量的好坏。随着汽车技术的不断进步,汽车相关法规和标准的发布、修订,汽车新工艺、新技术的应用等,都要求汽车维修行业要建立有效的培训体系。该体系应由交通行业管理部门与地方维修管理机构、科研机构及相关院校共同建设,通过培训加快提高汽车维修行业管理人员、技术人员、维修技师的业务水平,使他们成为汽车检测维修行业质量保证的主力军,成为汽车污染排放治理的骨干力量。

(3) 建立汽车使用中排放控制的监督评价体系

通过技术保障系统和行政管理系统的正常运作,正规汽车生产厂和维修厂出厂的汽车其排放污染一般是可以达标的,但是所有在路上运行的汽车是否符合排放标准还应该用抽样合格率指标进行监控。监控的目的有三个:第一,监控识别排放不合格车辆,监督其及时治理;第二,跟踪追查排放不合格车产生的原因,对责任者要依法予以处罚;第三,通过抽查合格率指标,研究产生不合格车的原因,分析对汽车定期检测维护体系的运作情况进行客观评价,针对问题采取进一步对策,保证不断提高使用中汽车污染控制总体水平,不断降低汽车排放污染。

汽车使用中排放控制监控评价体系由汽车污染物排放监控、汽车尾气监控、对尾气抽检不合格车处罚监控和宏观监控评价制度四部分组成。

五、国外在用汽车排放控制的 I/M 制度简介

1. I/M 制度的定义

I/M 制度是通过对在用汽车的检查,确定其排放污染的原因,然后有针对性地采取维修措施 ,使在用汽车最大限度地降低排放污染物的制度。

I/M 制度要求一车一份(包括出租车、大小公共汽车、客货运输车等)I/M 技术档案,用来记录车辆每次检测维修的时间、内容及车主是否按期进行了检测维修。该 I/M 技术档案可通过随车的交通 IC 卡随时阅读。该 IC 卡不仅记录着机动车的维修检测结果,还可以交纳维修检测费、罚款、高速公路费,还能储蓄、消费。I/M 制度从车辆出厂直至报废始终跟踪检查。通过定期的诊断故障、维护修理,保证机动车动力性始终完好,尾气排放始终达标。

实行机动车 I/M 检查与维护制度,是为了保证机动车"健康"上路,从根本上控制机动车尾气不达标排放的情况。实施 I/M 制度是控制机动车尾气排放超标较经济、有效的办法之一,有利于大气环境治理,且不会增加车主额外的经济负担。但对现有的机动车检测场、修理厂提出了更高的要求。

在用汽车排放控制的 I/M 制度源于美国、日本等发达国家,是目前公认的在用车排放治理最稳定有效的方法。

2. I/M 制度的内容

I/M 制度包括的主要内容有:I/M 制度法规、污染物排放测试方法和标准、I/M 网络建设、质量保证体系。

(1) I/M 制度法规

世界发达国家对在用车的检查维护都制定了明确的法规。美国著名的《清洁空气法》中规定各州根据其空气质量(臭氧和 CO 等级)状况不同的 I/M 制度。对于空气质量中等的地区可以执行基本 I/M 制度;对于空气质量较差的地区,要求执行加强型 I/M 制度。另外,对于本地区空气质量达标,但有的地区位置位于空气污染严重地区的上风地带,人口超过 10 万人的城市,也要对在用车执行加强 I/M 制度。要求 1995 年执行加强型制度的地区 30% 的在用车按加强型 I/M 制度要求;1996 年 1 月 100% 的车辆执行加强型 I/M 制度。如果规定的地区没有制订和执行 I/M 制度,会受到一系列制裁。制裁方式有:暂停公路建设投资、城市污水处理项目投资和新建成或改进的固定污染源排放进一步降低等。

(2) 在用车污染物排放测试方法及标准

国外 I/M 制度中检查(检测)方法采用在用车排放测试方法和标准。常用检测方法和标准有;怠速法(低怠速转速为 350 ~ 1 100r/min,)高怠速(转速为 2 200 ~ 2 800r/min),简单加速模拟工况法。根据不同的测试方法,排放污染限值也不相同。

(3) I/M 网络建立

一般执行 I/M 制度有三级网站,即维修网站、检测网站和试验网站。三级网站职能如下:

① 汽车维修站。主要担负在用车的维修、保养。

② 汽车检测站。具有行政管理功能,并对新车、在用车的排放进行检测,在不进行维修保养的情况下,对符合排放标准的汽车发放合格证。

③ 汽车试验站。依据国家新车排放标准进行全套试验,包括新车的工况试验、燃油蒸发排放试验、曲轴箱排放试验、怠速法试验、自由加速度烟度法试验和全负荷烟度法试验等。同时可对新车进行形式认证试验、新车产品一致性抽查试验,各种净化措施评价等。

(4) 质量保证体系

国外 I/M 制度的质量保证体系包含的内容主要有:

① 执行 I/M 制度的管理部门(一般均为汽车维修管理局)。主要职能是:对承担 I/M 任务的检测站和维修厂进行认可并签订合同、对检测仪器的认可。

② 同时建立了经维修管理局认可的测试仪器要按要求进行校正,定期更换标准件,保证仪器检测制度。

③ 要求检测、维修人员定期进行培训。

④ 管理部门每年至少两次对 I/M 站进行公开检查。检查营业执照、检测维修记录、检测数据显示以及维修人员完成检测、判断故障的能力等。I/M 站每月要检查检验员的工作和检测记录保存情况,及时发现问题并予以解决。

⑤ 行业管理部门每年对所有的 I/M 站进行一次暗查。检查对排放不合格车是否进行了复查、检测维修质量及维修收费等。

⑥ I/M 有关法规要求"州执行计划"有处罚制度。

(5) 人员培训

排放检测员必须经过培训取得执照后方能进行检测业务。执照证书有效期二年,二年后检测员若要重新拥有执照和认可证书必须重新参加培训、考试。

(6) 信息传输及反馈

法规要求 I/M 站要有数据分析和报告,并每年上报一次。每两年作一次详细的报告,提出改进的细节及改进后取得的效果。汽车维修行业管理部门和国家环保局根据站的执行情况和车辆排放检测情况进行研究,不断完善I/M制度。

单元二　汽车噪声污染及振动污染控制技术

知识目标：

1. 熟练叙述噪声及振动的来源及危害；
2. 正确分析汽车噪声的来源，简要叙述汽车噪声的控制方法；
3. 简要分析汽车振动的产生原因及危害；
4. 简述我国汽车的噪声标准。

技能目标：

1. 会使用噪声检测设备测量汽车噪声；
2. 会分析汽车噪声产生的原因，并提出解决问题的思路。

课题一　汽车噪声的来源及危害

所谓噪声，实际上就是人们主观认为一切不希望存在的响声。噪声污染和大气污染、水污染并称为现代社会的公害。

据统计，城市噪声污染的主要来源是汽车噪声。汽车噪声一般为中等强度的噪声，为60～90dB，由于车辆噪声为移动性噪声，故影响范围大，干扰时间长，受害人员多，近年来从多起汽车用防盗器的误鸣而引起的扰民事件中，可以看到汽车噪声给人们的生活带来的危害。

一、汽车噪声的来源

汽车噪声源大致可分为发动机噪声与整车噪声。发动机噪声与发动机转速有关，而整车噪声与车速有关，如图2-1所示。与发动机转速有关的噪声源主要有进气噪声、排气噪声、风扇噪声和发动机表面辐射噪声，以及由发动机带动旋转的各种发动机附件（如空气压缩机、发电机等）的噪声。与车速有关的噪声包括传动噪声、轮胎噪声、车体产生的空气动力噪声等。

1．发动机噪声

发动机及动力总成噪声是汽车的主要噪声源之一。尤其是在怠速、低速行驶和车辆起动加速过程中，发动机及动力总成噪声愈发明显。为了降低汽车噪

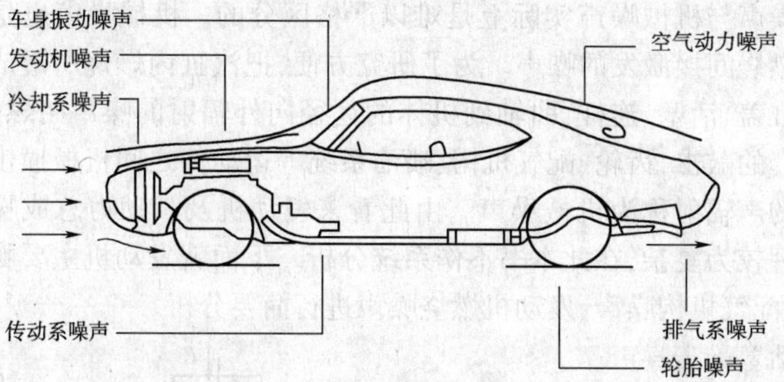

图 2-1　汽车主要噪声源示意图

声，首先应控制发动机及动力总成噪声。

通常发动机及动力总成噪声可以分为两大类：空气动力噪声和表面振动结构噪声，如图 2-2 所示。

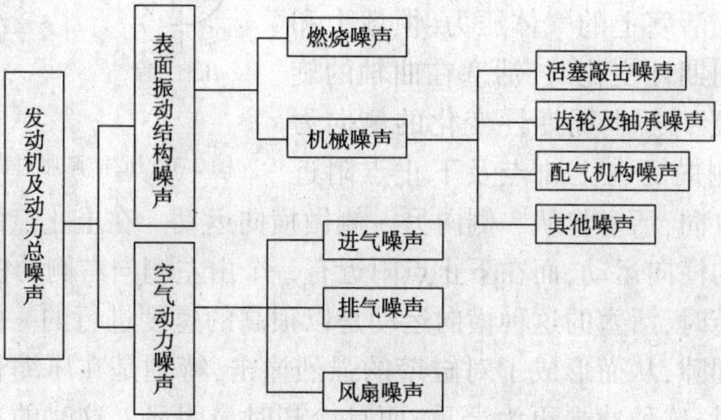

图 2-2　发动机及动力总成噪声源

空气动力噪声直接向空间辐射，引起空气动力噪声的噪声源主要有进、排气噪声和风扇噪声。

发动机燃烧噪声和机械噪声指内部的燃烧过程和结构振动所产生的噪声，是通过发动机外表以及与发动机表面连接的零件的振动向外辐射的，因此将这两类称为发动机表面振动的结构噪声。

燃烧噪声的发生机理相当复杂，主要是由于汽缸内周期性变化的压力作用而产生的，与发动机的燃烧方式和燃烧速度密切相关。

机械噪声是发动机工作时各运动件之间及运动件与固定件之间作用的周期性变化的力所引起的，它与激发力的大小和发动机结构动态特性等因素有关。

燃烧噪声与机械噪声实际上是难以严格区分的。机械噪声也是发动机汽缸内燃料燃烧间接激发的噪声。为了研究方便，把汽缸内燃烧所形成的压力振动并通过缸盖、活塞、连杆、曲轴到机体的途径向外辐射的噪声叫燃烧噪声；把活塞对缸套的敲击、齿轮、配气机构、喷油系统等运动件之间机械撞击所产生的振动激发的声辐射称为机械噪声。由此看来发动机及其动力总成噪声来源及其形成机理较为复杂，在此本书不作系统分析。下面就发动机主要噪声即活塞敲击噪声、配气机构噪声、发动机燃烧噪声进行简要分析。

(1) 活塞敲击噪声

活塞对缸壁的敲击，根本原因在于它们之间存在间隙并且往复运动的活塞所承受的侧向力发生方向突变。如图 2-3 所示，说明了汽缸中往复运动的活塞受力变化的情况。

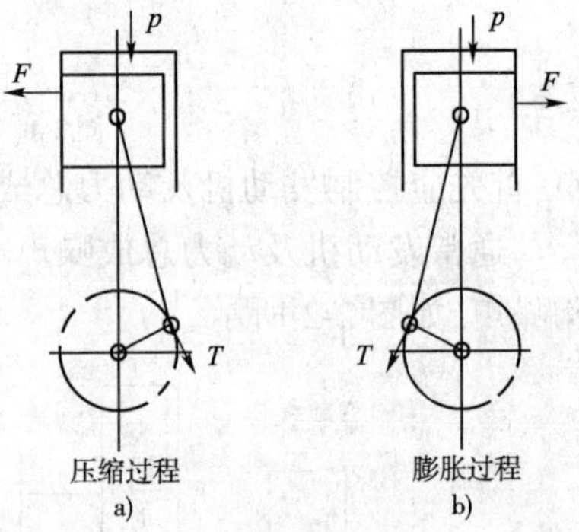

图 2-3　压缩、膨胀过程侧向力变化

当作用在活塞上的气体压力、惯性力和摩擦力发生周期性变化时，活塞在曲轴的旋转平面内将受到一个周期性变化的侧向力的作用。此侧向力在上止点及下止点附近必然要改变方向，活塞将从一侧向另一侧做横向运动。在上止点附近有一个由右侧向左侧的横向运动，而在下止点附近有一个由左侧向右侧的横向运动。

高速运转时，活塞的这种横向运动是以很高的速度进行的。由于活塞与缸壁之间存在间隙，从而形成了对缸壁的强烈撞击，特别是在压缩行程终了和膨胀行程开始时，这种冲击更为严重，而且冷却时最明显。这时的冲击速度与发动机转速的立方根成正比。

(2) 配气机构噪声

发动机低速下的噪声主要表现为气门开闭时以及挺柱在凸轮凸面部位附近产生的配气机构噪声。

气门开启的噪声主要是由施加于气门机构上的撞击力造成的，而气门关闭时的噪声则是由于气门落座时的冲击产生的，气门的噪声级和气门运动的速度成正比。在凸轮顶部上推从动杆的时刻，金属互相接触产生的摩擦振动，粗糙的接触面会使噪声增高。

在发动机高速运转时，气门机构的惯性力相当大，使得整个机构产生振动。一个弹性系统的气门机构，工作时各零件的弹性变形会使位于传动链末端气门处的运动产生很不规则的运动(气门飞脱和落座反跳)。这种不规则运动，增加气门撞击的次数和强度，从而产生强烈的噪声。气门弹簧的颤振也会导致簧圈之间发生碰击产生高频噪声。

(3) 燃烧噪声

汽油机和柴油机的主要燃烧噪声一般都产生在速燃期,汽油机燃烧过程柔和,其产生的噪声相对其他噪声来说比较小,只有在不正常燃烧时会引起较大的噪声。

柴油机的燃烧噪声,与其他噪声相比则不可忽视。根据柴油机的燃烧规律可知,柴油机燃烧过程可分为着火延迟期、速燃期、缓燃期和补燃期四个阶段。

在着火延迟期内,燃料进行燃烧前要进行必要的物理和化学准备,此时燃料并未燃烧,汽缸中的压力和温度变化都很小,因此,燃烧噪声很小。

在速燃期内,燃料迅速燃烧,汽缸内压力迅速增加,直接影响发动机的振动和噪声。此时汽缸内的压力增长率越大,意味着发动机的冲击载荷越大,内部零件受敲击严重,从而增加了发动机的结构振动和所辐射的噪声。影响压力增长率的主要因素是着火延迟期的长短和供油规律。一般着火延迟期越长,在此期间喷入汽缸的燃料越多,压力增长率就越高。

在缓燃期内,汽缸内压力有所增长,但增长率较小,因此产生的燃烧噪声,对整体噪声的影响不显著。

在补燃期内,因活塞下行且绝大多数燃料已在前两个时期内燃烧完毕,产生的燃烧噪声很小。

(4) 发动机空气噪声

发动机运转过程中,由于空气流动发出的声响,主要包括:进气噪声、排气噪声、风扇噪声。

① 进气噪声。从成因分析来看主要有两种:一种是管内脉动噪声,另一种是涡流噪声。进气门周期性开闭引起进气管内压力脉动,从而形成噪声。这种噪声表现为低频噪声。另一方面,在进气过程中气流高速流过气门和变截面,会形成强烈的涡流噪声,其主要频率成分在1 000 ~2 000Hz 范围内。

② 排气噪声。排气噪声产生的原因和进气噪声类似,其中也可分为两类:一是管内具有基频的脉动噪声,另一种是涡流噪声。排气噪声在频率谱上表现为明显的低频特性。它与排量、转速、轴功率及平均有效压力密切相关,关于排气噪声的噪声级对于不同的发动机有一些相关的经验公式可以预测,需要时可以查阅有关手册。

③ 风扇噪声。叶片旋转时由于叶片周期性地切割空气,引起空气压力脉动而产生噪声。

一般情况下,风扇噪声比发动机本体噪声低很多,但在高速运转时,风扇噪声将迅速升高。

2. 底盘噪声

底盘噪声包括变速器、分动器、传动轴、差速器和减速器等传动系产生的噪声和轮胎产生的噪声等。

(1) 传动系噪声

传动系噪声源主要是其内部齿轮和轴承,同时也有其他机构传递而来的固体声。

齿轮传动特点是轮齿相互交替啮合,在啮合处既有滚动又有滑动,不可避免地要产生齿与齿之间相互撞击和摩擦。另一方面,齿轮的制造误差、安装误差以及发动机曲轴的迅速扭曲振动使其驱动齿轮传动的正常啮合关系遭到破坏,都会使齿轮产生振动并发出噪声。

(2) 轮胎噪声

轮胎噪声可以分为直接噪声(或车外噪声)和间接噪声(或车内噪声)两种。即直接噪声或车外噪声是轮胎直接辐射出来的噪声;而间接噪声(或车内噪声)是轮胎直接或间接地成为激振源,振动通过悬架和车架传至车身,成为车厢内的噪声。间接噪声又分为两类。一是轮胎的均匀性不良为主要原因,使轮胎成为激振源而发生的噪声;二是由于路面凹凸不平,使得路面激励成为主要原因,引起轮胎弹性振动,并以车身为媒介发生车内噪声。

对轮胎噪声来说,一般反映的就是直接噪声。对大、中型载重车的轮胎而言,由于其所产生的直接噪声在汽车总体噪声中所占比重很大,因此,直接噪声已成为噪声公害。

轮胎直接噪声主要来源于以下几个方面:

① 轮胎花纹噪声。由于轮胎滚动,在接地时胎面花纹沟部的容积减小,沟内包含的空气被挤出;而当胎面离地时沟部的容积恢复,外部空气被吸入。这样空气流入、流出产生的噪声也叫排气噪声。另外,胎面花纹接地时还产生连续击打路面的噪声,这种噪声也属于轮胎花纹噪声。

② 道路凹凸噪声。轮胎在道路上滚动时,由于路面小的凹凸内空气被压缩,因而产生排气噪声。一般来说,沥青和水泥路凹凸面小,由此产生的噪声也小。

③ 轮胎弹性振动噪声。由于路面的凹凸不平和轮胎的不均匀性,引起胎面和胎侧的弹性振动噪声。

④ 轮胎自激振动噪声。当汽车急速起动和急制动、急转向时,轮胎胎面元素相对于道路表面发生的局部自激振动,由此产生刺耳的噪声,称为尖叫噪声。

⑤ 轮胎空气紊流噪声。由于轮胎滚动,在轮胎周围产生空气的紊流诱发出的噪声。

二、噪声的危害

噪声不仅能引起人体的生理改变和损伤，而且能对人心理、生活和工作产生不利的影响。噪声会使人的听力减弱、视觉动(功)能下降、神经衰弱、血压变化和胃肠道出现消化功能障碍，甚至影响人的睡眠、谈话、学习、工作和情绪等。就噪声对人的生理危害和心理影响而言，大致有以下几个方面。

1. 听觉疲劳或听力损伤

噪声对人最直接的危害是对听觉器官的损伤。噪声对听力的影响与噪声的强度、频率及作用的时间有关，噪声强度越大、频率越高、作用时间越长，危害就越大。噪声对听力的影响，轻者可引起暂时性听阈偏移，重者可产生噪声性听力损伤乃至噪声性耳聋。

所谓暂时性听阈偏移，就是在强烈的噪声作用下，听觉皮质层器官的毛细胞受到暂时性的伤害，引起听阈级的暂时性的偏移。离开噪声环境到比较安静的地方经过一段时间仍会恢复到原来的听阈状态。恢复时间的长短，随噪声的声级而不同。对于低声级噪声恢复时间可以是几分钟，对于高声级噪声恢复时间则往往需要 2 ~ 3 个星期。听阈偏移决定于噪声级、噪声特性、暴露时间以及各人对噪声的敏感性。听觉灵敏度最大改变率是在 3 000 ~ 6 000Hz 的范围，低于和高于这一范围的频率改变得稍少一些。大量试验数据表明，强噪声环境下工作人员听阈最明显的偏移是在 4 000Hz 左右。

长期暴露在噪声环境下时，暂时性的听阈偏移可能转化为永久性的听阈偏移，再也不能恢复正常的听阈能力，此时就称为听力损失。

关于噪声性耳聋的划分，目前国内外尚无统一的标准，一般以 500Hz、1 000Hz、2 000Hz 三个频率的平均听力损失超过 25dB(A)时，就认为是噪声性耳聋。此时就影响人的工作能力和活动能力。根据国外统计，在不同噪声级下长期工作，其后果如表 2-1 所示。ISO 统计和美国统计虽有出入，但相差不远。从表中数字看出 80dB(A)以下不至于引起噪声性耳聋，但 95dB(A)就比较严重了。

工作 40 年后噪声性耳聋发病率　　表 2-1

噪声级 dB(A)	国际统计 ISO(%)	美国统计(%)
80	0	0
85	10	8
90	21	18
95	29	28
100	41	40

噪声性耳聋通常按听力损失的分贝数分级,一般小于 25dB 时属于正常状况;大于 25dB(A)为轻度噪声性耳聋,听轻声谈话略有障碍;在 40 ~ 45dB 之间为中度噪声性耳聋,听正常谈话、听收音机等均感困难;在 55 ~ 70dB 之间属于高度噪声性听力损伤,大声讲话也听不清楚;70dB 以上为重度噪声性耳聋,此时已听不到谈话声音。

另外,特别高的噪声级还会引起人耳的外伤,高于 130dB 的声音不仅使听阈偏移不能恢复,甚至使耳膜击穿而出血,使双耳完全失去听觉能力,所以对于高于 130dB 的声音即使是暴露很短时间也应避免。

2. 噪声影响人体健康

强烈的噪声对人的生理刺激是诱发某些疾病、影响人体健康的一个原因,除了特别强烈的噪声能引起精神失常、休克乃至危及生命外,由噪声诱发的疾病主要表现在神经、心脏、消化系统会产生一系列不良反应。对神经系统的影响主要表现为头晕、头胀、头痛、失眠、神经过敏、惊慌、记忆力下降、注意力不集中;对心脏系统的影响,主要表现为心跳过速、高血压、冠心病等;对消化系统的影响主要表现在消化不良、闻声呕吐等方面。

3. 噪声干扰谈话和通话

通常,人们正常谈话时的声级一般为 60 ~ 70dB。若环境噪声高于谈话声,谈话就要被干扰,以致听不清对方谈话的意思。同样,打电话时的环境噪声在 60dB 时可以听清楚对方的意思,噪声超过 70dB 后就无法使用电话。不同噪声的干扰程度如表 2-2 所示。由表可以看出,在开会、讲课、听广播、看电视等与语言有关的活动中,45dB 以下的环境噪声对人影响很小,超过 65dB 就比较严重了。

噪声对谈话、使用电话的干扰程度 表 2-2

噪声级 dB(A)	能正常交谈的最大距离(m)	电话通话质量
45	10	很好
55	3.5	好
65	1.2	较困难
75	0.3	困难
85	0.1	不可能

4. 噪声影响人们的工作和正常生活

在噪声影响下,人们不容易集中精力工作,尤其对脑力劳动者,常常由于噪声打断思路,反应迟钝,因而会大大降低工作效率。对某些要求注意力高度集中的工种(如汽车驾驶员、文字校对者等),不仅影响工作进度,而且降低工作质量，容易出现差错和引起事故。

噪声还会影响人们的睡眠质量和时间，当睡眠受到噪声干扰后，工作效率和健康都会受到影响。40dB 的连续噪声可使 10% 的人睡眠受到影响，70dB 则使 50% 的人睡眠受到影响；而 40dB 突发噪声可使 10% 的人惊醒，60dB 时可使 70% 的人惊醒。

人们的正常生活（休息、睡眠、社交活动等）需要一个比较安静的环境，这是不言而喻的。但是，在城市中由于建筑密集、道路狭窄、工厂与居民区混杂、交通繁忙等致使工厂噪声、交通噪声、日常生活噪声混杂在一起，使环境噪声达到相当高的数值。

我国 47 个城市噪声调查资料表明，白天平均声级为 59dB（A），夜间为 49dB（A），道路交通噪声绝大部分超过 70dB（A），平均达 74dB（A），城市人口 2/3 暴露在较高的噪声环境之下，城市居民有近 30% 在难以忍受的噪声环境下生活。

课题二　汽车噪声标准及测量技术

一、汽车噪声标准

汽车噪声标准是检查车辆噪声的依据，它反映了人们对保护环境，降低噪声的要求。对于新车和在用车来说，其汽车噪声标准限值是不同的。

1. 我国汽车噪声标准的历史沿革

（1）2001 年以前的汽车噪声标准

我国在 2001 年前执行的汽车噪声标准是由国家标准总局发布、于 1979 年 7 月 1 日试行的 GB 1495—1979《机动车辆允许噪声》，该标准规定了各类机动车辆加速行驶时，车外最大允许噪声级。

（2）1997 年在用车辆噪声标准

随着我国汽车工业的快速崛起，汽车保有量的急剧上升，使我国城市交通噪声污染日趋严重，大量在用车辆已成为城市道路交通噪声的主要噪声源，为加强对在用车辆噪声辐射的监测和控制，根据《中华人民共和国环境噪声污染防治条例》第十一条规定，1997 年 1 月国家制定和颁布实施了 GB 6170—1996《汽车定置噪声限值》新的国家标准，该标准重点对在用车处于定置工况下的噪声辐射实行控制，从而促进车辆噪声控制的技术进步。

（3）2002 年新生产汽车噪声标准

根据《中华人民共和国环境噪声污染防治法》，国家环境保护总局、国家质量监督检验检疫总局又于 2002 年 1 月 4 日发布了 GB 1495—2002《汽车加速行驶车外噪声限值及测量方法》新的国家标准，该标准是参考联合国欧洲经济委员会法规 ECE Reg. No. 51《关于在噪声方面汽车（至少有 4 个车轮）形式认证的统一规定》，并根据我国汽车产品的实际情况制定的。该标准的噪声限值代替了 GB 1495—1979 中的汽车噪声限值，它规定了新生产汽车加速行驶车外噪声的限值及测量方法。

2. 汽车噪声标准限值

GB 6170—1996《汽车定置噪声限值》规定，在用车处于定置工况下的噪声限值如表 2-3 所示。

汽车定置噪声限值 表 2-3

车辆类型	车辆出厂日期 / 燃料种类	1998 年 1 月 1 日前	1998 年 1 月 1 日起
轿车	汽油	87	85
轻型客车、货车越野车	汽油 $n_r \leq 4\ 300\text{r/min}$	94	92
	$n_r > 4\ 300\text{r/min}$	97	95
	柴油	100	98
微型客车、货车	汽油	90	88
中型客车、货车、大型客车	汽油	97	95
	柴油	103	101
重型货车	$N \leq 147\text{kW}$	101	99
	$N > 147\text{kW}$	105	103

注：N——按生产厂家规定的额定功率（kW）。

现行的 GB 1495—2002《汽车加速行驶车外噪声限值及测量方法》如表2-4 所示，该标准规定了汽车加速行驶车外噪声限值及测量方法。国家环境保护总局

汽车加速行驶车外噪声限值 表 2-4

汽车分类		噪声限值/dB(A) 第一阶段 2002.10.1～2004.12.30 期间生产的汽车	噪声限值/dB(A) 第二阶段 2005.1.1 以后生产的汽车
M_1		77	74
M_2（$GVM \leq 3.5$t）或 N_1（$GVM \leq 3.5$t）	$GVM \leq 2$t	78	76
	$2\text{t} < GVM \leq 3.5$t	79	77
M_2（$3.5\text{t} < GVM \leq 5$t）或 M_3（$GVM > 5$t）	$P < 150$kW	82	80
	$P \geq 150$kW	85	83

续上表

汽车分类		噪声限值/dB(A)	
		第一阶段	第二阶段
		2002.10.1～2004.12.30期间生产的汽车	2005.1.1以后生产的汽车
N_2(3.5t＜*GVM*≤12t)或N_3(*GVM*＞12t)	*P*＜75kW	83	81
	75kW≤*P*≤150kW	86	83
	P≥150kW	88	84

注:①*GVM*——最大总质量(t);*P*——发动机额定功率(kW)。

②M_1、M_2(*GVM*≤3.5t)和N_1类汽车装用直喷式柴油机,其限值增加1dB(A)。

③对于越野汽车,其*GVM*＞2t时:如果*P*＜150kW,其限值增加1dB(A);如果*P*≥150kW,其限值增加2dB(A)。

④M_1类汽车,若其变速器前进挡多于4个,*P*＞140kW,*P/GVM*之比大于75kW/t,并且用第三挡测试时其尾端出线的速度大于61km/h,则其限值增加1dB(A)。

与国家质量监督检验检疫总局于2002年1月联合发布,第一阶段噪声限值,于2002年10月1日开始实施;第二阶段噪声限值,于2005年1月1日开始实施。标准要求所有已定型的新生产汽车和拟新定型的汽车应达到标准规定的限值。

二、汽车噪声测量技术

世界各主要汽车生产国汽车加速噪声测量方法大致可分为如下三种类型:

第一种直接采用国际标准ISO 362—1981,主要是以德法等欧共体大多数国家为代表,ISO 362实际上是一种定工况的测试噪声方法,对于各种车型均以发动机3/4额定转速或50km/h车速(取两者较小者)作为初始车速,测定全开节气门时汽车加速状态下的行驶噪声,由于受试车辆加速性能不同,测试结果并不一定反映该车辆加速工况中的最大噪声值。

第二种是以美国为代表的力求能测出汽车运行工况下最大噪声值,根据不同车型划分了一系列不同的测试方法,对测试场地、声级计位置均作了不同规定,对车辆的初始速度与驶离时速度均作了控制,并规定除加速工况测量方法外,当认为最大噪声值可能出现在减速工况时,还应进行减速工况测量。这种方法对场地和试验条件控制都十分严格。

第三种方法是以日本为代表的,该方法介于第一种与第二种之间,即通过改变车辆进入测量区域初始速度(或挡位)的方法,控制在测量区域末端被测车辆驶离时的发动机转速。所不同的是日本标准只规定了在车辆驶离时的发动机超过额定转速时应采取的措施,未对低于发动机额定转速作出限制。

我国现行 GB 1495—2002《汽车加速行驶车外噪声限值及测量方法》(其中限值前面已介绍),标准中的测量方法在技术内容上参照了联合国欧洲经济委员会法规 ECE Reg. No. 51/02(1997)和国际标准 ISO 362—1998 中的相应内容,下面就声级计的结构和噪声测量的一般方法进行简单的介绍。

(一) 声级计的构造

声级计是一种能够把工业噪声、生活噪声和车辆噪声等,按人耳听觉特性近似地测定其噪声级的仪器,其面板图如图 2-4 所示。噪声级是指用声级计测得的并经过听感修正的声压级(dB)或响度级(方)。

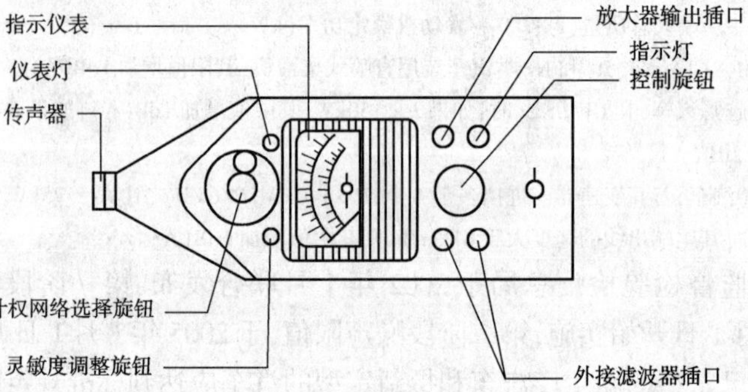

图 2-4　ND—2 型直流声级计示意图

根据声级计在标准条件下测量 1 000Hz 纯音所表现出的精度,20 世纪 60 年代国际上把声级计分为两类,一类叫精密声级计,一类叫普通声级计。我国也采用这种分法。20 世纪 70 年代以来有些国家推行四类分法,即分为 0 型、1 型、2 型和 3 型。它们的精度分别为 ±0.46dB、±0.76dB、±1.00dB 和 ±1.5dB。根据声级计所用电源的不同,还可将声级计分为交流式声级计和用干电池的电池式声级计两类。电池式声级计也称为便携式声级计,这种仪器体积小、重量轻、现场使用方便。声级计一般由传声器、前置放大器、衰减器、放大器、计权网络、检波器、指示表头和电源等组成。

1. 传声器

传声器是把声压信号转变为电压信号的装置,也称之为话筒,它是声级计的传感器。常见的传声器有晶体式、驻极体式、动圈式和电容式数种。

动圈式传声器由振动膜片、可动线圈、永久磁铁和变压器等组成。振动膜片受到声波压力以后开始振动,并带动着和它装在一起的可动线圈在磁场内振动以产生感应电流。该电流根据振动膜片受到声波压力的大小而变化。声压越大,产生的电流就越大,声压越小,产生的电流也越小。

电容式传声器主要由金属膜片和靠得很近的金属电极组成,它实质上是一个平板电容。金属膜片与金属电极构成了平板电容的两个极板,当膜片受到声压作用时,膜片便发生变形,使两个极板之间的距离发生了变化,于是改变了电容量,使测量电路中的电压也发生了变化,实现了将声压信号转变为电压信号的作用。

电容式传声器是声学测量中比较理想的传声器,具有动态范围大、频率响应平直、灵敏度高和在一般测量环境下稳定性好等优点,因而应用广泛。由于电容式传声器输出阻抗很高,因而需要通过前置放大器进行阻抗变换,前置放大器装在声级计内部靠近安装电容式传声器的部位。

2. 放大器和衰减器

目前流行的许多国产与进口的声级计,在放大线路中都采用两级放大器,即输入放大器和输出放大器,其作用是将微弱的电信号放大。输入衰减器和输出衰减器是用来改变输入信号的衰减量和输出信号衰减量的,以便使表头指针指在适当的位置,其每一挡的衰减量为10dB。输入放大器使用的衰减器调节范围为测量低端(如0~70dB),输出放大器使用的衰减器调节范围为测量高端(如70~120dB)。输入和输出两个衰减器的刻度盘常做成不同颜色,目前以黑色与透明配对为多。由于许多声级计的高低端以70dB为界限,故在旋转时要防止超过界限,以免损坏装置。

为防止输入给放大器的信号超过正常工作的动态范围,造成波形畸形太大,一般在放大器中安装过载指示灯。如果过载,要及时处理,以免测量误差太大。如果输入放大器的过载指示灯单独闪亮,这是提示要改变衰减器量程,如果输出放大器的过载指示灯单独闪亮,这是提示测量不准确,而且示值小于真实值。这样的测量结果应在读数中加以注明。

3. 计权网络

为了模拟人耳听觉在不同频率有不同的灵敏性,在声级计内设有一种能够模拟人耳的听觉特性,把电信号修正为与听感近似值的网络,这种网络叫做计权网络。通过计权网络测得的声压级,已不再是客观物理量的声压级(叫线性声压级),而是经过听感修正的声压级,叫做计权声级或噪声级。

计权网络一般有A、B、C三种。A计权声级是模拟人耳对55dB以下低强度噪声的频率特性,B计权声级是模拟55~85dB的中等强度噪声的频率特性,C计权声级是模拟高强度噪声的频率特性。三者的主要差别是对噪声低频成分的衰减程度,A衰减最多,B次之,C最少。A计权声级由于其特性曲线接近于人耳的听感特性,因此是目前世界上噪声测量中应用最广泛的一种,B、C已逐渐不用。

从声级计上得出的噪声级读数,必须注明测量条件,如单位为dB,且使用的是 A 计权网络,则应记为 dB(A)。

4. 检波器和指示表头

为了使经过放大的信号通过表头显示出来,声级计还需要有检波器,以便把迅速变化的电压信号转变成变化较慢的直流电压信号。这个直流电压的大小要正比于输入信号的大小。

根据测量的需要,检波器有峰值检波器、平均值检波器和均方根值检波器之分。峰值检波器能给出一定时间间隔中的最大值,平均值检波器能在一定时间间隔中测量其绝对平均值。除了像枪炮声那样的脉冲声需要测量它的峰值外,在多数的噪声测量中均是采用均方根值检波器。

均方根值检波器能对交流信号进行平方、平均和开方,得出电压的均方根值,最后将均方根电压信号输送到指示表头。指示表头是一只电表,只要对其刻度进行一定的标定,就可从表头上直读出噪声级的 dB 值。声级计表头阻尼一般都有“快”和“慢”两个挡。“快”挡的平均时间为 0.27s,很接近于人耳听觉器官的生理平均时间;“慢”挡的平均时间为 1.05s。当对稳态噪声进行测量或需要记录声级变化过程时,使用“快”挡比较合适,在被测噪声的波动比较大时,使用“慢”挡比较合适。

为适应测量现场的需要,声级计一般都备有三脚支架,以便视需要将声级计固定在三脚支架上。

声级计面板上一般还备有一些插孔。这些插孔如果与便携式倍频带滤波器相连,可组成小型现场使用的简易频谱分析系统,如果与录音机组合,则可把现场噪声录制在磁带上储存下来,以便待以后再进行更详细的研究,如果与示波器组合,则可观察到声压变化的波形,并可用照相机将波形拍照下来,还可以把分析仪、记录仪等仪器与声级计组合、配套使用,这要根据测试条件和测试要求而定。

(二) 汽车噪声的检测方法

国家标准 GB 1496—2002《汽车加速行驶车外噪声限值及测量方法》,适用于 M 和 N 汽车车外噪声测量。标准对测量用的声级计、发动机转速表,声级计误差都做了相应的规定,并要求在测量前后,仪器应按规定进行校准。

1. 仪器的检查和校准

① 仪表校零。在未接通电源时,先检查仪表指针是否在机械零点上,若不在零点,可用零点调整螺钉使指针与零点重合。

② 检查电池容量。把声级计功能开关对准“电池”,衰减器任意,此时电表指针应达到额定红线,否则读数不准,打开后盖便可更换电池。

③ 预热仪器。打开电源开关,预热仪器 10min。

④ 对仪器进行校准。每次测量前或使用一段时间后，必须对仪器的电路和传声器进行校准。声级计上一般都配有电路校准的“参考”位置，可校验放大器的工作是否正常。如不正常，应调节微调电位器。电路校准后，再利用已知灵敏度的标准传声器对声级计上的传声器选行对比校准。常用的标准传声器有声级校准器和活塞式发声器，它们的内部都有一个可发出恒定频率、恒定声级的机械装置，因而很容易对比出被检传声器的灵敏度。声级校准器产生的声压级为 94dB，频率为 1 000Hz；活塞式发声器产生的声压级为 124dB，频率为 250Hz。

⑤ 将声级计的功能开关对准“线性”、“快”挡，由于一般办公室内的环境噪声为 40～60dB，因此声级计上应有相应的示值。变换衰减器刻度盘，表头示值应相应变化 10dB 左右。

⑥ 检查计权网络。按以上步骤，将“线性”位置依次变为“C”、“B”、“A”。由于室内环境噪声多为低频成分，故经频率计权后的噪声级示值将低于线性值，而且应依次递减。

⑦ 考查“快”、“慢”挡。将衰减器刻度盘调至高 dB 值处（例如：90dB），操作人员发声，并注意观察“快”挡时的指针摆动能否跟上发音速度，“慢”挡时的指针摆动是否明显迟缓。这是“快”、“慢”两挡所要求的表头阻尼程度的基本特征。

⑧经过上述检查和校准后，声级计便可投入使用。在不知道被测声级多大时，必须把衰减器刻度盘预先放在最大衰减位置（即 120dB），然后在实测中再逐步旋至被测声级所需要的衰减挡。

2. 车外噪声测量方法

（1）测量条件

① 测量场地应平坦而空旷，在测试中心以 50m 为半径的范围内，不应有大的反射物，如建筑物、围墙等，半球面上各方面的声级偏差不超过 ±1dB。

② 测试场地跑道应有 20m 以上的平直、干燥的沥青路面或混凝土路面，路面坡度不超过 0.5%。

③ 为避免风噪声干扰，可采用防风罩，但应注意防风罩对声级计灵敏度的影响，测量时传声器高度的风速不应超过 5m/s。

④ 声级计附近除测量者外，不应有其他人员，如不可缺少时，则必须在测量者背后。测量人员的身体离声级计也应尽量远些，以免影响测量的准确性。

⑤ 被测车辆不载重。测量时发动机应处于正常使用温度。车辆带有其他辅助设备亦是噪声源，测量时是否开动，应按正常使用情况而定。

（2）测量场地及测点位置

测量场地示意图如图2-5所示。声级计传声器位于20m跑道中心点O两侧,各距中线7.5m,距地面高度1.2m,用三角架固定。传声器平行于路面,其轴线垂直于车辆行驶方向。

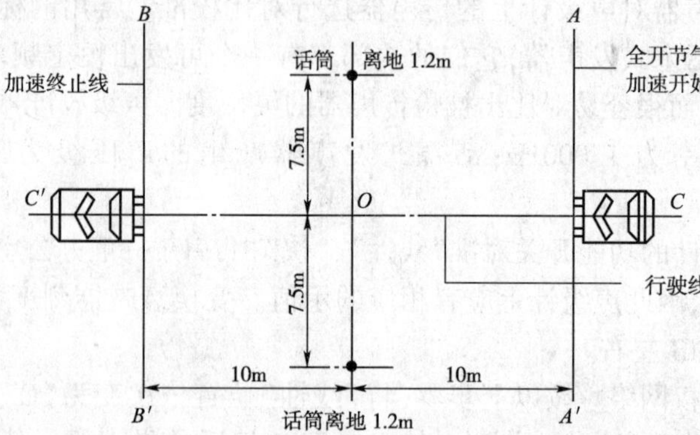

图2-5　噪声测量场地示意图

(3) 加速行驶车外噪声测量方法

① 车辆须按下列规定条件稳定地到达始端线。行驶挡位:前进挡位为四挡以上的车辆用第三挡,前进挡位为四挡或四挡以下的用第二挡。发动机转速为其标定转速的3/4。如果此时车速超过了50km/h,那么车辆应以50km/h的车速稳定地到达始端线。对于自动换挡的车辆,使用在试验区间加速最快的挡位。辅助变速装置不应使用。在无转速表时,可以控制车速进入测量区:以所定挡位相当于3/4标定转速的车速稳定地到达始端线。

② 从车辆前端到达始端线开始,立即将加速踏板踩到底或节气门全开,直线加速行驶,当车辆后端到达终端线时,立即停止加速,车辆后端不包括拖车以及和拖车联结的部分。本测量要求被测车辆在后半区域发动机达到标定转速。如果车辆达不到这个要求,可延长OC距离为15m。如仍达不到这个要求,车辆使用挡位要降低一挡。如果车辆在后半区域超过标定转速,可适当降低到达始端线的转速。

③ 声级计用"A"计权网络、"快"挡进行测量,读取车辆驶过时的声级计表头最大读数。

④ 同样的测量往返进行1次。车辆同侧2次测量结果之差,不应大于2dB,并把测量结果记入规定的表格中。取每侧2次声级的平均位中最大值作为被测车辆的最大噪声级。若只用一个声级计测量,同样的测量应进行4次,即每侧测量2次。

(4) 匀速行驶车外噪声测量方法

① 车辆用常用挡位，加速踏板保持稳定，以 50km/h 的车速匀速通过测量区域。

② 声级计用"A"计权网络、"快"挡进行测量，读取车辆驶过时声级计表头的最大读数。

③ 同样的测量往返进行 1 次，车辆同侧两次测量结果之差，不应大于 2dB，并把测量结果记入规定的表格中。若只用一个声级计测量，同样的测量应进行 4 次，均每侧测量 2 次。

3. 车内噪声测量方法

(1) 车内噪声测量条件

① 测量跑道应有足够试验需要的长度，应是平直、干燥的沥青路面或混凝土路面。

② 测量时风速(指相对于地面)应不大于 3m/s。

③ 测量时车辆门窗应关闭。车内带有的其他辅助设备是噪声源，测量时是否开动，应按正常使用情况而定。

④ 车内本底噪声比所测车内噪声至少低 10dB，并保证测量不被偶然的其他声源所干扰。

⑤ 车内除驾驶员和测量人员外，不应有其他人员。

(2) 车内噪声测点位置

① 车内噪声测量通常在人耳附近布置测点，传声器朝车辆前进方向。

② 驾驶室车内噪声测点位置如图 2-6 所示。

③ 载客车室内噪声测点可选在车厢中部及最后排座的中间位置。

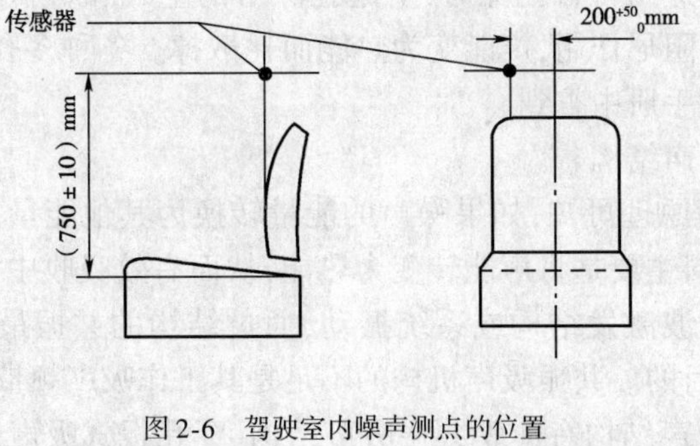

图 2-6　驾驶室内噪声测点的位置

(3) 测量方法

① 车辆以常用挡位、50km/h 以上不同车速匀速行驶，分别进行测量。

② 用声级计"慢"挡测量 A、C 计权声级，分别读取表头指针最大读数的平均值，测量结果记于规定的表格中。

③ 做车内噪声频谱分析时，应包括中心频率为 31.5Hz、63Hz、125Hz、250Hz、500Hz、1 000Hz、2 000Hz、4 000Hz、8 000Hz 的倍频带。

课题三 汽车噪声控制技术

一、噪声控制技术概述

目前噪声控制的方法可以分为被动控制和主动控制。所谓被动控制是指噪声控制过程中除噪声源外没有其他外加能量输入的控制方法。传统的吸声、隔声、消声及隔振等均属噪声被动控制。如果在噪声控制过程中，在噪声源以外，人为加入能量（次级声源或次级力源等）来控制噪声的方法称为噪声主动控制。例如：在噪声声场中加入另外一个或几个声源（这些声源称次级声源，来抵消噪声；或者用一个或几个力源（这些力源称次级力源）来抑制结构振动降低声辐射的方法都属主动控制范畴。

被动控制技术通常有以下几种类型。

1. 吸声降噪

吸声降噪技术通常分成两类：多孔吸声材料和吸声结构。

(1) 多孔吸声材料

吸声材料是指能够把入射在其上的声能大量吸收的材料。噪声控制工程中常用的吸声材料都是多孔材料，如矿渣棉、石棉、玻璃棉、毛毡、木丝板等，这些材料表面富有细孔，孔和孔之间互相联通，并深入到材料内层，声波容易顺利地透入。当声波进入材料孔隙时，引起孔隙中的空气和材料的细小纤维波动，由于摩擦和黏滞阻尼作用，声能变为热能而耗散掉。各种多孔吸声材料的吸声系数可以在相关手册中查到。

(2) 共振吸声结构

从能量平衡原理可知，如果噪声的能量转换为其他能量，能起到降低噪声的效果，吸声材料主要是将声能转变为热能，从而有效吸收中、高频声音。共振吸声结构利用声波激发结构或系统振动，通过结构的共振最大限度地吸收声能，达到吸声的目的。共振吸声机构的不足是其工作吸声频带较窄。

常见共振吸声结构有薄膜共振吸声结构、穿孔板式吸声机构、微穿孔板吸声结构等。

2. 隔声结构

隔声是噪声控制中的重要方法之一。所谓隔声是指在噪声传播的途径上设置障碍以阻止声波的传播。隔声法常用的隔声装置有隔声罩、隔声室和隔声屏等。常用基本隔声结构有单层壁和双层壁两种。

(1) 单层壁的隔声

最简单的隔声结构是单层均质壁，如钢板、铅板、砖墙、钢筋混凝土墙等。

(2) 双层隔声结构

由单层隔声机构的隔声质量定律可见，单位面积重量增加1倍，隔声量仅增加6dB。但仅仅依靠增加墙的厚度来提高隔声量是不经济的。如果把单层墙一分为二，采用双层壁，虽然重量一样但隔声效果更好。

双层壁之所以能提高隔声性能，是因为当声波激发起第一层壁振动时，这种振动先传给空气层，再传给第二层壁，然后再向另一侧辐射声能。由于空气层的弹性变形具有缓冲减振作用，使得传给第二层壁的振动大为减弱，从而提高了总的隔声量。

3. 消声器

消声器是一种允许气流通过，阻止噪声或降低噪声的特殊装置，它被广泛应用于噪声控制工程中，例如：汽车发动机总成安装有消声器。消声器的种类很多，这里主要介绍阻性消声器和抗性消声器，多数的其他类型的消声器都是在这两类的基础上发展起来的。

(1) 阻性消声器

阻性消声器是将吸声材料安装在气流通道内，当噪声沿消声器管道传播时，声波由于摩擦和黏滞作用，将部分声能转变为热能耗散掉，从而达到消声的目的。由于吸声材料的作用类似电路中的电阻，故称为阻性消声器。一般吸声材料的吸声特性在中、高频表现好，所以这类消声器的中、高频消声性能较好。

阻性消声器的结构形式多样，如图2-7所示是常见的一些形式。

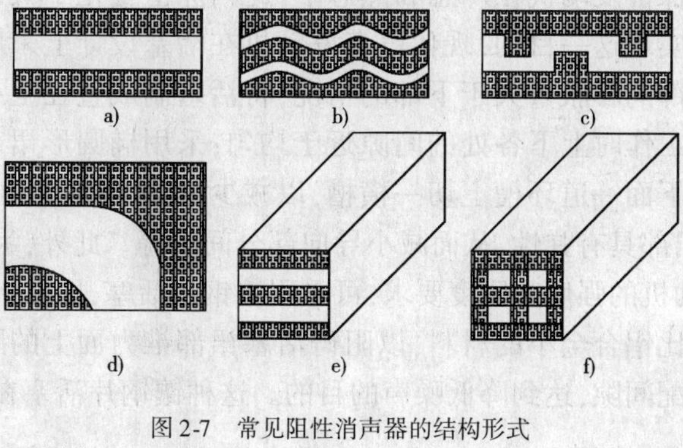

图2-7 常见阻性消声器的结构形式

(2) 抗性消声器

抗性消声器主要利用截面突变造成声传播通道的阻抗失配，产生声能的反射，从而达到消声目的。这类消声器一般是全金属结构，其构造简单、耐高温、耐腐蚀、耐气流冲击、不会被废气中的炭灰微粒堵塞、成本低而且寿命长。但单纯抗性消声器的选择性强，适用于中、低频噪声控制。

如图 2-8 所示是几种常见的抗性消声器结构。

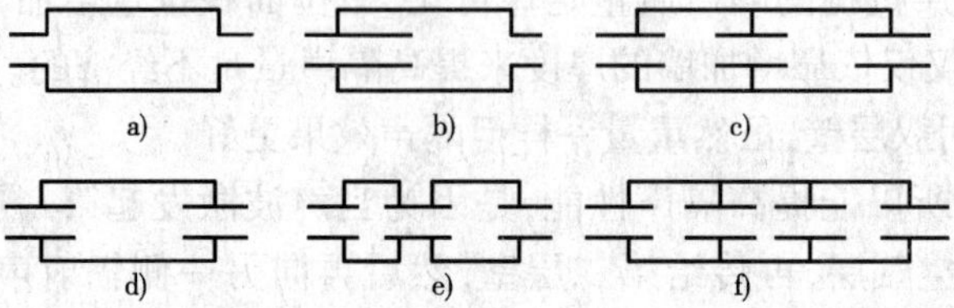

图 2-8　几种常见的抗性消声器结构形式

二、发动机噪声控制方法

发动机噪声控制技术较为复杂，本书以活塞敲击噪声、配气机构噪声、燃烧噪声和发动机空气噪声四个方面介绍噪声控制方法。

1. 活塞敲击噪声控制

影响活塞敲缸声的因素有活塞与汽缸壁之间的间隙、活塞销孔的偏移、活塞的高度、活塞环在活塞上的位置以及汽缸润滑条件、发动机转速和汽缸直径等。实验表明，活塞与汽缸壁之间的间隙增大 1 倍时，其噪声可增加 3～4dB。

(1) 减小活塞与汽缸壁之间的间隙

在满足使用和装配的前提下，尽量减小活塞与汽缸壁之间间隙可以减小甚至消除活塞横向运动的位移量，从而减轻或避免活塞对缸壁的冲击，达到降噪的目的。若能保证发动机在冷态和热态下，此间隙值变化不大，将会使降噪效果更佳。为了实现这一目的，现代汽车发动机在活塞设计上采取了一些措施，如针对活塞上部的膨胀量大于下部的情况，将活塞制成直径上小下大的锥形，使其在汽缸中工作时上下各处的间隙近于均匀；采用椭圆形裙部；在汽油机的铝合金活塞最下面一道环槽上切一横槽，以减少从头部到裙部的传热；在裙部车纵向槽，使裙部具有弹性，从而减小导向部分间隙等。此外，为了适应高压缩比、高转速发动机的强度和刚度要求，可采用镶钢片活塞，即在铝合金活塞中镶入热膨胀系数比铝合金小的材料，以阻碍活塞裙部推力面上的膨胀，从而减小活塞裙部的装配间隙，达到降低噪声的目的。这种镶钢片活塞在汽油机和柴油机上都有采用。

(2) 活塞销孔向主推力面偏移

活塞销孔向主推力面偏移，使活塞的换向提前到压缩终止前，同时可以使活塞换向的横向运动方式由原来的整体横移冲击变为平滑过渡,可起到显著的降噪作用。现代汽车上普遍采用这种降噪措施。但应注意偏移量大小的控制,过大的偏移量,会增大活塞承受尖角负荷的时间,引起汽缸早期磨损,损失有效功率。

(3) 加大活塞裙部长度

在可能的情况下适当加大活塞裙部长度,增大支承面。

(4) 增加活塞表面的振动阻尼

增加活塞表面的振动阻尼,采用底油环或裙部表面覆盖一层可塑性材料,增加振动阻尼,缓冲或吸收活塞敲击的能量,也可明显降低活塞敲缸声。如在活塞裙部表面涂一层聚四氟乙烯,然后再外加一层厚度为0.2mm的铬氧化物。

2. 配气机构噪声控制

影响配气机构噪声的主要因素有凸轮型线、气门间隙和配气机构的刚度等,因此控制噪声应从以下几方面着手:

(1) 减小气门间隙

发动机低速运转时,气门传动链的弹性变形小,配气机构噪声主要来源于气门开、闭时的撞击。减小气门间隙可减小因间隙存在而产生的撞击,从而减小噪声。采用液力挺杆,可以从根本上消除气门间隙,从而消除传动中的撞击,并可有效地控制气门落座速度,因而可使配气机构的噪声显著降低。

(2) 提高凸轮加工精度和减小表面粗糙度

(3) 减轻驱动元件质量

在相同发动机运转速度下,减轻配气机构驱动元件质量即减小了惯性力,从而降低配气机构所激发的振动和噪声。缩短推杆长度是减轻机构质量并提高刚度的一项有效措施。在高速发动机上,应尽量把凸轮轴移近气门,甚至取消推杆,构成所谓顶置式凸轮轴,这对减小噪声改善发动机动力特性是有利的。

(4) 选用性能优良的凸轮型线

设计凸轮型线时,除保证气门最大升程、气门运动规律和最佳配气正时外,采用几次谐波凸轮,降低挺杆在凸轮型线缓冲段范围内的运动速度,从而减小气门在始升或落座时的速度,降低因撞击而产生的噪声。

3. 燃烧噪声控制

汽油机控制燃烧噪声主要是通过根据压缩比选择合适牌号的燃油;适当推迟点火提前角;及时清除燃烧室积炭来抑制爆燃和表面点火现象的产生,即可抑制噪声。

控制柴油机燃烧噪声的根本措施是降低燃烧时的压力增长率。由于压力增长率取决于着火延迟期和着火延迟期内形成的可燃混合气的数量和质量,因此可以通过选用十六烷值高的燃料，合理组织喷射和选用低噪燃烧室实现。具体措施如下：

(1) 适当延迟喷油定时

由于汽缸内压缩温度和压力是随曲轴转角变化的，喷油时间的早晚对于着火延迟期长短的影响通过压缩压力和温度而起作用。如果喷油早，则燃料进入汽缸时的空气温度和压力低，着火延迟期变长；反之，适当推迟喷油时间可使着火延迟期缩短，燃烧噪声减小。但喷油过迟，燃料进入汽缸时的空气温度和压力反而变低，从而又使着火延迟期延长，燃烧噪声增大。如单从降低噪声的角度来讲，希望适当推迟喷油时间，即减小喷油提前角，但喷油正时延迟将影响柴油机的动力性和经济性。

(2) 改进燃烧室结构形状

燃烧室的结构形状与混合气的形成和燃烧有密切关系，不但直接影响柴油机的性能，而且影响着火延迟期、压力升高率，从而影响燃烧噪声。根据混合气的形成及燃烧室结构的特点，柴油机的燃烧室可分为直喷式和预燃式两大类。

在其他条件相同的情况下，直喷式燃烧室中的球形和斜置圆桶形燃烧室的燃烧噪声最低，预燃式燃烧室的燃烧噪声一般也较低；但 ω 形直喷式燃烧室和浅盆形直喷式燃烧室的燃烧噪声最大。试验表明，若用球形燃烧室代替 ω 形燃烧室，可使柴油机的总噪声降低 3 ~ 6dB。

(3) 提高废气再循环率和进气节流

提高废气再循环率就可减小燃烧率，使发动机获得平稳的运转，因此，对降低燃烧噪声有明显的作用。而进气节流可使汽缸内的压力降低和着火时间推迟，故进气节流不但能降低噪声，同时对减少柴油机所特有的角速度波动和横向摆振也很有作用。

(4) 采用增压技术

增压后进入汽缸的空气密度增加，从而使压缩终止时汽缸内的温度和压力增高，改善了混合气的着火条件，使着火延迟期缩短。增压压力越高，着火延迟期越短，使压力升高率越小，从而可降低燃烧噪声。大量试验证明，增压可使直喷式柴油机燃烧噪声降低 2 ~ 3dB。

(5) 提高压缩比

提高压缩比可以提高压缩终止的温度和压力，使燃烧着火的物理、化学准备阶段得以改善，从而缩短着火延迟期，降低压力升高率，使燃烧噪声降低。但压缩比增大使汽缸内压力增加，导致活塞敲击声增大，因此，提高压缩比不会使发动机的总噪声有很大降低。

(6) 改善燃油品质

燃油品质不同,其燃油喷入燃烧室后所进行着火前的物理、化学准备过程就不同,从而导致着火延迟时间不同。十六烷值高的燃料着火延迟期较短,压力升高率低,燃烧过程柔和。因此,为了降低燃烧噪声,应选用十六烷值较高的燃油。

降低燃烧噪声,除采取上述措施改进燃烧过程外,还应在燃烧激发力的辐射和传播途径上采取措施,增强发动机结构对燃烧噪声的衰减,尤其是对中、高频成分的衰减。措施有:提高机体及缸套的刚性,采用隔振隔声措施,减少活塞、曲柄连杆结构各部分的间隙,增加油膜厚度,在保持功率不变的条件下采用较小的汽缸直径,增加缸数或采用较大的 S/D 值,改变薄壁零件(如油底壳等)的材料和附加阻尼等。

4. 空气噪声控制

(1) 进气噪声控制

进气噪声的大小与进气方式、进气门结构、缸径及凸轮线型设计等有关。同一台发动机进气噪声受发动机转速影响较大。

控制进气噪声,一方面应设计合适的空气滤清器,在允许的情况下,尽量加大空气滤清器的长度或断面,以增大容积,并保持空气滤清器清洁;另一方面在进气系统设置进气消声器。为了满足进气和滤清的要求以及降低噪声,通常将进气消声器和空气滤清器设计结合起来考虑。对于噪声指标要求较严的客车,往往需要另加进气消声器。非增压柴油机的进气消声器可采用抗性扩张室或共振式消声器,也可采用阻抗复合式消声器。对于涡轮增压柴油机的进气噪声,因其含有明显的高频特性,所以应选阻性消声器或阻抗复合式消声器。

(2) 排气噪声控制

对发动机排气噪声的控制,也可以从以下两个方面采取措施:

① 一方面可以对噪声源采取措施,这需要从排气噪声的发生机理分析入手,采取相应对策。在不降低发动机性能、不对排气系统作大改动情况下,改进排气歧管的布置,使吹过管口的气流方向与管的轴线方向夹角保持在最不易发生共振的角度范围内;合理设计各歧管的长度,使管的声共振频率错开;使各排气歧管管口及各管之间连接处都有较大的过渡圆角,减小断面突变,避免管口的尖锐边缘,以减弱声共振作用;降低排气门杆、气门、歧管和排气管内壁面的表面粗糙度,以减小紊流附面层中的涡流强度;在保证排气门刚度和强度的条件下,尽可能减小排气门杆直径等。

② 另一方面的措施是采用排气消声器和减小由排气歧管传来的结构振动。排气消声器是普遍采用的最有效的降噪措施。为了控制排气歧管传递的结构振动,可改进排气歧管结构以获得适宜的振动传递特性,或对排气歧管采取隔

振措施，均可起到控制振动、降低噪声的目的。

实用的汽车排气消声器一般为多个扩张腔用穿孔管和穿孔板连接而成的多级消声器，级数越多消声量越大，且高频消声效果就越好。但消声量并不随级数增加而按比例增加，5 级以上时，再增加级数消声量增加就微小了，故一般消声器的级数都在 2～5 级内选取。例如：大型汽车消声器多选 2～4 级，内部结构采用扩张和穿孔结构相结合；中型货车消声器基本上是 3～4 级，内部结构比较复杂，有穿孔管结构、旁支共振腔结构和扩张腔结构等；轻型汽车消声器则基本上采用 4 级或 5 级，其内部结构更加复杂。

如图 2-9 所示是几种扩张式汽车排气消声器结构示意图。其消声原理主要表现在两个方面：一是利用管道的截面突变引起声阻抗变化，使沿管道传播的声波朝声源方向反射回去；二是通过改变扩张室和内接管长度，使前进的声波与管子不同界面上的反射波之间的相位相差 180°，发生干涉而相互抵消，从而达到消声的目的。

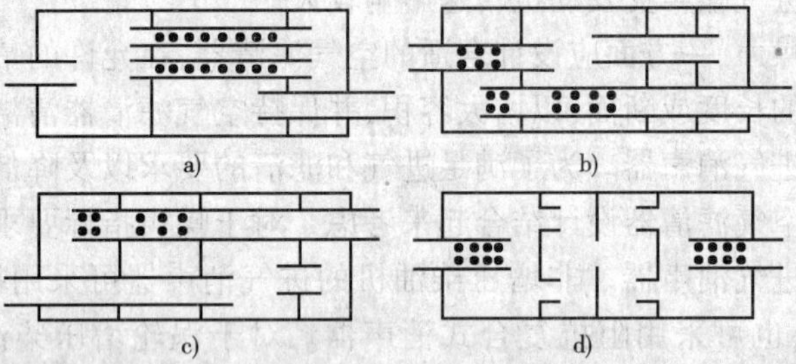

图 2-9　扩张式汽车排气消声器结构

a）黄河牌大型汽车；b）NISSAN 汽车；c）CA1091 汽车；d）跃进轻型越野汽车

（3）风扇噪声控制

控制风扇噪声可以从以下几方面着手：

① 适当选择风扇与散热器之间的距离。实验表明，汽车风扇与散热器之间的最佳距离为 100～200mm，这样既能很好地发挥风扇的冷却能力，又能使噪声最小。

② 改进叶片形状。因为风扇叶片附近涡流的强度与叶片形状有密切关系，故可改进叶片形状，使之有较好的流线型和合适的弯曲角度，从而降低涡流强度，达到控制噪声的目的。

③ 选择合适的叶片材料。试验表明，叶片材料对其噪声也有一定的影响。铸铝叶片比冲压钢板叶片的噪声小，有机合成材料（如玻璃钢、高强度尼龙等）叶片比金属叶片噪声小。

④ 装风扇离合器。汽车行驶过程中风扇必须工作的时间一般不到10%，因此装风扇离合器使风扇仅在必要的时间工作。这不仅可以减少发动机功率损耗和使发动机经常处在适宜的温度下工作，还可起到降低噪声的作用。

⑤ 合适的叶片角度。叶片非均匀分布，如四叶片风扇的叶片间夹角布置为70°和110°，可有效降低风扇噪声频谱中那些突出的线状频率尖峰，使噪声频谱变得较为平坦，从而起到降噪作用。

三、底盘噪声控制方法

底盘噪声主要来源于传动系和轮胎，而传动系噪声主要来源于齿轮和传动轴。

1. 齿轮噪声的控制

影响齿轮噪声的因素主要有齿轮的设计参数（如结构、材料、啮合率、压力角、模数、齿形修正和与之相配的轴与轴承等），齿轮加工精度（如各种加工误差、表面质量和热处理等），装配精度（如齿隙、接触面大小、位置和装配力矩等）及使用条件（如转速、负荷、润滑及工作条件等）。控制齿轮噪声措施如下：

（1）合理选择齿轮结构形式和改进齿轮修正设计

对于圆柱齿轮，按噪声大小排列顺序为：直齿、斜齿、人字形齿；对于锥齿轮按噪声大小排列顺序为：直齿、螺旋齿、双曲线齿。从控制齿轮噪声角度出发，宜优选低噪声齿轮结构。

选择齿轮参数时，增加重叠系数，减小齿轮间的相对滑移和冲击，使齿轮工作过程平稳。因此，首先要选择大重叠系数的啮合副，但应注意重叠系数不宜过大，尤其是在齿轮精度不高的场合，因为多对齿轮同时啮合反而会加剧振动，增大噪声。啮合副形式一定时，增大齿轮模数、减小齿轮压力角，也可以使重叠系数增加，从而降低齿轮噪声。其次选择齿宽的大小要适当，以保证齿隙大小合适。齿隙过大，齿轮工作时有较大冲击；而齿隙过小，轮齿啮合时排气速度增加，齿轮间容易发生干涉，都将使齿轮噪声水平上升。

齿轮转速加倍，噪声增加约7dB。因此，齿轮设计时应注意限制其工作转速，以防齿轮噪声过大。

（2）改进工艺，提高加工精度

提高齿轮制造精度，降低各种误差和轮齿表面的粗糙度，均可以有效地降低齿轮噪声。国外对齿轮研究表明，齿轮制造精度等级提高一级，传动噪声可降低7～10dB。采用磨齿、研齿和剃齿均可达到较高加工精度，有效降低噪声。齿形修缘可以改善轮齿的受力情况，也是降低噪声的有效措施。

（3）正确安装合理使用

安装齿轮时，必须满足精度要求，使两啮合齿轮的轴心线平行度限制在允许范围内，各部位的间隙应适当调整。在齿轮使用时，要正确选用润滑剂，保持齿轮合适的润滑状态，以减小齿间摩擦，吸收振动能量，降低工作噪声。

(4) 齿轮阻尼减振措施

在齿轮基体上加装合适的阻尼减振材料，能有效抑制齿轮振动幅度，阻止其向外辐射噪声。实际中常采取的阻尼减振措施为：在齿轮轮缘处压入摩擦系数较大的材料制成的环(如铸铁环等)，在轮辐上加装橡胶垫圈(如聚硫橡胶圈)；在轮辐等噪声辐射的主要表面涂敷含铅量高的巴氏合金等阻尼材料。

2. 传动轴噪声控制

传动轴噪声控制措施主要有：

① 提高传动轴刚度，保证传动轴动平衡。由于传动轴振动主要是其质量不平衡和弹性弯曲所致，因此控制传动轴噪声时，首先应考虑提高传动轴刚度和动平衡，以减轻振动。因此使用中应经常进行传动轴平衡校正，因为花键、十字轴磨损、传动轴变形或装合差错均会引起传动轴的不平衡。

② 消除不等速万向节带来的传动轴转矩和转速的波动，减小传动轴工作时的振动。控制万向节最大允许夹角在5°以内，最好选用等速万向节。

③ 传动轴中间支承对其振动和噪声也有较大影响，特别支承座与吊耳间的隔振措施。在支承座与吊耳间加装隔振橡胶衬套，可以阻尼传动轴振动通过中间轴承向车身的传播。

④ 汽车使用中，应注意保持对传动轴各润滑点的正常润滑，避免因磨损而使间隙增大。修理汽车时应对传动轴重新进行平衡，消除万向节径向间隙，可采用滚针轴承端部具有弹性的万向节，以便给十字轴以适当的预紧力。

3. 轮胎噪声控制

影响轮胎噪声的因素很多，对此系统的控制措施主要有以下几个方面：

① 改进轮胎结构。降低轮胎花纹接地宽度与轮胎直径的比值，采用变节距轮胎等，对降低高速行驶车辆的轮胎噪声效果相当明显。

② 合理选择使用轮胎。根据汽车使用地区和使用条件的不同，合理选择轮胎结构与花纹形式。在满足使用要求的条件下，应优先选用子午线轮胎和纵向花纹或接近于纵向花纹的轮胎。以东风 EQ1090 汽车为例，在平原条件下使用条形花纹子午线轮胎，轮胎噪声可降低 2 ~ 8dB。

③ 控制轮胎噪声的传播途径。在轮胎与车身的连接之间加装弹性阻尼隔振装置，以衰减轮胎振动向车身的传递，可以达到间接控制噪声的目的。

④ 在汽车行驶中，适时调整轮胎气压，控制行驶速度和加速度，均可降低轮胎噪声。

⑤ 改善道路质量,减少弯道和坡道。合适的路面粗糙度也可起到控制轮胎噪声的目的。路面粗糙度以 0.5mm(平均纹高)为宜,在此基础上,若粗糙度每增加 1 倍,噪声将增加 6dB;粗糙度每减小 1 倍,噪声减少 2.5 ~3dB。

课题四　道路交通振动污染

一、振动的概念

汽车是一种复杂的机器,虽然它在结构形式、工作状态方面有其特殊性,但在做动态力学性能分析时,仍将其看成一个振动系统。所谓振动系统,是对一般机器或系统结构的一类抽象数学模型,当研究的目的是关于这个系统的振动性能时,所抽象的系统模型,就称为振动系统。

同一切动力学系统一样,振动系统也有复杂和简单之分。而被抽象出的振动系统复杂与否主要是由研究问题的目的决定。一个构成相对复杂的机器系统,比如汽车,如果研究的目的只要求考虑其质心垂直方向的运动,则可将该汽车简化成相对简单的振动系统,如将整车质量假想集中于质心上则可将其简化为单自由度系统;一个看似简单的汽车上某梁状或板状零件,根据研究的目的要求,也可将其抽象为相对更加复杂的多自由度系统甚至连续系统。

振动又分为自由振动和强迫振动。

自由振动是指某振动系统受到某种初始外界激励后,并在所定义的时间零点开始后不再受外界激励的情况下,系统表达的运动。

强迫振动是指系统有外部激励期间所表现的振动,外界激励可以是作用在质量块上的力,也可以是系统支承的运动。

二、道路交通振动的特征

道路交通振动是指道路上行驶着的汽车的冲击力作用在路基上,通过地基传播致使沿线地基和建筑物的振动,可视其为随机振动,也就是说,道路振动是由于路面凸凹不平等原因,汽车的冲击负荷作用于地面而产生,同时也在地基中衰减、传播。不过偶尔发生因车辆行驶引起的高架建筑物等振动,产生使人耳难以听到的低周期空气振动,成为新的振动公害。

路面越不平坦,车辆质量越大,车速越高,载货汽车的交通量越多,地基越软弱,路端的振动级越高。

道路交通振动用日本工业标准(JIS)C1510 规定的振计测定的振动级表示。振动级 *VL* 用国际标准化组织 ISO 提案的人体垂直振动的振动暴露标准的概念，如式(2-1)所示。其单位为分贝(dB)。

$$VL = 20\lg \frac{A}{A_0} \tag{2-1}$$

式中：A——实际加速度值，m/s^2；

A_0——标准值，且假定振动频率为f时，

$$A_0 = 2 \times 10^{-5} f \quad (1 < f \leqslant 4)$$

$$A_0 = 10^{-5} \quad (4 < f \leqslant 8)$$

$$A_0 = 0.125 \times 10^{-5} f \quad (8 < f \leqslant 90)$$

因为道路交通振动不规则，且大幅度变动，所以通常用振动级数80%位振动峰值L_{10}等表示。

道路交通振动主要是通过支撑面传递的，对人体的危害主要是：降低舒适性、增加疲劳感、降低人的工作效率；同时对人体健康也有较大危害，会引起心血管方面的疾病，使人的身体素质降低。

三、道路交通振动的预测

道路交通振动由于以下原因，很难建立出一般性的预测关系式。

① 振动结构复杂、原因多种多样。

② 产生振动的条件不明确。

③ 地基的动态状况及地基和建筑物之间的动态相互作用性还未得到明确解决。

④ 天然土基多样且不均衡。

⑤ 受振点建筑物多样，且有共振性。

⑥ 由于个人生理和心理上的差别及噪声共同作用，难于设定客观的评价值。

这里介绍的是日本建设省《道路事业环境影响评价技术指南》中的预测关系式，如式(2-2)所示。

$$L_{10} = a\lg(\lg Q^*) + b\lg v + c\lg M + d + a_\sigma + a_\gamma + a_s + a_\tau \tag{2-2}$$

式中：L_{10}——振动级的80%幅度峰值的预测值，dB；

Q^*——换算交通量$=500/3\,600 \cdot 1/M/(Q_1 + 12Q_2)$；

Q_1——轻型汽车小时交通量，辆/h；

Q_2——载货汽车小时交通量，辆/h；

v——平均行驶速度，km/h；

M——上下行车道合计车辆数；

a_σ——路面平整度修正值,dB;

a_γ——地基振动频率修正值,dB;

a_s——道路结构修正值,dB;

a_τ——距离衰减值,dB;

a,b,c,d——常数。

四、道路交通振动的防治措施

减轻道路交通振动的措施,通常是从振动源、传播途径以及车体结构、设备等方面采取综合对策。

首先,因道路交通振动比噪声的衰减距离大,故认为传播线路的改良措施的有效性要相对高些。作为道路振动改良,具体的有路面的平整度改良、路面结构改善、路基结构以及地基基础改良和制定交通规则、设置环境设施带、防护沟、防护壁等。

其次,在车辆方面,在车上安装减振设施,减轻车身振动向路面辐射。

再次,应按照交通工程原理,合理的交通规则和路网规划,加强并改进交通管理和控制,尽量保证汽车能匀速通行。

单元三　汽车电磁波公害控制技术

知识目标：

1. 简明扼要地介绍电磁波的概念；
2. 正确分析电磁波公害及来源。

技能目标：

会采用汽车电磁波公害的防治方法。

课题一　汽车电磁波公害的来源

一、电磁波概述

电磁波干扰通常是指汽车及其车载装备在运行时产生电磁能，以电磁波的形式向周围辐射，干扰其周围数百米范围内的收音机、电视机和其他无线电装置的正常工作。同时，随着电子技术在汽车中的应用程度的提高，电磁能以多种形式干扰车载无线电通信和汽车电子电器设备的正常工作。电磁波干扰（即电磁波公害）不但污染了车辆周围的环境，而且影响了车辆运行的安全性和可靠性。

电子技术中对电磁波的定义为：一个快速来回流动的电流，产生不断反复变化的电场和磁场，此现象称为电磁振荡，由电磁振荡产生的波就称为电磁波。

电磁波是以光速传播，每秒 30 万公里。每种波都有固定频率。应用最多的电磁波是无线电波，按波段划分，有长波、中波、短波和微波。广播电视、卫星通信大部分工作在短波波段，而大部分雷达工作在微波波段。无线电波仅是电磁波中的一种，可见光、红外线、紫外线、X 射线和 γ 射线等都是电磁波，只是它们的波长比无线电波要短很多，紫外线的波长为 0.39 ~ 0.04μm，X 射线波长为 0.4μmm。电磁波虽然看不见，摸不到，但它是一种客观存在的物质，用专用仪表可以很容易测出电磁波的功率。

电磁波是以波动形式存在的电磁场，它可以脱离电荷和电流而在空间传播，它的传播不需要介质。现在，我们要进一步说明电磁场脱离电流和电荷而辐射的基本原理。

相对静止的电荷周围存在着电场。这个电场依附于电荷,它不会脱离电荷而在空间自行运动。当电荷做匀速运动时(例如:直流电),除了电场之外,还存在着磁场。这个磁场依附于电流(匀速运动的电荷),它也不会脱离电流而在空间自动行进。当电荷加速运动时,就有电磁场脱离运动电荷而在空间中自动传播。电荷加速运动中最典型的就是正弦交流电。这种交流电必然会产生脱离波源的电磁波。此外,在电场建立的初期(例如:电容器的充电)和消失过程(例如:电容器的放电)中以及在磁场建立的初期(例如:接通电感电路)和消失过程(例如:与电感电路断开)中,都由于电荷作加速运动而有辐射。不同的是,当正弦交流电达到稳定状态时,辐射的电磁波也是稳态的;电感和电容中的电流和电压发生瞬态变化时,辐射的电磁波是瞬态脉冲波。日常生活中我们观察到的电灯开关,日光灯启辉,汽车经过时对收音机和电视机的干扰等都是这种加速运动电荷(即交变电流或脉冲电流)产生电磁波辐射的结果。

在没有电荷的空间,电场要能维持其存在和运动而不消失,必须有另外的产生电场的原因;在没有电流的空间,磁场要能维持其存在和运动而不消失,必须有另外产生磁场的原因。这种产生电场和磁场的原因,既不是电荷也不是电流,而是运动中的电场和磁场本身。换句话说,运动中的磁场会产生电场以维护电场,不使之消失;运动中的电场也会产生磁场以维持磁场,不使之消失。这种运动中的电场和磁场互相产生的规律是人们在长期的生产和科学实践中逐步认识的。一旦认识了这种规律,人们就进一步掌握了无线电波的辐射和传播规律。

上述规律中的第一条是:运动磁场产生电场。这就是通常的发电机原理。我们在基本电磁学中已经知道,若将一段长为 l 的导线放在均匀磁场中并使它垂直于磁场,然后让磁场以速度 v 垂直于导体和磁场的方向运动(如图 3-1 所示),则在此导体内将会产生感应电动势 e,它的大小由式(3-1)计算:

$$e = Blv \tag{3-1}$$

这里,B 是磁场的磁感应强度,它与磁场强度 H 的关系为:$B = \mu H$。μ 是介质的导磁率。感应电动势 e 的单位是伏特。感应电动势存在的标志就是图 3-1 中导体的 a 端为负极,b 端为正极。如把 ab 两端用导线接通,就有电流不断地从 b 端经外电路到 a 端。可见在导体内有一种作用力,它能把导体中的正电荷不断地从 a 端推到 b 端去。而能够推动电荷运动的必然是电场。所以,人们很自然地认为,正是由于磁场 B 在运动中同时产生了电场 E,因此在电场 E 存在的区域中放置导体就会在导体两端引起确定的电位差。在没有和外电路接通时,这一开路电位差(即电压)的数值等于感应而生的电动势 e。既然如此,我们可以断定，导体的存在只是感应电动势出现的条件，而运动磁场产生的电场才是感应电动势出现的根本原因。把式(3-1)中的两边用 l 去除，就得到感应电场的大小，即式(3-2)或式(3-3)：

$$E = \frac{e}{l} = Bv \tag{3-2}$$

$$E = \mu Hv \tag{3-3}$$

这一电场 E 的产生只决定于式(3-2)的右端各量，并不依赖于是否有导体。

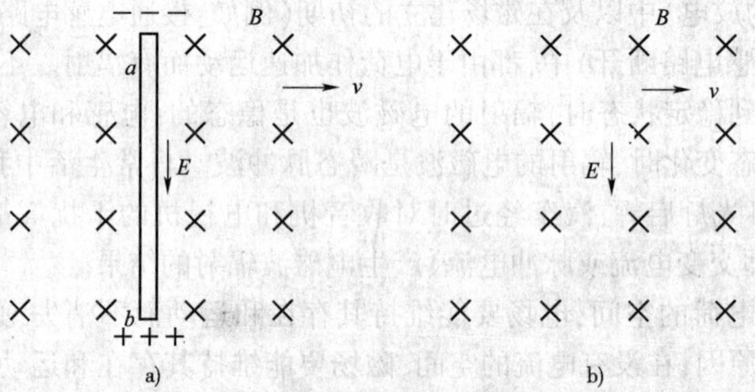

图 3-1　磁生电

式(3-2)所说明的规律在低速之下极易察觉，长久以来以它为基础制造了各种形式的发电机。在发电机中，磁场与导体的相对运动速度 v 是由其他机械动力来控制的，脱离了波源而在空间传播的电磁波的速度是电磁场本身所固有的。由于有了这一定律，因此当电荷消失后，电场不会消失，因为运动的磁场会产生电场来维持它。

后来，人们从与上述规律相反的角度来研究，认为：既然运动的磁场会产生电场，则运动的电场也会产生磁场，如图 3-2 所示。当均匀电场在与之垂直的方向以速度 v 运动时，会产生一个磁场。这一磁场强度 H 的大小为式(3-4)：

$$H = \varepsilon Ev \tag{3-4}$$

它的方向如图 3-2 所示。由于有了这一定律，因此当电流消失后，磁场不会消失，因为运动的电场会产生磁场来维持它。

这两条定律实际上是较普通的电磁场运动定律，在无界空间(电参数为 ε 和 μ)横电磁波(TEM)情况下的简化结果。它们足以说明电磁辐射的最基本现象。下面我们进一步说明式(3-3)和式(3-4)所表示的辐射场特性，并用它

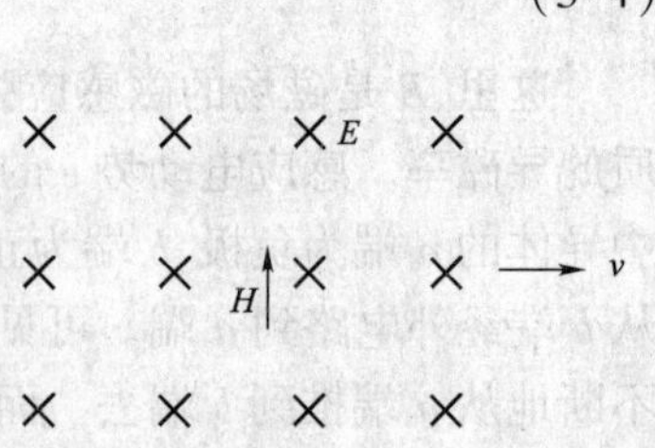

图 3-2　电生磁

们来解释电磁波的辐射原理。

首先,要看到图 3-1 和图 3-2 所表示的 E、H 和 v 三者在方向上的关系。把它们结合起来,就是图 3-3 所示的矢量关系。它表明电场运动的方向必须与电场垂直,磁场运动的方向必须与磁场垂直。于是,速度 v 的方向必然垂直于电场矢量 E 和磁场矢量 H。换言之,电场要作横向运动才能产生磁场,磁场要作横向运动才能产生电场。运动的速度方向为从矢量 E 依右手螺旋转到矢量 H 时,螺旋前进的方向。

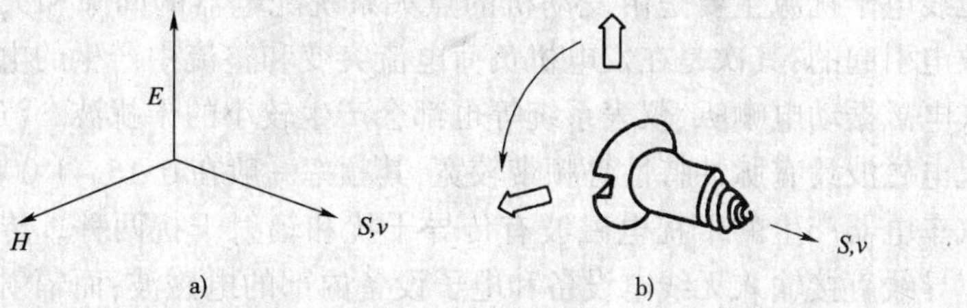

图 3-3　辐射场的方向关系

二、汽车电磁波的公害与来源

1. 电磁波公害

在我们人类居住的地球上乃至宇宙空间,可以说电磁波无时不在、无处不在。在卫星通信、数字通信、移动通信中,人们利用电磁波实现了远距离、大容量、高速度的信息传递。雷达通过向空中辐射电磁波来寻找目标。电磁波在帮助人类实现了许多梦想,给人们的生活带来了舒适和方便的同时,这些不同频率、不同强度、有用的与无用的电磁波也对我们人类的生存环境造成了污染,对人体健康造成了伤害。例如:天空中的雷电、太阳黑子等都会辐射出许多危及人类健康的电磁波。西藏地区居民患白内障几率远远高于平原地区,其中最主要原因就是海拔高、宇宙射线强造成的。电脑和电视机中显像管(液晶显示除外),阴极在高压下发射电子流的同时会向周围空间辐射射线,也是电磁波,当人距离显像管很近并且停留的时间长的时候,这些有害的电磁波肯定损害人的眼睛和大脑。现在不少人都使用手机,手机是由一个小功率发射和接收机组成,打开手机通话时,手机就要向周围空间辐射电磁波,电磁波能穿透人体,频率越高,穿透性越强。国际上把高于 300MHz 以上的频段定为微波,低频小功率的电磁波对人没什么影响,但是微波大功率就会危害人的健康,长期生活在电磁波污染环境的人会出现头昏、乏力、失眠、血压升高、白细胞减少等症状,重者可能造成白内障和诱发癌症等疾病。所以说电磁波污染是继废气、废水、废渣和噪声之后的第五大公害，人们必须对它有足够的重视。

汽车电气设备中，有许多导线、线圈和电子元件，都具有不同程度的电容和电感，而任何一个具有电感和电容的闭合回路都会形成振荡回路。当电气设备工作产生火花时，就会产生高频振荡并以电磁波的形式发射到空中，对汽车上及周围数百米范围内的收音机、电视机和其他无线电装置的正常工作，产生不同程度的干扰。通常把这种危害称之为电磁波公害。

2. 汽车电磁波的来源

无线电干扰源主要是由发动机的点火系统配电器的间隙和火花塞间隙的火花放电引起的；其次是在发电机负荷电流突变和整流中产生的电磁波；此外，触点式电磁振动电喇叭、仪表系统等也都会产生较小的干扰波。汽车电器产生的干扰电磁波具有脉冲特性且频带较宽，其频率一般在 0.15 ~ 1 000Hz 之间。

汽车电器产生的干扰电磁波有传导干扰和辐射干扰两种。传导干扰指通过汽车导线直接输入无线电设备和电子设备内部的电磁波；而辐射干扰则是指在空间传播，通过天线（如点火系统高压线就相当于天线）输入无线电设备内部的电磁波。

课题二　电磁波公害的防治

汽车电磁波污染源主要是来自发动机点火系统的高压火花放电以及汽车有关继电器触点开闭时的电火花，还有就是汽车上的直流电动机和某些仪表在工作中电流变化时产生的电磁波，它们都将影响汽车附近区域内的收音机、电视机和其他电子设备的正常工作，与此同时，也势必影响汽车自身所带的音响系统的正常工作。目前，为了克服汽车电磁波对外界环境的污染，在不同的汽车上采用了许多防电磁干扰的措施，对其归类大约为 4 种，即电阻片、滤波、屏蔽和接地（如图 3-4 所示为装有收音机的汽车上的防干扰系统）。尽管如此，在汽车使用和维护时，倘若操作不当。仍会削弱上述措施的实施效果，使抗电磁干扰的结构不能得到正常的发挥。

一、采用单线制

在汽车电系中，均采用单线制，使汽车所有电气设备的负极与车架金属部分相连（俗称负极搭铁），其实，这也是一种抑制电磁干扰的措施。这是因为汽车电气共用搭铁线的使用，可以使整个汽车大件结构在电气方面连成一个整体，能大大减少因电器元件及汽车部件的静电感应引起的电磁干扰。在汽车维护时，单从防电磁干扰的角度看，汽车各部件以及电气设备的搭铁状态，是很有

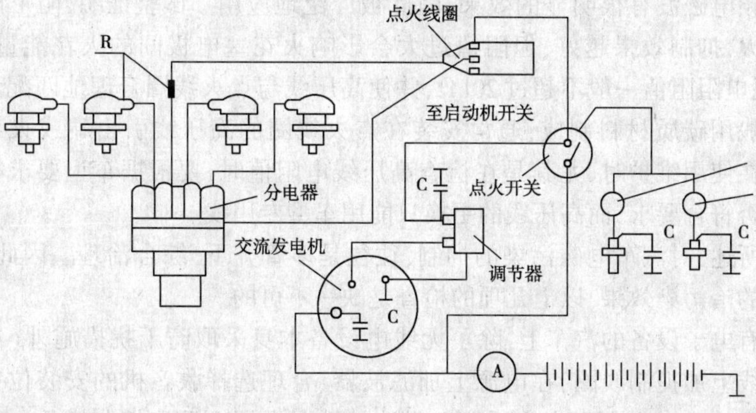

图 3-4　装有收音机的汽车上的防干扰系统

必要的,电气设备的搭铁不实,还将造成电气设备本身工作不良,也是产生电磁污染的隐患之一。

二、采用电火花的灭弧装置

电火花的灭弧装置也是较为普遍采用的一种防电磁污染措施。比如传统点火系中断电器白金触点并联的电容器,双金属片型传感器并联的电容器等,除电容器吸弧外,目前在有些汽车的电气设备上还设有由电容、电阻和电感元件组成的滤波器,用以吸收电气设备,尤其是某些继电器的电火花。

三、采用金属罩屏蔽

采用金属罩屏蔽以防止电磁干扰的措施,它是将汽车上所有容易产生火花的电器用金属罩屏蔽,导线也用金属网或金属管屏蔽,并使这些屏蔽罩、网、管搭铁。这样,就使产生电磁干扰的高频电磁波在屏蔽良好的金属罩内产生涡流,以热能的形式消耗掉,从而使电磁波不能发射出去。这种装置屏蔽电磁波效果较好,但成本较高,同时由于点火装置高压电路中分布电容随这些屏蔽罩网的增加而有所增加,从而影响点火性能。尽管这种方法较好,但要注意在汽车维护时应保持金属罩网之间以及金属罩网与车体之间有良好的接触,使之处于同一电位,以防接触不良,在汽车行驶时产生火花,从而影响屏蔽效果。

四、在点火装置高压电路中串入阻尼电阻

汽车点火系的高压电是造成电磁污染的最主要的污染源。目前,在点火装置高压电路中,串入阻尼电阻,是常用的一种减少电磁污染的方法,它对削弱电

火花的高频电磁波有很明显的效果,因此被广泛地应用。试验证明,阻尼电阻的阻值越大,抑制效果越好,但阻值过大会影响火花塞电极间的火花能量,因此,该阻尼电阻阻值一般不超过20kΩ,并使高压线与点火线圈合理地匹配。阻尼电阻一般用碳质材料制成,通常安装在点火线圈的高压线引出端或火花塞上,因此,在使用维护时,尤其是在检查高压线电阻值时,要根据车型要求检查电阻值是否符合要求,而高压线的更换只能用车型专用线。

综上所述,对汽车电磁污染的抑制,往往是多管齐下,综合治理。因此,为保证良好的治污染效果,以上几项的检查是缺一不可的。

在装有电子设备的汽车上,除了无线电设备本身采取防干扰措施外(如在收音机天线上加扼制线圈,在电源上加滤波器、合理选择收音机的安装位置并加金属屏蔽等),还必须在产生干扰电磁波的汽车电器上采取抑制措施。采取的措施常见的有加阻尼电阻法、加并联电容器法、金属屏蔽法和感抗型高压阻尼线法等。在点火装置的高压电路中,串入阻尼电阻,可以削弱火花产生的干扰电磁波。阻尼电阻值越大,抑制效果越好。但阻尼电阻太大则会减少火花塞电极间的火花能量。阻尼电阻一般用碳质材料制成,电阻值约10~20kΩ。另外,在可能产生火花处并联电容器,也可减少电磁波干扰。如在调节器的“电池”接柱与“搭铁”之间和发电机“电枢”接柱与“搭铁”之间并联0.2~0.8μF的电容器、在水温表和机油压力表的传感器触点间并联0.1~0.2μF电容器、在闪光继电器和电喇叭的触点处并联0.5μF电容器等,即可降低该部分产生的电磁干扰。金属屏蔽是最常见的减少电磁干扰的措施。在所有容易产生火花的汽车电器上,用金属网遮蔽起来。导线也用密织的金属网或金属导管套起来,并将其搭铁。这样就使这些电器因工作火花而发射的电磁波,在金属屏蔽内感应寄生电流产生焦耳热而耗散掉,从而起到防干扰的作用。这种措施有较好的防干扰效果,但装置复杂,成本高,并且会增大高压电路的分布电容,影响点火性能。因此,一般只用在有特殊需要的汽车上。采用感抗型高压阻尼线,如线芯是用直径0.1mm的镍铬铝丝绕成的阻尼线,它相当于电感、电容及电阻三者的复合体,抑制效果比集中电阻的效果更好。

应该指出的是,由于电波屏蔽技术和无线电抗电波干扰能力的增强,使车辆无线电干扰的问题越来越小。

单元四　汽车废弃有害物的处置

知识目标：

1. 简单叙述汽车废弃有害物的种类和特性；
2. 正确分析汽车废弃物的危害。

技能目标：

能提出汽车废弃物的处置方法。

课题一　汽车废弃的有害物

一、汽车废弃有害物的来源

1. 汽车废弃有害物的种类及来源

现代社会是车的社会。随着汽车工业的不断发展，各国汽车保有量不断增加，一方面数量巨大的汽车被生产出来，另一方面又产生大量的报废汽车。近年来，报废车每年达500万辆，预计不久可达约600万辆。报废汽车的露天丢弃、堆放是一个既浪费资源、又影响环境和占用土地的社会难题，特别是残留在报废汽车中的燃油、润滑油(脂)、空调制冷剂和铅等有害金属，一旦进入水系和土壤，其危害不堪设想。在汽车保有量大和汽车更新换代快的发达国家报废汽车已成为重要垃圾源，滋生的大量"废弃物"，对周围环境污染及人民生活的危害越来越大，已经引起了人们的广泛重视。

所谓"废弃物"，是指其拥有者在一定的地点和时间里不再需要而且没有现行市价或想像不出其用途或价值的物质。顾名思义，汽车废弃物则是指汽车报废场或汽车维修厂等场所产生的废物。

常见汽车废弃物的种类来源及特性如表4-1所示。

从表中可以看出大量的废弃物如不加以处置就会对环境造成严重危害。《中华人民共和国环境保护法》中第二十四条规定：产生环境污染和其他公害的单位，必须把环境保护工作纳入计划；建立环境保护责任制度，采取有效措施，防治在生产建设或者其他活动中产生的废气、废水、废渣、粉尘、恶臭气体、放射性物质及噪声、振动等对环境的污染和危害。《汽车维修管理条例》中对汽车废弃物的处置也作了明确规定：

汽车废弃物的种类、来源与特性一览表　　表4-1

废物种类	废弃物		危险成分及危险特性	废弃物来源
废油	废润滑油	发动机油、润滑油、液压油、传动油等	碳氢化合物、添加剂；易燃性，可能造成水污染，致癌	报废车辆内或车辆定期维护时所更换的油及油桶，含油纱布
	废燃油	汽油、柴油、煤油		报废车辆内或车辆定期维护时更换物或清洗污损件后变成的废油
废碱	零件清洗液		氢氧化钠、碳酸氢钠等，含有重金属物质，而且碱性较强，对土壤和水质污染较强	维修过程清洗零件
废盐	防冻液		不含碱、pH7 <7 的盐溶液	车辆报废或定期更换
蓄电池	汽车铅蓄电池		铅、硫酸；有毒，腐蚀性	废汽车电池
废旧橡胶	轮胎、废胶管、胶带等		废旧轮胎属于高分子弹性材料，若燃烧其释放出来的烟雾和一氧化碳，会严重污染大气	汽车报废时或定期维护时所更换
废旧塑料	汽车装饰用材、保险杠罩等		污染环境	汽车报废时或定期维护时更换的装饰用材料，保险杠罩等
废旧玻璃	汽车用挡风玻璃		污染环境	汽车报废或定期维护时更换的挡风玻璃
废石棉	汽车摩擦片		石棉纤维释放到大气中几乎不分解、不变质，不断在大气环境中蓄积，致人石棉肺、肺癌等	汽车报废时或定期维护时所更换或维修时光磨制动蹄片等

企业应具有废油、废液、废气、废蓄电池、废轮胎及垃圾等有害物物质集中收集、有效处理和保持环境整洁的环境保护管理制度。有害物质存储区域应界定清楚，必要时应有隔离、控制措施。

作业环境以及按生产工艺配置的处理“三废”（废油、废液、废气）、通风、吸尘、净化、消声等设施，均应符合有关规定。

涂漆车间应设有专用的废水排放及处理设施，采用干打磨工艺的，应有粉尘收集装置和除尘设备,应设有通风设备。

调试车间或调试工位应设置汽车尾气收集净化装置。

这些相应的法规给我们合理处置汽车废弃有害物提供了法律依据。

2. 汽车废弃物的特性

汽车使用产生的废弃有害物主要是化学有机物和无机物,也有自己的基本性质,归纳起来可分为腐蚀性、易燃性、浸出毒性和再生性。

(1) 腐蚀性

腐蚀性一般是指汽车废弃物中具有较高的酸性或碱性对钢铁和土壤等物质造成损伤的性质。例如:酸性废物和废碱性零件清洗液等。

(2) 易燃性

易燃性是指由于在运输、储存或处置过程中能引起燃烧的废物,例如:废油、废轮胎等。基本特点是燃点低于60℃的液体,经摩擦、吸湿或自发产生着火倾向的固体等。

(3) 浸出毒性

浸出毒性是指废弃物按照一定的方法进行浸泡,浸出液中有害成分的含量超过规定标准限值的物质,如废电池电极和电解液等,含有重金属铅,其毒性较大,国标中规定溶液中含铅量最大容许浓度为5mg/L。

(4) 再生性

再生性指汽车产生的废弃物在一定生产条件下能恢复部分性能或产生其他有使用价值原材料或半成品的性质,例如:废旧润滑油、废旧轮胎等都可通过一定的生产工艺裂解成石化原料和炭黑。

汽车更新报废和汽车日常维护过程能产生各种大量废弃物,除表4-1中的废弃物外,随着汽车控制技术的不断发展和应用,一些报废或替换的电子产品对环境的污染也形成了潜在的威胁。

二、汽车废弃物的危害

1. 废旧橡胶制品

废旧橡胶主要来源于汽车废轮胎、废胶管、胶带等橡胶制品,属于工业固体废物中的一大类。到2005年废旧轮胎的生成量同比增长为26.5%,发展速度之快令人担忧。为了保护人类生存的环境,减少废旧橡胶对环境的污染,实现废旧橡胶资源综合利用是当务之急。

随着现代汽车工业的迅猛发展,产生了堆积如山的废旧轮胎,给人类生存环境带来严重的危害,据不完全统计,全世界每年有15亿条轮胎报废。各主要国家的废橡胶生成量如表4-2所示(2000年统计)。

主要国家废橡胶生成量　　表 4-2

国别	年生成量(万吨)	国别	年生成量(万吨)
美国	568	法国	50
中国	140	英国	48
日本	115	加拿大	37
德国	56	意大利	25

中国是世界上第三大轮胎生产国,2000 年轮胎产量超过 1 亿条,仅次于美国和日本,每年生成的废旧轮胎达 3 000 万条,在北京、上海、广州等大城市的近郊结合处都能见到绵延上千米,像小山一样的废旧轮胎堆积点,“黑色污染”造成的危害远远大于了“白色污染”。废旧轮胎属于高分子弹性材料,它们的大分子分解到不影响土壤中植物生长的程度需要数百年的岁月,若燃烧其释放出来的烟雾和一氧化碳,会严重污染大气。1999 年 9 月 22 日,美国北加州的斯坦尼斯劳斯县,有 700 万条堆积的废旧轮胎自然起火。大火的温度超过 1 000℃,浓烟直达 600 多米的高空。到 10 月 4 日大火至少已熔化出 8 万加仑油脂。数百吨燃烧粉尘飘落到 100 多公里外的旧金山和加州首府,更近一些城市则下起了“黑雨”。

我国政府对废胎的回收处理和综合利用已高度重视,国家经贸委根据《再生资源回收利用“十五”规划的要求》,在深入考察调研的基础上,成立了《废旧轮胎回收利用管理办法》起草工作组,通过法律法规的方式规范健全废旧轮胎回收利用机制,促进我国再生胶工业及胶粉工业的健康发展。

2. 废旧蓄电池

电池是一种通过电化学反应获得能量的电源。电池的种类繁多,对国民经济的发展和人民生活水平的提高起到了非常重要的作用。但是不论是一次性电池还是二次性电池的使用都有使用寿命,达到使用寿命终点的电池被丢弃而成为固体垃圾,严重污染土壤和地下水,对人们生存环境产生严重污染。电池中含有的主要污染物质包括重金属以及酸、碱等电解质溶液。其中重金属主要有汞、镉、铅、镍、锌等。废电池中主要金属对人体的危害如表 4-3 所示。

电池元素的危害　　表 4-3

元素	危害
汞	具有致癌性,能引发中枢神经疾病,有机汞化合物(甲基汞)毒性最大,可破坏细胞的基本功能和代谢,破坏肝脏功能,使肾功能衰竭
镉	具有致癌性,主要是使肾脏和肝脏受损害,其后继发骨质疏松,软骨症和骨折,即所谓的“骨痛病”

续上表

元素	危　　害
镍	具有致癌性，对水生生物有明显的危害，镍中毒的特征有：皮炎，呼吸器官障碍及呼吸道癌
锌	主要中毒症状是胃肠功能失调和腹泻，锌盐可引起皮炎、皮肤溃疡，吸入氧化锌烟尘可引起锌中毒，并产生金属烟雾热症状，引起严重的支气管炎并发肺炎
铜	铜盐毒性较大，可导致胃肠系统伤害，可发生溶血性贫血，胆汁排泄功能紊乱，引起肝脏损坏
铅	主要毒性作用是导致贫血，损害神经系统、心血管和肾脏伤害消化系统，影响儿童智能发育

汽车废弃的电池主要是起动型铅酸蓄电池，废铅酸蓄电池的主要成分如表4-4所示。

废铅酸电池的成分　　表4-4

Pb	S	$PbSO_4$	PbO	FeO	SiO_2	CaO
5.0	5.0	42.1	38.0	0.75	0.88	0.18

废旧铅酸电池其正负极板、极桩等含铅物质引起重金属对环境的污染，其内所盛装的电解液也能造成对环境的污染。我国每年约有50多万吨的废铅酸蓄电池产生，目前废铅酸蓄电池的收集处理和回收技术整体水平仍然较低，对环境潜在的危害不容乐观。

3. 废旧润滑油

车用润滑油、齿轮油及润滑脂，对汽车正常运行起到了很好的保护作用，但由于汽车工况的复杂性，运行过程中的高温、高压、氧化及腐蚀等使车用润滑油不断产生氧化、变质而使其性能改变。因此汽车用润滑油在车上的使用必须根据汽车使用时间或行驶里程定期更换。

据估计，目前大小汽车每辆平均每年至少要生成20L废旧润滑油，如从石家庄市2004年初机动车保有量的保守估算：机动车保有量达到了90.43万辆，若每辆车平均3个月换1次润滑油，每年要产生1 265.88万升的废润滑油。由于废旧润滑油属于高分子有机化学物，故具有相对的稳定性、附着性、侵蚀性，废旧润滑油对土壤和水质都能构成严重污染，被列入国家危险名录，属于易燃性危险废物。废机油中含有致癌、致突变、致畸形物质及废酸、重金属等物质，对人体危害极大。随着汽车保有量的不断增加，全国每年生成的废旧润滑油量是一个相当大的数字，废旧润滑油的污染与处理已迫在眉睫。

4. 废石棉

(1) 石棉对人体的影响

现已确认的与石棉应用有关的疾患有：石棉肺、肺癌、恶性中皮癌、良性胸膜炎、弥漫性胸膜肥厚，这些病都是由于吸入了浮游在空气中的石棉而引发的并且从接触到发病的潜伏期很长，石棉肺是 10 年以上，肺癌是 15 ~ 40 年，恶性中皮癌达 20 ~ 50 年。

(2) 石棉对环境的污染

石棉释放到大气中几乎不分解、不变质，不断在大气环境中蓄积。石棉浓度在石棉产品生产地及废弃处置场周围可达 1 ~ 2f/L(f：纤维根数)，其他地域为 1f/L 以下。材料老化会使现有石棉喷涂层中石棉剥落，飘散到空气中污染室内环境。

5. 汽车零件清洗剂

汽车及总成解体后，应对零件进行清洗，去除其表面的油污，水垢及锈迹等，以便于零件的检修。除去零件表面油污目前常用的主要是碱水除油和有机溶剂除油，有机溶剂有汽油和煤油，其成本高，多用于精密零件，大宗零件的清洗主要用碱水除油，常用清洗剂配方如表 4-5 所示。

常用清洗剂配方 表 4-5

成　分	钢、铁零件清洗剂		铝质零件清洗剂	
	配方一(kg)	配方二(kg)	配方一(kg)	配方二(kg)
氢氧化钠	0.75	2.0	—	—
硫酸钠	5.0	—	1.0	0.4
磷酸三钠	1.0	5.0	—	—
肥皂	0.15	—	—	—
硅酸钠	—	3.0	—	0.15
重铬酸钾	—	—	0.05	—
水	100	100	100	100

零件清洗后废弃的清洗剂成分更加复杂，废弃清洗液中不仅含有重金属物质，而且碱性较强，对土壤和水质污染较强。不加以回收处置将对环境造成严重污染。

6. 汽车新技术应用产生的废弃物

近年来随着越来越多的新材料、新技术、新产品在汽车上的应用，特别是近几年电子工业的飞速发展，大量先进电子产品的广泛使用，有力地促进了汽车工业的发展，改善了汽车的技术和性能。但同时也带来了一定程度的污染。汽车维修业、汽车报废市场作业过程中产生的安全气囊、三元催化装置及电子控制元件等不可再利用元件，对环境都存在着潜在的污染。

(1) 废弃的安全气囊

随着道路条件和汽车性能的不断提高，汽车行驶速度越来越快，人们的安全意识不断提高，为了提高驾乘人员的安全性，安全气囊已经在中高档汽车上普及，有的汽车装备了双安全气囊或多安全气囊。安全气囊的气体发生剂多为多叠氮化钠，对人的眼、鼻、喉和皮肤有刺激作用，遇水有爆炸的危险。安全气囊的有效期是10年，但一经碰撞就不能恢复只能更换，废弃安全气囊的气体发生物及气体发生物燃烧残物、废旧气囊结构系统，对环境都将造成污染。

(2) 废弃三元催化装置

在汽车上应用三元催化装置很好地解决了尾气排放中的一氧化碳(CO)、碳氢化合物(HC)、氮(N)的氧化物等的排放，减少对大气的污染。但是加工制造三元催化装置的核心物质是金属铂，金属铂是重金属，对环境和人体会产生重金属污染。三元催化装置有效期是6万公里，为保持其性能，更换较频繁，每年由此产生的废旧三元催化装置，将是一个巨大的污染源。

(3) 电子控制元件

随着电子工业特别是计算机工业的发展，汽车电子化时代已经来临，汽车机、电、液一体化提高了乘坐的舒适性、动力性、经济性、驾驶操控性及行驶安全性和低尾气排放。但是大量的电子元件及计算机系统又不能循环利用，维修作业和汽车报废时将产生大量废弃电子产品，若不很好处置和管理将对土壤和水质产生严重污染。

汽车维修和汽车报废的制冷剂、废弃塑料装饰品，废旧玻璃等就不再加以赘述，现在这些问题已引起人们的高度重视。许多专家越来越注重汽车废弃物带来的环境危害，提出了许多很好的合理化建议和废弃物处置模式。

课题二　汽车废弃有害物的处置

一、国际发展趋势及国内现状

汽车废弃有害物带来的环境问题，已经引起世界各国的广泛关注。特别是经济发达的国家在汽车废弃物的处理及采取的一系列措施和所适用的法律法规，对我国都有一定的借鉴价值。世界各国对废物污染所制定的治理原则是："废物避免，废物利用，废物安全处理。"德国提出"让废物远离生物圈，脱离生物圈的物质循环"的倡议。美国把液体废物向地下灌注的技术方法，都反映了各国的重视程度。欧盟委员会于2000年10月发布关于报废汽车的指令2000/53/BC，要求各成员国建立报废汽车的回收、处理系统，并且按年限对报废车辆回收利用和在使用率方面提出了要求。2000/53/BC指令中的主要内容如表

4-6所示。

2000/53/BC 指令的主要内容 表 4-6

项目	主 要 要 求
原则	废物应再使用、再利用和回收利用,并应优先予以再使用和再利用,这是一条基本原则
	指令适用于三轮汽车、乘用车和总质量不超过 3.5t 的货车(不适用状况良好并且对环境有不良影响的古典汽车)
政府	应颁布依据本指令必需的法律、规章和行政条文,并在 2002 年 4 月 21 日前使其生效,向欧盟委员会通报
	应建立起一套报废汽车的回收、处理和回收利用系统。在其领土内设立足够多的回收点
	使用销毁证书,并使其成为注销报废汽车登记的一个条件(销毁证书应在成员国之间相互认可)
	其次最终拥有者在将汽车交付给经授权的处理厂家时,不必因为汽车不再具有或具有负的市场价值而交纳任何费用
	从事回收和加工处理的经营者只有在获得许可证后方被允许从事经营活动,如果采用的是注册制而不是许可证制,这类经营者则应满足某些必要的条件
	应每隔三年向欧盟委员会递交关于本文件执行情况的报告
汽车生产者	生产者应支付用于处理报废汽车的全部或大部分费用,市场正常的促进作用不应受到影响
	在汽车设计阶段开始就应贯彻预防性措施(控制并减少汽车中有害物质的使用,特别应禁止使用铅、汞、镉和六价铬)
	在设计和生产新车的过程中应充分体现拆解、再使用和再利用报废汽车及构件的需求
	汽车制造厂应向经授权的处理厂家提供所有必需的拆解信息,尤其是涉及有害材料的信息
	每一新车型投放市场后 6 个月之内提供投放市场的每一新车型的拆解信息,这些信息应表示出车辆不同的零部件和材料以及所有有害物质的位置
	零部件生产厂家应提供关于可再使用的零部件的拆解、存储和测试的适当的信息
	公开以下信息:1. 利于回收利用性和再利用性的汽车/零部件的图纸;2. 报废汽车有利于环保的处理方法,尤其是所有液体的排放和拆除;3. 报废汽车再使用、再利用和回收利用方法的发展和优化;4. 可以降低废物丢弃量和提高回收利用和再利用率的有关最新进步
	汽车制造商和材料生产者应使用由欧盟委员会在相关专业委员会协助下确立的构件和材料的编码标准

续上表

项目	主要要求
经营者	从事回收和加工出来的经营者只有在获得许可证后方被允许从事经营活动，如果采用的是注册制而不是许可证制，这类经营者则应满足某些必要的条件
	得到相关主管机关的许可或在其处登记注册
	加工处理最低技术要求包括：报废汽车的存放地点（包括暂时存放）；加工处理地点；报废车辆的防污处理；可促进再利用的处理过程
实施时间	2003 年 7 月 1 日以后投放市场的汽车和零部件中不再含有铅、汞、镉和六价铬（在特定条件下允许使用）
	2006 年 1 月 1 日起，报废汽车再使用和回收利用应至少达到每车每年平均重量的 85%，在同一期限内再使用和再利用应至少达到每车每年平均重量的 80%；对 1980 年 1 月 1 日以前生产的汽车成员国可适当地降低要求，但对于再使用和回收利用不能低于 75%，对于再使用和再利用不能低于 70%
	2015 年 1 月 1 日起，报废汽车的再使用和回收利用应至少达到每车每年重量的 95%。在同一期限内再使用和再利用应至少达到每车每年平均重量的 85%
指令生效	自 2002 年 7 月 1 日起投放市场的汽车从 2002 年 7 月 1 日起生效
	2002 年 7 月 1 日前投放市场的汽车从 2007 年 1 月 1 日起生效

从指令的内容可以看出欧盟在对待汽车废弃物的处置上，是站在可持续发展高度，不仅仅只考虑对废弃物如何处置、如何要求，而是从生产汽车制造过程中的材料使用开始，就要考虑材料循环利用的一系列问题，最大限度的减少污染物的产生和提高材料的有效利用率，降低综合成本。

日本最初是以回收废钢铁资源为主要目的，到了 1985 年，随着日元升值，废钢铁价格越来越低，报废汽车产生量也越来越大，国家对环境保护的要求也越来越高，汽车的回收制度开始发生变化，报废汽车回收处理逐渐转变为以回收处理废弃物，减少其对环境的影响为主要目的。到 1990 年对树脂类废弃物也开始进行回收利用。

2000 年 11 月，日本自动车工业协会等九个相关业者发起成立了日本废旧汽车回收促进中心。主要目的是推行以生产者负责制为主要内容的废旧汽车回收处理制度，起草制定《汽车回收法》。其主要内容：扩大汽车生产厂家回收废旧汽车的责任，按照谁使用谁负责的原则，消费者在购买新车时就要交纳汽车回收处理费，用于补贴回收废旧汽车。对汽车制造企业提出要求，在设计制造汽车时要尽可能多地采用可以回收再利用的材质和结构。

近几年，我国随着汽车工业的迅速发展，汽车保有量不断增加，汽车废弃物带来的环境污染问题已经引起相关方面专家们的注意,在很多领域进行了广泛的研究 。由于我国汽车工业起步较晚,汽车报废制度是20世纪60年代参照原苏联的标准制定的,汽车全部作为国有财产,采用的是强制报废制度,汽车使用年限规定10年。随着改革开放的进行,1997年进行了修订,凡在我国境内注册的民用汽车属下列情况之一的应当报废:

① 轻微型载货汽车(含越野型)矿山作业专用车累计行驶30万公里,重、中型载货汽车含越野型,累计行驶40万公里,特大、大、中、轻、微型客车、轿车累计行驶50万公里,其他车辆累计行驶45万公里。

② 轻、微型载货汽车(含越野型)、带拖挂的载货汽车、矿山作业专用车及各类出租汽车使用8年,其他车辆使用10年。

③ 因各种原因造成车辆严重损坏或技术状况低劣,无法修复的。

④ 车型淘汰,无配件来源的。

⑤ 汽车经长期使用,耗油量超过国家定型车出厂标准规定值15%的。

⑥ 经修理和调整或采用排气污染控制技术后,排放污染物仍超过国家规定的汽车排放标准的。

汽车报废流程:填写报废申请表(由车主做);将车辆开到拆车厂;核对提交手续;查验车辆车架号及发动机号; 对报废车辆手续进行整理;车管所查挡;民警监销(车管所);办理车辆注销手续;领取报废车辆残值款(福利厂);领取报废手续;凭车辆注销证明注销养路费;完成。

报废汽车的拆解在指定工厂进行,目前还是以回收废旧钢铁、旧轮胎等为主要目的,大量废液、废油、废玻璃等被废弃,严重污染着环境。

现在我国政府已经开始重视汽车废弃物带来的污染问题,国家相关部门正在通过法律体系建设,依靠法律法规规范汽车报废的程序和汽车废弃物的处置。我国现行的环境保护法体系框架如图4-1所示。

我国现行危险废弃物有关的主要规章如表4-7所示。

我国现行危险废弃物有关的主要规章 表4-7

名　　称	颁布部门	效力类别	颁布时间	生效时间
国家危险废弃物名录	国家环保总局、经贸委、外经贸部、公安部	法规规章	1998/01/04	1998/07/01
危险废弃物转移联单管理办法	国家环保总局	法规规章	1999/10/01	1999/10/01
危险废弃物越境转移及其处置所造成损害的责任和赔偿问题议定书	《巴塞尔公约》缔约方	法规规章	1999/12/09	1999/11/09

续上表

名　　称	颁 布 部 门	效力类别	颁布时间	生效时间
1999/11关于危险废弃物认定鉴别问题的复函	国家环保总局	法规规章	2000/04/30	2000/04/30
关于内地向香港特区输出危险物有关问题的通知	国家环保总局	法规规章	2001/01/27	2001/01/27
危险废弃物污染防治技术政策	国家环保总局、经贸委、外经贸部、科技部	法规规章	2001/12/17	2001/12/17
关于经固化处理的含铬污染是否属危险废弃物有关问题的复函	国家环保总局	法规规章	2003/01/13	2003/01/13
关于加强含铬危险废弃物污染防治的通知	国家环保总局	法规规章	2003/06/18	2003/06/18
关于实行危险废弃物处置收费制度促进危险废弃物处置产业化的通知	国家发改委、环保总局、卫生部、财政部、建设部	规章	2003/11/18	2003/11/18
《废电池污染放置技术政策》	国家环保总局、发改委、建设部、科技部、商务部	规章	2003/10/09	2003/10/09
国务院关于全国危险废弃物和医疗废弃物处置设施建设规划的批复	国务院	法规规章	2003/12/19	2003/12/19
《危险废弃物和医疗废弃物处置设施建设项目环境影响评价技术原则(试行)	国家环保总局	法规规章	2004/04/15	2004/04/15

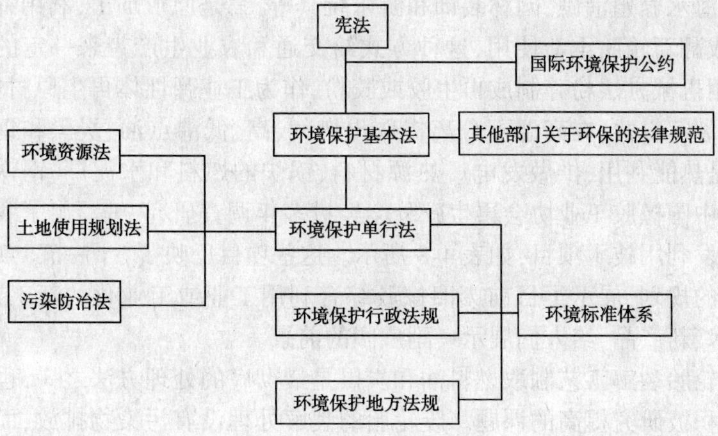

图4-1　我国现行的环境法体系框架

二、汽车废弃物的处置

在汽车保有量大和汽车更新换代快的今天，报废汽车已成为社会公害，因此，汽车回收利用引起了各个国家的高度重视。

废旧汽车回收利用的宗旨之一是解决汽车发展带来的环境问题。但是，汽车回收利用行业本身也有环境污染和潜在的危险因素。在废旧汽车拆解过程中和拆解后的处理环节会产生各种污染物，汽车回收产生的污染物主要有固体废弃物、有毒气体和水污染物三类。一是固体废弃物，如无法回收的零部件，掩埋是其主要处置方法。它不仅占用土地，而且使土壤质量下降，危害很大。二是采用焚烧处理时，容易产生大量的有毒气体，造成严重的大气污染。三是由于润滑油、剩余燃油、乳化油以及清洗零件的除漆剂和清洗剂等造成水污染；蓄电池的废电解液造成的铅污染（含铅废水）和酸污染（含酸废水）等。

汽车绿色制造模式要求在保证产品功能、质量和成本的前提下，强调在从设计、制造、使用、直至报废回收的整个生命周期内综合考虑产品的环境属性，如可拆解性、可回收性、可维护性、可再生性以及对人身的健康安全性等，保证对环境影响最小和资源利用效率最高。对汽车的废弃物采用循环再利用技术，则不仅可解决报废汽车带来的环境问题，还可回收汽车制造过程中面临的资源枯竭问题。

目前，各个国家都在广泛应用与研究报废汽车的有效回收利用和处置。

1. 废旧轮胎的处置

目前，汽车废旧轮胎可有多种利用途径：一是原形直接利用，将其转用到其他低速车辆工具，或者用作港口码头的护舷、消波堤坝、浮标、公路交通墙护屏、路标以及海水养殖渔礁、园林装饰和游乐玩具等；二是原形加工，利用补上磨损胎面，制成翻新轮胎重新使用，这种方式给交通和农业生产带来一定的安全隐患；三是用机械方法粉碎制成再生胶或胶粉，作为工业弹性体再生原材料；四是采用化学裂解方式，在高温下分离提取出燃气、高、低沸点油、炭黑和钢铁等原材料；五是热能利用，供做发电厂热源材料、锅炉的燃料和水泥厂、钢铁厂的热能燃料。中国橡胶工业协会再生胶分会经过多年调查研究，编写出了我国废旧橡胶业开发利用技术项目，如表4-8所示。这些项目反映了“十一五”期间橡胶工业发展的规划，展示了目前废旧橡胶综合利用工业或工业化的新工艺、新设备、新技术、新产品，给人们展示一副广阔的前景。

废旧轮胎裂解工艺制取燃料油和炭黑是最彻底的处理方法之一，也是世界各国都在积极研究提高的课题。废轮胎的裂解处理没有污染物排放，而且还可以回收燃料油和炭黑，有利于环保及资源回收利用，有较高的经济价值，被认为是当今处理废旧轮胎的最佳途径之一。目前多采用热裂解、催化降解和微波解聚等三类工艺。废旧轮胎热裂解制取燃料油的生产工艺流程如图 4-2 所示，由于目前各种工艺方法成本较高，其他工艺方式不再叙述。

废旧橡胶开发利用技术项目　　表 4-8

项　目	用途及主要特点	国内外情况
常温粉碎精细胶粉生产线	可将废钢丝子午胎整条破碎、中碎、细碎成 40 目、60 目、80 目、100 目、120 目，采用水冷、风冷和加入适量分散剂，生产封闭化、自动化	无锡博大技术，通过国家级鉴定，达到国际先进水平，适合国情
液氯冷冻粉碎精细胶粉生产线	采用 LY 型液氮冷冻法，可将废橡胶加工成 80 ~ 200 目硫化橡胶粉，每千克 80 目胶粉耗液氮 0.232kg	青岛绿叶橡胶公司与青岛化工学院联合研制，通过鉴定达到国际领先水平
爆破处理废轮胎	采用爆破法将废胎变成胶粉，节能、安全、无污染	华中理工大学与俄罗斯包蔓大学联合试验
废胎处理新技术	采用无剥离微负压废胎处理分离出炭黑、燃料油	温州市绿色环境技术开发有限公司国内首创
废橡胶热分解处理技术	将废橡胶通过反应炉在催化剂作用下进行分解，可以获得燃料油、油气以及炭黑等。一般要经过破碎、热分解、油回收、气体处理及二次公害防治等工序，热分解炭黑有很宽的粒度分布，其补强性介于 SRF 和 MT 之间，可以与炉黑品级的炭黑混用，适用于胎侧胶、骨架层等部位	此项技术已在很多国家开发成功。随着我国废橡胶量的不断增加，热分解技术作为废橡胶综合处理方法，国内也应研究试验
轮胎破碎机	吸收国外技术，既能破碎斜胶胎又能破碎子午胎，体积小、重量轻，价格仅相当于设备的 1/20	武汉第三橡塑机械厂开发成功
废旧子午胎，破碎处理设备	用于处理废旧子午线轮胎	进口设备可起破碎作用，但胎中的钢丝帘线如何取出没有解决，建议研制开发
废轮胎纤维层制地毯条	将废轮胎纤维层切割成厚 1cm，宽 1.5cm 的条，再用特制的打磨机把橡胶磨掉一层，露出 2 ~ 3cm 的纤维。经拼接、粘贴、压合、染色制成结实耐用的工业地毯，可广泛用于机场等公共场所，售价每平方米 20 美元左右	据介绍，这种地毯在澳大利亚和美国市场看好。由于国外尼龙斜交胎越来越少，因此很希望中国能生产这种地毯或打磨好的胎条供其使用

项　目	用途及主要特点	国内外情况
建筑橡胶减震支座	在建筑物地基上装用橡胶支座，可使建筑物受地震冲击强度减弱 1/3 ~ 1/5，对保护建筑物安全及人员生命有重要作用，其耐用年限在 80 年以上，在高烈度地区采用橡胶减震支座可提高建筑物安全性，获较好的综合经济效益和社会效益	国外从 20 世纪 60 年代开始研究应用，至今美、法、希腊、南非、印尼、新西兰和南斯拉夫等均有使用，我国在北京、汕头、云南等地已有研制开发，国家建设部将其列入设计规范
废橡胶粉制胶管	利用废橡胶粉与弹性体为原料，制造农田灌溉用渗水胶管，此胶管埋于土中，水自管中慢慢渗出灌溉农作物，节约用水。国外也有利用再生胶做下水管道接头（三通或弯头）的，施工方便，不易腐蚀，耐久性好	国外橡胶渗管在我国有推广应用，北京化工大学已研制出产品，可以转让

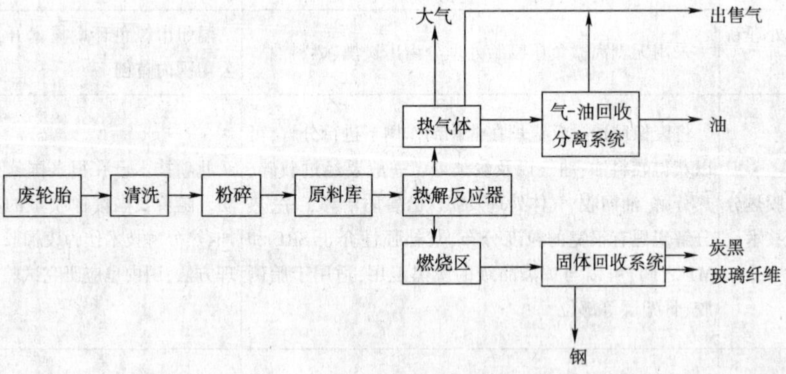

图 4-2　废轮胎裂解制取燃料油的生产流程

2. 废旧电池的处置

国家环境保护总局、国家经贸和科技部联合发布了《危险废物污染防治技术政策》（环发［2001］99 号）其中对废铅电池有专门规定。废铅酸电池必须进行回收利用，不得用其他办法进行处置，其收集、运输环节必须纳入危险废物管理。鼓励发展年处理规模在 2 万吨以上的废铅酸电池回收利用，淘汰小型的再生铅企业，鼓励采用湿发再生铅生产工艺。

由于历史原因，我国再生铅行业与国外相比尚有相当大的差距。目前，我国仅有几家规模大、产量高而且工艺设备先进、资源回收率高、对环境污染小的企业。如上海飞轮集团。而相当大的一部分废铅酸电池是在小型回收工厂进行拆解和熔炼。产生的废酸、铅膏、废气和废尘都没有得到适当的处理，就直接排入周围环境，从而给周围环境造成严重的污染。废铅电池回收利用的程序如图4-3所示。

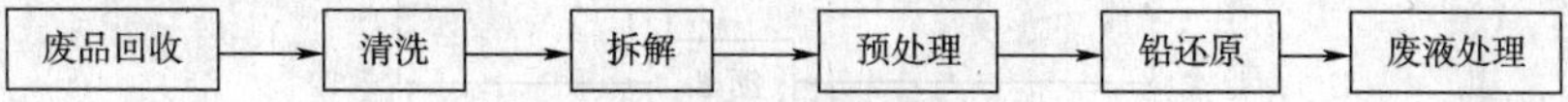

图4-3　废铅电池回收利用程序

(1) 废铅酸电池拆解预处理过程

20世纪80年代以后，多数现代熔炼工厂都采用一种全机械自动化的回收系统。废铅酸电池拆解要经过如图4-4所示的步骤。即在拆卸、碾压和重力作用下，把废铅酸电池拆解为废酸性电解液、细粒与电极粒、金属颗粒、胶木和聚丙烯等。

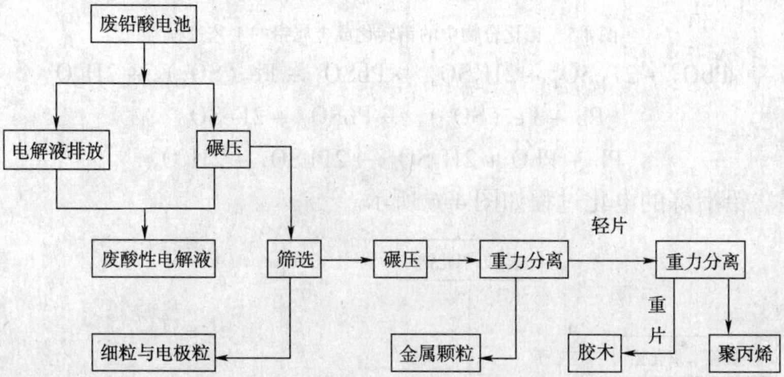

图4-4　废铅酸电池拆解步骤

(2) 铅还原过程

从拆解和预处理工序中得到的电池碎片，其实是一种混合物：金属铅、铅的氧化物、铅的硫酸盐以及其他金属(如钙、铜、银、锑、砷及锡)等。如何把金属铅从混合物以及废酸性电池电解液中分离出来，常采取高温冶炼技术和湿式冶金技术两种方法。

① 高温冶炼技术。是用化学手段，通过加热熔烧和还原来减少金属化合物含量。在冶炼炉中还原冶炼成Pb，但由于这种工艺方法产生SO_2和高温铅粉形成二次污染物，且能耗高，利用率低，故这种工艺将会逐步淘汰。

② 湿式冶金技术。是将所有铅化合物中的铅都转化成金属铅，不产生二次污染，效率高，因此被广泛推广利用。其工艺过程如图4-5所示。

当原料经过适当预处理之后将是精炼铅的有效技术手段，并能取得好的效果。此法的化学原理是先将所有化学物中的铅都转化成二价铅，然后再将二价铅通过电解转化成金属铅。其化学方程式如式(4-1)、(4-2)和式(4-3)所示。

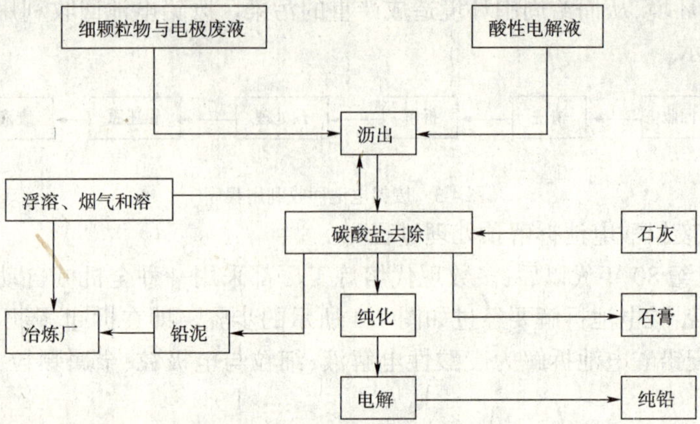

图 4-5　铅化合物中的铅转化成金属铅的工艺过程

$$PbO_2 + 2FeSO_4 + 2H_2SO_4 \rightarrow PbSO_4 + Fe_2(SO_4)_3 + 2H_2O \tag{4-1}$$

$$Pb + Fe_2(SO_4)_3 \rightarrow PbSO_4 + 2FeSO_4 \tag{4-2}$$

$$Pb + PbO + 2H_2SO_4 \rightarrow 2PbSO_4 + 2H_2O \tag{4-3}$$

湿法铅冶炼的电化过程如图 4-6 所示。

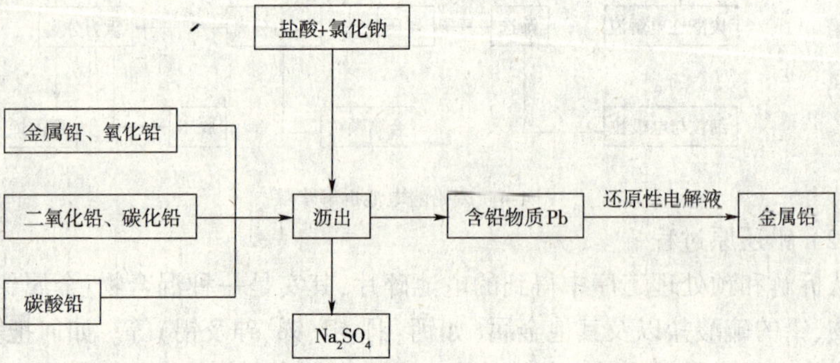

图 4-6　湿法铅冶炼的电化过程

3. 废旧润滑油处置

润滑油是不可再生的石油化学产品，润滑油中含有各种化学添加剂，加上经汽车使用以后产生变质、焦化等，成分更加复杂，回收处置利用困难很大。目前市场上大部废旧润滑油被一些非法加工点收购后，进行简单的沉淀、过滤、分离后直接进入汽车配件市场。其产品根本满足不了汽车发动机的要求，会对发动机构成严重损伤。另一部分润滑油则直接用于建筑工地各种模板、管道的防腐，既污染了环境又是一种能源浪费。现在人们正在研究一项废旧润滑油的处置新技术：分子蒸馏技术。该项目建成后将进一步改善目前对废旧润滑油的处置现状。

4. 废石棉处置方法

根据石棉难分解这一特点,在处理石棉废弃物时最基本的方法是采用合适包装与填埋这种隔离的方法,固型化是防止石棉飘散的有效方法,包装与填埋将会产生再度散乱。在可能的条件下,应实施合理的无害处理及资源再生利用。目前已广泛开发熔融固化法进行石棉变质处理。

5. 液体废物地下深井灌注技术简介

液体废物地下灌注技术源于石油开采中废井的河水灌注原理,美国于1930年开始从事利用深井灌注处理废水技术研究和作业,从注水开采汽油田得到启发,起初人们利用被采空了的油层来处理石油开采作业产生的油田盐水和其他液体废物,从这里开始美国人就考虑首先利用废气田开采"衰竭的油层"空间来灌注那些有危害的,或在地面处理要花昂贵费用的那些废液和污水。这种技术措施的实现,其前提条件必须有证明来表示不能对地下饮用含水层地下水的污染,应达到确保地下水的安全。因此美国一些公司对这个问题以及选址条件,区域地质条件和地质构造,灌注层的深度,灌注井的技术结构,灌注作业技术等大量问题进行了长期而全面的研究,至今该项技术在美国已经发展很成熟,并取得了丰富的工作经验。目前美国已把这项有利于解决环境问题的高水平的技术向全世界推广,希望全世界各国能像他们那样充分利用深井灌注技术解决污水处理问题。

至今在美国各个州都在利用深井灌注技术解决污水处理问题,并在全国进行了详细的普查,为深井处理污水全面开展做了大量基础工作。美国至今累计打了80万口深井来处理各种各样的污水和废液,目前处理危险废水的一类井数还在逐渐增多,对于液体废物的处理深井灌注技术很有发展远景。

我国是一个地域辽阔、地下资源十分丰富的大国,经济正在蓬勃发展,各种的危险废液(或废水)的产生量很大。特别是近年来为了处理废物建设了许多垃圾填埋场,而垃圾填埋场产生的溶液处理技术复杂、费用高。最难解决的废水问题,如果采取深井灌注技术来解决,确实是一个很好出路。但从经济上、技术上、人们的思想意识上立即在我国推广尚存在许多困难,但在我国推广仍具有以下有利条件:

① 我国拥有许多还在开采的油、气田,在这些油气田中具有很详细的地质资料和成熟的钻井施工经验,所以首先要利用油气田的技术优势,率先在油气田区域推广深井灌注技术是最有可能的,也是最经济的。

② 我国在长期的国民经济建设中已积累较详细的地层学、水文地质学、地质构造学、地震学和地球化学等方面的大量资料,可为深井选址提供应用依据。

③ 具有良好灌注层的砂岩和碳酸岩类地层在我国有广泛的分布，例如：华北板块、扬子江板块等，并且已拥有这些地层的渗透率和孔隙率的资料，同时这些地层埋深都较大，为1 000 ~ 3 000m，是深井选址的良好层位。

④ 在地震预测与预报研究中，对我国的大地构造研究，各种构造体系的研究中拥有许多地震剖面资料，可以为深井选址提供地层约束，构造约束和地震方面的详细要求。

⑤ 对深部含水层和隔水层的划分和分布、孔隙率和渗透率、地下水的化学特征也拥有较详细资料，都可为深井选址提供帮助。

⑥ 深井灌注技术在我国很可能首先应用在位于油气田开采区的危险性废水产生量大的那些城市，例如：大庆油田附近的哈尔滨市、大港油田附近的天津、北京市，胜利油田周围的一些大城市。

⑦ 深井灌注的局部应用可能为某个垃圾填埋场解决渗滤液处理问题，在这方面是有潜力可挖的。

总之废物的地下填埋，废水的地下灌注已证明是具有多方面优点的良好环境措施，德国和美国已为我们开辟了这条新路，相信我国也会很快应用这些新技术，以便尽快改变我国环境状况。

单元五　汽车新能源技术应用与开发

知识目标：

1. 简单叙述新能源汽车的类型、特点；
2. 分析我国新能源汽车的发展现状及发展前景；
3. 简单扼要地介绍天然气汽车、电动汽车的概况、总体结构及原理。

技能目标：

能分析天然气汽车、电动汽车主要部件的布置及要求。

课题一　新能源技术在汽车上的应用

一、新能源汽车的类型及特点

随着世界能源危机和环保问题的日益突出，汽车工业面临着严峻的挑战。一方面，石油资源短缺，而汽车是油耗大户，且目前内燃机的热效率较低，燃料燃烧产生的热能大约只有35%～40%用于实际汽车行驶，节节攀升的汽车保有量加剧了这一矛盾；另一方面，汽车的大量使用加剧了环境污染，城市大气中的CO的82%、NO_x的48%、HC的58%和微粒的8%均来自于汽车尾气。20世纪末以来世界各国和各大汽车公司以及国内各大科研机构和高等院校纷纷致力于开发清洁节能汽车，新能源汽车获得了长足发展。

传统内燃机汽车的能源是汽油和柴油。目前，利用其他能源来提供汽车动力的汽车均可称为新能源汽车。目前正在开发的新能源包括天然气、液化石油气、醇类、二甲醚、氢、燃料电池等。

1. 天然气汽车和液化石油气汽车

天然气(NG)是地表下岩石储集层中自然存在的以轻质碳氢化合物为主体的气体混合物的统称。其主要成分甲烷约占85%～95%，还含有少量的乙烷、丙烷和丁烷以及少量的杂质氮、二氧化碳等。天然气按其来源有气田气，油田伴生气和煤成气之分。其中伴生气又有两种，一种是溶解在汽油中，称为溶解气；一种是聚集在含气已饱和的油层顶部，称为气顶气。油田一般或多或少都有一些伴生气。燃用天然气的汽车称为天然气汽车(NGV)。又被称为“蓝色动力”汽车。

液化石油气(LPG)是指以丙烷及丁烷为主体的碳氢化合物的混合物,来源于油井气、石油加工的副产品和煤制取液体燃料时的副产品等。液化石油气在常温、常压下为气态,而在 -0.5℃或常温(15℃)0.8MPa 的压力下为液态。一般以液态储运。燃用液化石油气的汽车称为液化石油气汽车(LPGV)。

NG 和 LPG 是理想的点燃式发动机用气体燃料,其原料来源丰富,燃气成分单一、纯度高,与空气混合均匀,燃烧完全,CO 和微粒的排放量较低,排污少,燃烧温度低因而 NO_x 排放较少,稀燃特性优越,低温起动及低温运转性能好。其缺点是储运性能比液体燃料差、发动机的容积效率较低、着火延迟期较长,动力性较差,汽车用户初始投资大,携带不便。这两类汽车多采用双燃料系统,即一个汽油或柴油燃料系统和一个压缩天然气或液化石油气系统,汽车可由其中任意一个系统驱动,并能由一个系统容易地过渡到另一个系统。

2. 电动汽车

世界上第一辆电动汽车(EV)由美国人在 19 世纪 90 年代制造。EV 大致分为蓄电池电动汽车(BEV)、燃料电池电动汽车(FCEV)和混合动力电动汽车(HEV)。电动汽车的一个共同特点是汽车完全或部分由电力通过电机驱动,能够实现低排放和零排放。蓄电池电动汽车是最早出现的电动汽车。使用铅酸电池的汽车整车动力性、续驶里程与传统内燃机汽车有较大的差距,而使用高性能镍氢电池或者锂电池又会使成本大大增加。蓄电池需有一定充电时间及相应的充电设备,使用场合受到了限制。燃料电池具有近 80% 的能量利用率,能够实现零排放、低噪声,国外最新开发的高性能燃料电池已经能够实现几乎与传统内燃机汽车相当的动力性能,发展前景很好,但成本却是制约其产业化的瓶颈。

3. 醇类汽车

醇类汽车就是以甲醇、乙醇等醇类物质为燃料的汽车。使用比较广泛的是乙醇,乙醇来源广泛,制取技术成熟,辛烷值高,许用压缩比高,可降低排污。目前醇类汽车多使用乙醇与汽油或柴油以任意比例掺和的灵活燃料驱动,既不需要改造发动机,又起到良好的节能、降污效果,乙醇和甲醇的含氧量分别为 34.7% 和 50%,有利于改善燃烧,降低排污。与汽油混烧,可使混合燃料也变成为含氧燃料,如汽油中添加 7.7% 的乙醇,含氧量为 2.7%,添加 10% 的乙醇,含氧量为 3.5%。研究表明,当乙醇含量为 6% 时,HC 排放降低 5%,CO 排放降低 21% ~28%,NO_x 排放降低 7% ~16%。

但这种掺和燃料要获得与汽油或柴油相当的功率,必须加大燃油喷射量,当掺醇率大于15%～20%时，应改变发动机的压缩比和点火提前角。醇类用作汽车能源的主要问题有低温启动性差、易分层、有腐蚀、有剧毒、价格贵等不利因素。乙醇燃料理论空燃比低，对发动机进气系统要求不高，自燃性能差，辛烷值高，有较高的抗爆性，挥发性好，混合气分布均匀，热效率较高，汽车尾气污染可减少30%以上。

4. 氢燃料汽车

氢是清洁燃料，采用氢气作燃料，只需对发动机略加改动其常规的火花塞点火方式，则燃烧效率比汽油高，混合气可以较大程度地变稀，所需点火能量小，有利于节约燃料。氢气也可以加入其他燃料(如CNG)中，用于提高效率和减少NO_2排放。氢的质量能量密度是各种燃料中最高的一种，但体积能量密度最低，其最大的使用障碍是储存和安全问题。

5. 二甲醚汽车

二甲醚(DME)是一种无色无味的气体，具有优良的燃烧性能，清洁、十六烷值高、动力性能好、污染少，稍加压即为液体，非常适合作为压燃式发动机的代用能源，使用该燃料的车辆可达到超低排放标准。

6. 气动汽车

以压缩空气、液态空气、液氮等为介质，通过吸热膨胀做功供给驱动能量的汽车称为气动汽车，气动发动机不发生燃烧或其他化学反应，排放的是无污染物辐射的空气或氮气，真正实现了零污染。目前开发比较成功的是压缩空气动力汽车(APV)，工作原理类似于传统内燃机汽车，只不过驱动活塞连杆机构的能量来源于高压空气。APV介质来源方便、清洁，社会基础设施建设费用不高，较容易建造。无燃料燃烧过程，对发动机材料要求低，结构简单，可借鉴现有内燃机技术因而研发周期短，设计和制造容易。但目前APV能量密度和能量转换率还不够高，续驶里程短。

7. 以植物油为燃料的汽车

为了寻找可代替石油的新能源，科学家也将目光投向了植物油，正在研制以植物油如大豆油、玉米油及向日葵油为原料的内燃机油。科学家们还在研究生物柴油，这是一种以植物油为原料的燃料，将来可作为柴油的替代品大量用于卡车和轮船。生物柴油中不含硫，因此不会对环境造成酸雨威胁。为生产生物柴油，化学家们正在对植物油进行酯化加工，使之变成甲基酯化合物，燃烧起来更干净，发动机内残留物也较少。

二、我国新能源汽车的发展现状

目前，我国新能源汽车主要是燃气汽车和电动汽车，随着近几年燃料电池技术的发展,燃料电池汽车也逐渐成为新兴的新能源汽车。

1. 燃气汽车

燃气汽车主要有压缩天然气汽车和液化石油气汽车。截至2004年底,我国正式确定的清洁汽车重点推广应用城市(地区)有19个,其中包括北京市、上海市、天津市、重庆市、四川省、海南省、西安市、乌鲁木齐市、长春市、哈尔滨市、广州市、济南市、青岛市、银川市、廊坊市、濮阳市、沈阳市、兰州市和丹东市,另外石家庄市、南京市等诸多城市也都在进行燃气汽车的推广工作;我国燃气汽车保有量为21.5万辆,19个重点推广应用城市(地区)加气站数量达712座。如图5-1所示为我国燃气汽车历年数据统计(单位:万辆)。

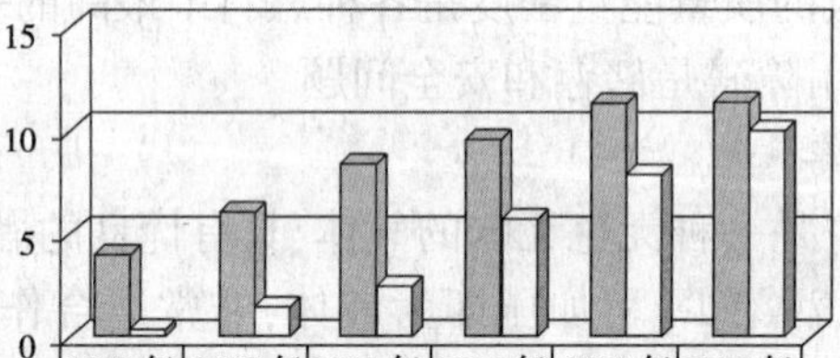

	1999年	2000年	2001年	2002年	2003年	2004年
LPGV	3.9	6.1	8.5	9.6	11.4	11.4
CNGV	0.4	1.5	2.5	5.7	7.9	10.1

图5-1 我国燃气汽车历年数据统计(单位:万辆)

从图5-1可以看出,LPG车辆发展趋于平稳。CNG车辆发展平稳增长。从整个燃气车辆所占百分比来看,CNG车辆增长迅速,1999年的时候CNG车辆占燃气汽车比例为9.3%,而到2004年时CNG车辆占燃气汽车比例为47%,几乎占了整个燃气汽车的一半。

如图5-2所示为我国燃气加气站历年数据统计(单位:座)。

从图5-2可以看出,LPG车辆和CNG车辆加气站都发展平稳,相比而言CNG车辆加气站增长更快些。

燃气汽车保有量的增加及使用率的提高极大地增加了燃气汽车的能源替代效益。据不完全统计,2004年度19个重点推广应用城市(地区)累计消耗LPG 34.8万吨,CNG 9.4亿立方米,替代燃油达116万吨,燃油替代效益逐步显现。

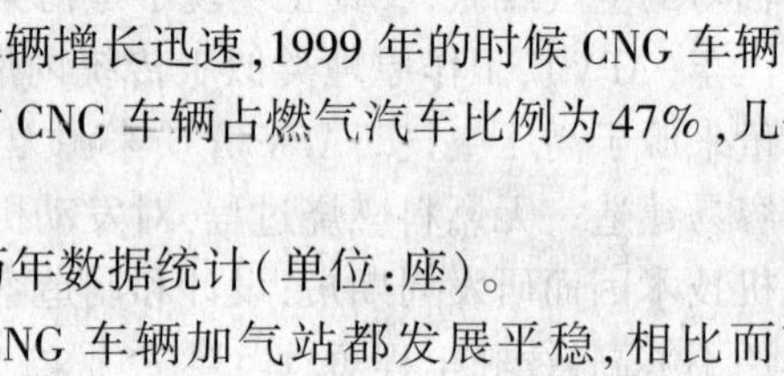

	1999年	2000年	2001年	2002年	2003年	2004年
LPGV	85	140	206	253	299	355
CNGV	45	85	120	233	295	357

图5-2 我国燃气加气站历年数据统计(单位:座)

天然气主要成分是甲烷,具有

较高的辛烷值和热值，性质稳定、燃烧比较完全，与汽柴油相比具有较好的排放性能。因此，天然气汽车以其优良的燃烧和排放特性得到了市场和用户的接受。同时，我国是天然气资源比较丰富的国家，我国气层资源蕴藏量为38万亿平方米，已探明的地址储量为1.52万亿立方米。储量集中的西部地区天然气价格相对燃油价格具有较大优势，这也是我国CNG汽车能够得到快速发展的原因之一。

随着燃气汽车推广范围的不断扩大，我国燃气汽车已经逐步形成区域化发展的模式，川渝区域、东北区域正在形成。纵览我国燃气汽车重点推广应用城市的分布情况，大致可以分为：川渝区域、东北区域、长江三角洲区域、京津区域、中原区域、广深区域和海南区域等，如表5-1所示。

燃气汽车及加气站主要城市数推广情况（截止到2004年底）　　表5-1

城市（地区）	燃气汽车（辆）		燃气汽车加气站（座）	
	LPGV	CNGV	LPGV	CNGV
北京市	32 412	2 089	69	27
上海市	39 000	175	102	4
天津市	760	850	12	5
重庆市	—	18 985	—	46
四川省	—	52 461	—	185
海南省	515	1 841	3	7
乌鲁木齐	3 777	5 398	34	30
长春市	10 092	200	36	2
西安市	—	10 497	—	27
广州市	7 300	—	14	—
哈尔滨市	5 789	—	27	—
济南市	2 400	1 400	7	3
青岛市	3 506	—	17	—
银川市	1 436	264	6	4
廊坊市	—	1 910	—	5
濮阳市	—	3 514	—	8

2. 燃料电池汽车

燃料电池是一种将储存在燃料（氢）和氧化剂（氧）中的化学能通过电化学

反应直接转化为电能的装置，其过程不涉及燃烧，无机械损耗，能量转化率可高达 80%，产物仅为电、热和水蒸气；而且燃料电池运行平稳，无振动和噪音，所以被认为是 21 世纪的绿色能源。

燃料电池技术在汽车上的应用给汽车产业发展带来了革命性的突破，同时也推动了自身的发展。燃料电池可以用作汽车的（辅助）动力电源，也可以用作辅助电源（APU）。

事实上，人们考虑更多的是燃料电池电动汽车（FCEV），它不同于传统汽车，其动力来自燃料电池，而不是内燃机，可以减少燃料消耗，产生更少的污染物排放，当以氢作燃料时，能真正实现汽车的“零排放”，因此更符合人们的经济环保观念。此外，在能量耗尽后，燃料电池电动汽车不像传统的蓄电池电动汽车（BEV）那样需要长时间充电，只需补充燃料即可继续工作，这一点对汽车驾驶者来说尤为方便。

目前开发的燃料电池电动汽车主要有两种类型：纯燃料电池动力车和燃料电池-蓄电池混合动力车。纯燃料电池动力车采用大功率的燃料电池堆栈，以确保在没有后备蓄电池的情况下能提供启动、瞬时加速的动力；而燃料电池-蓄电池混合动力车以蓄电池为主动力，小功率的燃料电池用作续程器。

当燃料电池用作辅助电源时，汽车使用内燃机驱动，部分燃料通过燃料电池更有效地转化为电能，它可以为汽车辅助设备提供足够的功率，使汽车变得更舒适、更环保、更安全。

汽车用燃料电池研究最多、最成功的是质子交换膜燃料电池（PEMFC）。质子交换膜燃料电池作为第五代燃料电池，由于具有能量转化率高、低温启动、无电解质泄漏等特点，被公认为最有希望成为电动汽车的理想动力源。但是由于质子交换膜燃料电池需采用贵金属 Pt 作为电极催化剂，不仅提高了成本；而且限制了燃料只能采用纯氢，因为燃料中的微量 CO 也可导致 Pt 中毒。对于甲醇、汽油等燃料，必须经过重整纯化，从而增加了系统的复杂性。近年来，质子交换膜燃料电池技术取得了重大突破，燃料已经实现内重整，使得系统体积大为减少，有望进一步“减负”；更重要的是催化剂中 Pt 载量大为降低，成本问题有望得到解决，相信质子交换膜燃料电池汽车在不久的将来能够实现商业化。

在质子交换膜燃料电池的基础上，以甲醇代替纯氢直接作为燃料，可以大为简化系统，这种质子交换膜燃料电池称为直接甲醇燃料电池（DMFC）。甲醇燃料电池具有体积小、重量轻、燃料来源丰富、价格便宜、储存携带方便等优点，是理想的汽车动力源。对于甲醇燃料电池而言，甲醇的阳极氧化迟缓及甲醇通过全氟磺酸膜的渗透所引起的阳极性能衰减是限制甲醇燃料电池发展的主要问题。目前许多研究人员正在开发新的替代全氟磺酸膜的聚合物膜,也取得了很大的进展。提高甲醇氧化的催化剂活性,减少贵金属用量也是甲醇燃料电池技术实用化的关键。专家们认为这项技术距离实用化至少还需 7 年时间。尽管如此,许多人仍把它作为燃料电池汽车的首选技术进行开发和研究。

固体氧化物燃料电池(SOFC)是一种全陶瓷结构燃料电池,其能量转化效率最高,操作方便,无腐蚀,与质子交换膜燃料电池相比,燃料适用面广,不需用贵金属催化剂,而且不存在甲醇燃料电池的液体燃料渗透问题。但是固体氧化物燃料电池受电解质所限,须高温(1 000℃左右)工作,导致启动慢,这是固体氧化物燃料电池在汽车上应用的致命弱点。随着固体氧化物燃料电池技术的发展,其操作温度降至 700 ~ 800℃,与燃料的重整条件接近,可以实现燃料的直接内重整,不仅降低了堆栈成本,而且简化了热管理,使系统变得更紧凑,已经被用作汽车的辅助电源。最近低温固体氧化物燃料电池的研究取得了突破性进展,采用新型低温固体电解质和高活性的电极材料,使工作温度降至 500℃以下,若将其再与蓄电池或超级电容器联用,就可以用作汽车的动力源。无论是从技术还是从成本来看,低温固体氧化物燃料电池汽车都有希望与质子交换膜燃料电池汽车在未来的燃料电池汽车市场上一比高下。

除了上述三种燃料电池在汽车上有很好的应用前景外,碱性燃料电池(AFC)和磷酸燃料电池(PAFC)这两类最早开发的燃料电池也被应用于汽车,目前均有相应的样车推出。但是在汽车上的应用并不成熟,还有大量的技术问题有待解决,所以不为人们所关注。燃料电池技术日新月异,新的燃料电池将综合各种现有燃料电池技术的优点,有望开发出性能更好、更实用的燃料电池汽车。

三、新能源汽车发展的前景

在各种汽车代用燃料中,LPG 和 CNG 最方便投入使用,而且目前已经具有好的配套基础设施。在排放和经济性能要求较高而动力性能要求一般的公共交通领域具有很好的应用前景,美国近年来新型公交客车中天然气汽车就占据了较大比例。混合动力汽车毫无疑问是下一代汽车动力系统的主要形式。燃料电池是目前技术条件下能量利用率最高的车用能源。燃料电池的能量为锂离子电池的 2 ~ 3 倍;能量转换效率高达 60% ~ 80%,是汽油机或柴油机的 1.5 ~ 2 倍,能实现超低污染甚至零污染,而且燃料电池使用的氢能源是可再生的,目前以氢燃料电池技术最为成熟。国外各大石油公司和汽车均在致力于燃料电池汽车的研发以抢占在未来汽车发展中的滩头。

总之对代用燃料的综合评价应考虑以下因素:燃料成本、车辆成本;对进口石油的依赖程度；有效能源利用率；温室效应；排放污染；生产、储运、分销、加注设施；装载行驶里程和加注时间；安全性。基于这些因素，目前最容易投入使用的代用燃料是 CNG 和 LPG。而燃料电池汽车会在 20 年之后开始实现产业化，逐渐增加市场份额。传统汽油机汽车的市场份额会在 20 年之后开始出现明显的下降，但柴油车会在重型车辆领域继续保持很高的市场份额。

四、我国新能源汽车发展目标

在未来的 20 年内，汽油和柴油仍是汽车主要的能量来源，但汽油和柴油的质量要求越来越高，发动机技术将快速发展以提高能量利用率。代用燃料会得到迅速运用，天然气汽车和乙醇汽车会率先大规模投入使用，混合动力汽车将至少在 30 年内都是汽车工业最切实可行的解决能源问题和污染问题的途径。因此应当整合资源加速混合动力汽车的开发，抢占汽车技术发展的新高地。燃料电池是最有前途的车用能量，也是未来汽车的主要能量源，我国传统汽车产业发展滞后，发展燃料电池汽车是赶超世界汽车工业先进水平的唯一机会。我国在燃料电池技术开发上拥有一定的优势，国内石油工业应该与汽车工业联手开发先进的燃料电池技术，抢占未来先进汽车技术的前沿阵地。

课题二 天然气汽车、电动汽车

一、天然气汽车

(一) 天然气汽车概况

1. 发展前景

天然气汽车是指以天然气作为燃料的汽车。以天然气(包括压缩天然气 CNG、液化天然气 LNG)作为燃料有以下特点：

(1) 有较高的经济效益

天然气汽车的燃料费用大约是汽油车或柴油车的一半。这弥补了由于汽车数量不断增加而引起的液体燃料供应不足，同时使汽车的运行费用大幅度降低。天然气在发动机中燃烧比较完全、干净、不容易产生积炭，抗爆性能好，不会稀释润滑油，因而使发动机汽缸内的零件磨损大大减少，使发动机的寿命和润滑油的使用期限大幅度增长。大大降低了汽车的维护和运行费用，提高了汽车使用的经济性。

(2) 有较好的社会效益

汽车发动机排放的废气中含有的有害成分，是城市大气污染的主要来源之一。使用天然气作为汽车燃料可以大量地降低发动机废气排放中的各种有害成分。这也是工业发达国家使用天然气作为汽车燃料的一个最主要的原因。

(3) 比较安全

CNG、LNG汽车的气瓶或气罐等都很结实可靠。天然气本身比空气轻,稍有泄漏,很快就会扩散到大气中。气体燃料系统的各个部件,特别是密封部分,都经过严格的检查。因此,天然气作为汽车燃料是比较安全的。

2. 分类

(1) 常态天然气汽车

指天然气以常压方式充装于汽车顶部的储气囊内,直接供给发动机燃烧的天然气汽车。常态天然气汽车因携带燃料的容器太大,已经被淘汰。

(2) 压缩天然气汽车

将车用天然气压缩至25MPa充装于汽车用压缩天然气储气瓶中,经减压器减压后供给发动机燃烧的天然气汽车。英文缩写为CNGV。按燃料供给系统分类可分为三种:

① 纯CNG汽车。指用单一压缩天然气作燃料的汽车。

② 两用燃料(CNG和汽油)汽车。(可在两种燃料中进行转换使用,设有两套燃料供给系统,无论是使用CNG还是汽油,发动机都能正常工作,利用选择开关实现发动机从一种燃料到另一种燃料的转换,两种燃料不允许同时混合使用)。

③ 双燃料(CNG和柴油)汽车。是指当汽车发动机工作于双燃料状态时,用压燃的少量柴油引燃CNG与空气的混合气而实现燃烧,对外做功。该种发动机也可用纯柴油工作。因此,该系统有同时供给汽车两种燃料的装备,配备两个供给系统及两个独立的燃料储存系统。依据发动机的运转工况、燃料品质和发动机参数,按一定比例同时向发动机供给CNG和柴油。低负荷急怠速时自动转换到纯柴油工作方式。

(3) 液化天然气汽车

将天然气在-162℃低温液化后,储存于液化天然气储气罐中,经汽化后供给发动机燃烧的天然气汽车。英文缩写为LNGV。它的优点是液化后比气态密度高,在车上携带方便,燃料容器减小约600多倍。但其液化工艺复杂,国外有少量的改造液化天然气汽车。

(4) 吸附天然气汽车

在3~6MPa下将天然气吸附在装有固体吸附剂的储存器中供给发动机燃烧的天然气汽车。英文缩写为ANGV,按使用方式分:

① 单一燃料天然气汽车。指发动机专烧天然气的汽车。其发动机的燃料

供给系统专为燃用天然气而设计。

② 压缩天然气汽车。一套供给天然气另一套供给汽油，两套燃料供给系统可分别但不可同时向发动机供给燃料的汽车。如上述天然气和汽油汽车。

③ 双燃料天然气汽车。指油、气两种燃料混合燃烧的天然气汽车。如上述天然气和柴油汽车。

3. 存在问题

虽然天然气汽车有很多优点但也存在一些问题，主要表现在以下方面：

(1) 天然气燃料作功少

由于气体燃料的能量密度低，在同样的汽缸工作容积下，用天然气作燃料时作功少。而目前用的天然气发动机大多是由原汽油机或柴油机改装的，汽油汽车在改用天然气后功率往往会下降 10% ~20% 左右，一般柴油汽车如果用"双燃料"方式改装燃用天然气，则不会出现这种现象，但改装件的结构较为复杂。同时改装后的汽车原来的燃料供给系统大多保留。就是要在原汽车上增加天然气燃料供给系统，特别是气瓶使原来的汽车的有效空间减少，自重增加。

(2) 天然气是气态燃料，不容易储存和携带

天然气需采用先进的技术进行加压或液化以便装瓶，目前多采用高压(20 ~25MPa)存在气瓶内。并且将现有的汽车改用天然气作燃料时，需增加发动机燃料系统的部件，如储气瓶、减压阀、混合器等，需要一定的改车投资。

(3) 存在的问题

中央和地方的政府行为及其各政府职能部门的协调关系没有理顺，特别是在统一规划，政策、管理规范技术标准及职能分工等诸多方面都需要尽快完善。国家应给燃气汽车工程项目配套资金扶助，以启动和加快燃气汽车的发展。有些关键性的问题，应尽快解决：如加气站的建设滞后问题；油气站合建问题；国产气 LPG、CNG 的质量问题；改装车(新车、在用车)的合法化问题；汽车装置、加气站设备、国产化生产、统一规划、认可问题。

中国燃气汽车事业已经迎来了很好的发展机遇，并开始进入了一个新的历史时期，按着国家燃气汽车工作协调小组的部署，中国的燃气汽车"九五"期间打基础，做示范；"十五"期间上水平，上规模，在全国范围发展。"十一五"计划到 2010 年，混合动力汽车实现产业化，纯电动汽车在特定领域实现商业化；到 2020 年，氢能燃料电池汽车具有商业竞争能力。

(二) 天然气汽车总体结构及原理

1. 天然气汽车燃料系统基本组成与原理

目前各地在用的天然气汽车主要是压缩天然气汽车，且大多数压缩天然气汽车具备压缩天然气、汽油两用燃料系统，因此以该类型天然气汽车为例介绍

其燃料系统构成与工作原理。

如图5-3所示为天然气-汽油两用燃料汽车燃料供给系统组成示意图。两用燃料汽车采用定型的汽油车改装，在保留原车供油系统的情况下，增加一套车用压缩天然气装置。该装置由以下三个系统组成：

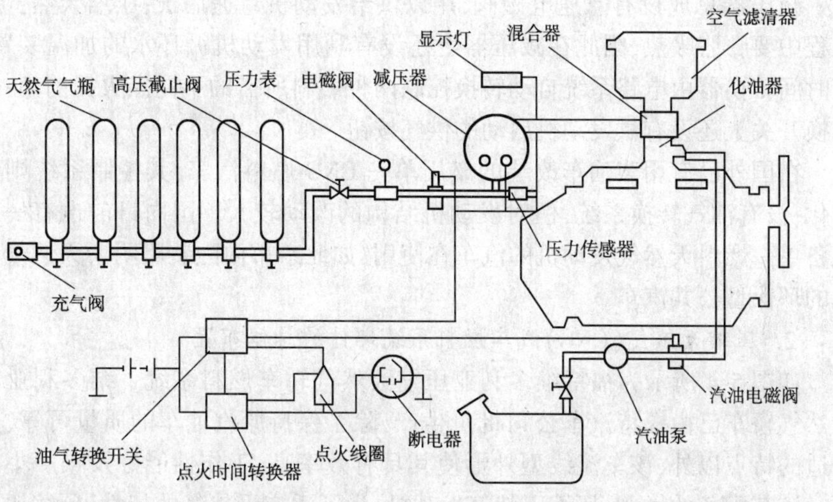

图5-3 天然气-汽油两用燃料汽车燃料供给系统的组成示意图

(1) 天然气储气系统

主要由天然气气瓶、充气阀、高压截止阀、高压管线、高压接头、压力表、压力传感器及气量显示器等组成。

(2) 天然气供给系统

主要由天然气高压电磁阀、三级组合式减压器或分体式减压器、混合器等组成。

(3) 油气燃料转换系统

主要由三位油气转换开关、点火时间转换器、汽油电磁阀等组成。

充气阀实际上是一单向截止阀，它可与天然气压缩气站售气机的充气枪对接为CNG气瓶充气；高压天然气储气瓶是车载天然气的存储装置，根据车型和气瓶容量的大小，汽车上携带一个或多个气瓶，气瓶之间串联在一起，天然气气瓶的瓶口处安装有易熔塞和爆破片两种保险装置，当气瓶温度超过100℃或压力超过26MPa时，保险装置会自动破裂卸压；每个气瓶都有阀门可分别关闭，总的出口处还设有一高压截止阀。

油气转换开关和天然气高压电磁阀、汽油电磁阀共同构成对燃料转换的控制，由油气转换开关决定两电磁阀的通断，从而决定了发动机以汽油还是以天然气为燃料运行；压力表、压力传感器和气量显示器则起气量显示的作用；CNG汽车以天然气作燃料时，天然气经减压后，通过混合器与空气混合进入汽缸，压缩天然气由气瓶内较高的压力（最高20MPa）减为负压，其真空度为49～69kPa。减压器与混合器配合可满足发动机不同工况下混合气的浓度要求。

减压器总成设有怠速电磁阀，用以供给发动机怠速用气；压缩天然气减压过程中要膨胀吸热，因此在减压器上还设有利用发动机循环水的加温装置；点火时间转换器由电路系统自动转换控制两种燃料所需的不同点火提前角；燃料转换开关上还设有供发动机启动的供气按钮。

在国外已有用柴油车改装的燃用单一CNG燃料汽车，其控制系统则更加简化，没有油气转换系统，但对发动机结构的改动较大。国内目前也有一部分配备单一燃料天然气发动机的汽车在使用，如北京市内配装康明斯天然气发动机的环保型公共汽车。

2. 压缩天然气（CNG）汽车燃料系统部件的总体布置

如图5-4所示为福特维多利亚压缩天然气轿车燃料系统。维多利亚压缩天然气轿车已由福特汽车公司批量生产，除了保持原汽油车的质量可靠、安全舒适的特点以外，该车流线型外形使其具有效率高、工作性能好及噪声小的特点。该车配备的4.6L压缩天然气发动机，为了适应天然气的特性，压缩比提高到10:1（原汽油机为9:1），采用白金电线及镀镍火花塞以适应高能点火的需要，为防止气门的过度磨损采用了优质阀门镶座材料。该天然气轿车的一氧化碳、碳氢化合物及氧化氮排放量与原汽油轿车相比大大减小。该车采用快速充气方式时充气时间只需3～4min，正常充气时间为6～7h。

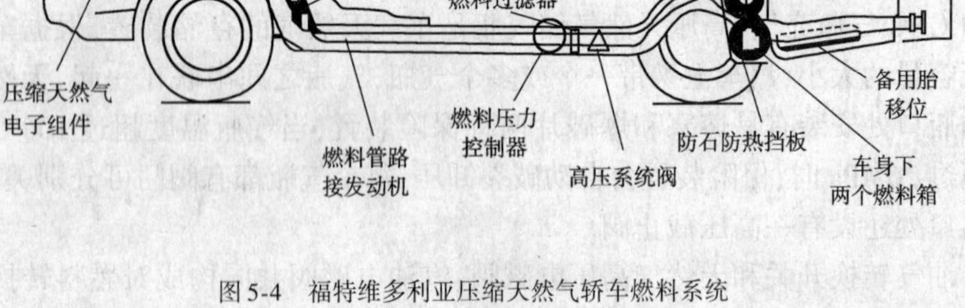

图5-4　福特维多利亚压缩天然气轿车燃料系统

如图 5-5 所示为大众汽车公司生产的轻型压缩天然气商用车燃料系统。该车采用天然气燃料与汽油兼用的方案，通过对两种燃料的任意选择来保证高度的灵活性。

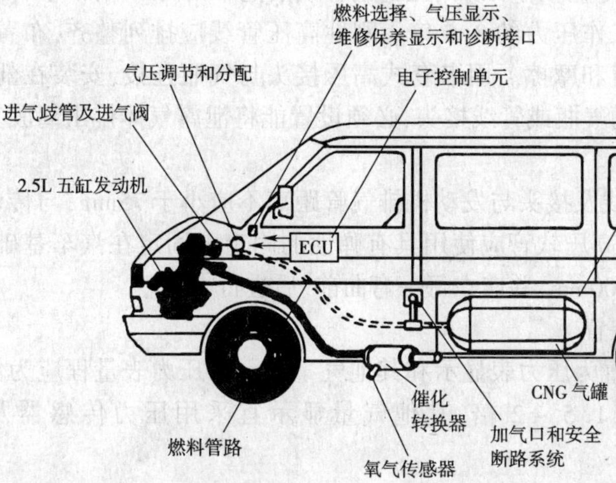

图 5-5　大众汽车公司轻型压缩天然气商用车燃料系统

3. 压缩天然气汽车储气系统主要部件要求

(1) 充气装置

① 充气装置应设置单向阀或截止阀，充气接头采用 ϕ12mm 的插销式结构，并设置能密封系统压力的防尘塞，防止气体泄漏，在取出防尘塞前应能卸压。

② 充气装置应安装在有适当防护和易于充气操作的位置，充气口距车辆外轮廓边缘应不小于 50mm。

(2) 天然气储气瓶

① 天然气储气瓶可采用钢质瓶、铝合金瓶或复合材料瓶，产品应有合格证和检验质量证明书；钢质瓶的结构和质量应符合 GB 17258—1998 的有关规定。气瓶应安装在汽车的安全部位，不得影响汽车行驶性能。气瓶与固定卡子间应垫胶垫，安装必须牢固。气瓶固紧后，沿汽车纵向施加 8 倍于气瓶重量的力，不得发生位移或松动。根据各车型具体情况，例如：卡车，气瓶可安装在汽车车架旁车梁下，副梁上或驾驶室与车厢之间；小轿车一般放置在行李箱中；大客车可安装在车顶或车的地板下方。

② 车上取下的气瓶在另一车上安装前，应按 GB 17258—1998 的有关规定检查。

(3) 高压管线及高压接头

① 高压管线一般采用刚性管线，特殊部位采用柔性管线。高压管线和高压接头只能更换不能修理。牵引车和挂车之间的高压管线宜采用柔性管线。柔性高压管线应采用 CNG 专用高压软管总成。

② 刚性高压管线应采用不锈钢无缝钢管或其他车用高压天然气专用管线，爆破压力应不小于工作压力的 3.5 倍。刚性高压管线应排列整齐，布置合理，不得与相邻部件碰撞和摩擦。用卡套式高压接头与气瓶连接，安装在驾驶室、载人车厢或行李厢的气瓶或管线接头，必须设置能将泄露气体排出驾驶室或车厢处的通风口等装置。

③ 刚性高压管线及接头与发动机排气管距离不应小于 75mm，与传动轴距离应不小于 75mm。高压软管应使用具有弹性的固定卡固定在汽车基础件上，固定卡间距不大于 300mm，并应在每一弯曲前、后进行卡固。

(4) 气压显示装置

① 气压显示装置为压力表显示和其他气量显示。压力表量程应为储气系统公称工作压力的 1.5 ~ 2 倍，其他气量显示宜采用压力传感器及气量显示器。

② 压力表应安装在易于观察的位置，但不得直接安装在驾驶室内，当安装在裸露位置时，应加装压力表防护罩。气量显示器应安装在驾驶室内驾驶员易于观察的位置。

(5) 手动截止阀

储气瓶至减压调节器之间应设置手动截止阀，手动截止阀应安装在易于操作的位置，阀体不得直接安装在驾驶室内。

4. 燃气供给系统主要部件要求

(1) 天然气过滤器

储气瓶到减压调节器之间，应设置天然气过滤器，该过滤器应能滤除可能造成部件故障的颗粒物质而不影响天然气的供给，并能易于检查和清洗。

(2) 减压调节器

① 减压调节器各级阀门开闭灵活，无异响和卡死现象。调节器供气能力应能随发动机节气门的开度变化而变化，不得有突然增大或减小供气量的现象。安装在震动较小的驾驶室前挡板或发动机的其他地方，减压器膜片应垂直于地面，远离排气管和其他热源，尽可能与化油器靠近。

② 减压调节器应设安全排放装置，具有良好的密封性能，各减压腔之间应能密封，各腔对大气应能密封。

③ 减压调节器应设置加热防冻装置，其材质应与热交换介质相容。可采用发动机循环水加热和发动机废气加热，但天然气气路和加热气路不得有窜漏现

象;也可采用电加热。

(3) 混合器

① 混合器工作时与汽油和天然气相接触,其材质应与汽油和天然气相容。混合器型式和结构应与减压调节器相匹配,当采用膜片式混合器时,应设置回火泄压装置。

② 混合器安装后,连接处不得有窜漏现象。

(4) 低压气软管及循环水软管

① 低压气软管及循环水软管应采用有衬里的耐油夹布胶管,试验压力为工作压力的 2 倍,破裂压力不小于工作压力的 4 倍。

② 所有软管应安装牢固,车辆行驶时不得与相邻部件摩擦,软管接头处不得漏水或漏气。

③ 软管应有足够的长度,以容许发动机振动而引起的位移,软管弯曲半径应不小于 35mm,软管与发动机排气管距离不得小于 100mm。

5. *燃料转换系统主要部件要求*

(1) 燃料转换开关

① 燃料转换开关挡位应有明显标志,能分别控制供油、供气和油气全闭三种状态。

② 燃料转换开关应安装在驾驶员操作方便的位置,燃料转换的操作不得影响驾驶员的行驶操作。

(2) 天然气截止阀及汽油截止阀

① 天然气截止阀和汽油截止阀应采用电磁阀或其他自动控制机构。其操作应由燃料转换开关统一控制,当电流被切断时,阀应处于"关闭"位置。

② 汽油管线及电磁阀与发动机排气管距离应不小于 100mm。

(3) 点火时间转换器

燃料转换系统宜安装点火时间转换器,其操作应由燃料转换开关统一控制。

(4) 电器线路插接件

电器线路接头采用的插接件和所有电器线路应卡固良好,不得与相邻部件摩擦,线路中应设置过电流保护装置。在驾驶室内便于操作和观察的位置,安装燃料转换开关及气量显示器,在适当的位置安装点火时间转换器。按电路图连接所有电器线路,注意电器不良搭接。

(5) 标志

CNG 汽车应在明显部位安装标志牌,且应防水、防锈蚀。

二、电动汽车

1. 概论

电动汽车是电力电子、特种电机、新能源(动力电源)、新材料、现代汽车及环保等高新技术的集成。

近年来,由于环境污染和能源紧缺,电动汽车技术在世界范围内已引起高度重视,其研究领域也已取得重大进展。各发达国家投入大量资金和人力竞相研究、开发实用的无污染电动汽车,以逐步取代目前的常规燃油汽车。

目前国际电动汽车界,对电动汽车的发展,逐步形成比较一致的“三横、三纵、三系统”的产业框架。(需要强调的是,在研制电动汽车的同时,不仅是要改进电源系统,而且对汽车的性能也要作很大的改善。)

(1)“三横”

是指纯电池电动汽车、混合动力电动汽车和燃料电池电动汽车

纯电动汽车一般指采用高效率充电电池,或燃料电池为动力源且符合道路交通、安全法规各项要求的车辆。由于电能是可以从多种一次能源中获得的二次能源,可以来源于风能、水能、热能、太阳能等多种方式,解除了人们对石油资源日见枯竭的担心。由于没有怠速损失,在制动时能回收能量,80% 以上的电池能量可由电动机转为汽车的动力,即使考虑原油的发电效率、配送电效率、充放电效率等,其最终效率也比内燃机高。

电动汽车本身不排放污染大气的有害气体,即使按所耗电量换算为发电厂的排放,除硫和微粒外,其他污染物也显著减少,由于电厂大多建于远离人口密集的城市,对人类伤害较少,而且电厂是固定不动的,集中的排放,清除各种有害排放物较容易,也已有了相关技术。如果发电厂是用清洁能源发电,如太阳能发电或水利发电,则其污染物排放更是微乎其微。同时电动汽车还可以充分利用晚间用电低谷时富余的电力充电,使发电设备日夜都能充分利用,大大提高其经济效益。所以它是非常有发展前景的替代能源汽车。传统汽车和电动汽车相比,由动力部分引起的噪声和振动,特别是在加速时,电动机的噪声和振动要比发动机低得多。

虽然电动汽车诞生于 1873 年,比内燃机汽车还早 13 年。但是受电池和驱动控制系统的局限,其发展远远落后于内燃机汽车。蓄电池单位重量储存的能量太少,又没形成经济规模,故购买价格较贵,至于使用成本,有些试用结果比汽车贵,有些结果仅为汽车的 1/3,这主要取决于电池的寿命及当地的油、电价格。目前使用最广泛的铅酸电池充一次电只能是行驶 100 ~ 110km,每个电池组成本为 3 000 ~4 000 美元。并且每 4 年必须进行更换,因此还须投资开发更

有效的电池。现在普遍看好氢镍电池、锂离子和锂聚合物电池。氢镍电池单位重量储存能量比铅酸电池多1倍,其他性能也都优于铅酸电池。但目前价格为铅酸电池的4~5倍,我国在电动汽车其他有关的技术,近年都有巨大的进步,例如:交流感应电机及其控制、稀土永磁无刷电机及其控制、电池和整车能量管理系统、智能及快速充电技术、低阻力轮胎、轻量和低风阻车身、制动能量回收等,这些技术的进步使电动汽车日见完善和走向实用化。

混合动力电动汽车正是在纯电动汽车开发过程中为有利于市场化而产生的一种新的车型,它将现有内燃机与一定容量的储能器件(主要是高性能电池或超级电容器)通过先进控制系统相结合,可以大幅度降低油耗,减少污染物排放。因为其具有投资少、选择余地大、易于满足未来排放标准和节能目标、市场接受度高的特点,最常见的是在城里用电机驱动,在城外用内燃机驱动。

燃料电池汽车是现代电动汽车家族中的后起之秀,采用氢和氧化学反应直接转化为电能作为动力的一种汽车,特点是能量转化效率高,约是内燃机的2~3倍,生成物是水,不污染环境,缺点是造价太高,目前仅燃料电池的价格就要2.5万美元;现在应用于电动汽车的是一种称为质子交换膜的燃料电池,它以纯氢为燃料,以空气为氧化剂,不经历热机过程,不受热力循环限制,因此能量的转换效率高,是普通内燃机热效率的2~3倍。同时,它还具有噪声低、无污染、寿命长、启动迅速、比功率大和输出功率可随时调整等特性,使得燃料电池非常适合用作交通工具的动力。近年,国际汽车界对燃料电池的研制,取得重大进展,现在可以说燃料电池在汽车上应用,不是什么技术层面上的困难,而是什么时候能实现大批量生产的问题。

(2)“三纵”

是指高效能专用电池、先进的电机技术和信息化的驱动控制系统。

三纵是属于电动汽车特定的高科技零部件产品,近年在科技水平上有了很大提高,这种新型的电动汽车驱动方式,大大提高了电动汽车的整体质量结构水平。

(3)“三系统”

是指新型的电动汽车产品设计系统、社会配套与应用工程系统、新型的能源开发和管理系统。

这三个系统是使电动汽车进入社会化应用的必备工程,只有不断地完善和提高这些系统的运行水平,电动汽车才有可能大量的走向社会。

2. 纯电动汽车的结构及布置

电动汽车与普通内燃机汽车相比,它们在结构和原理上极其相似,本质的区别在于动力源不同,因此它们的动力驱动系统差别较大。

如果把车用电池＋电动机看作为新概念汽车发动机，则电池部分好比燃料供应系统；电动机则是将电能转换为机械功的机构，相当于内燃机将热能转换为机械功的曲柄连杆机构。

电动轿车的结构如图5-6所示。其主要由车体（底盘和车身），驱动电机及控制器、车载电源（电池和充电器等）三部分组成。电动轿车由于整车尺寸及空间的限制，大都采用前轮驱动的形式。而将轿车中间和尾部空间留给电池。

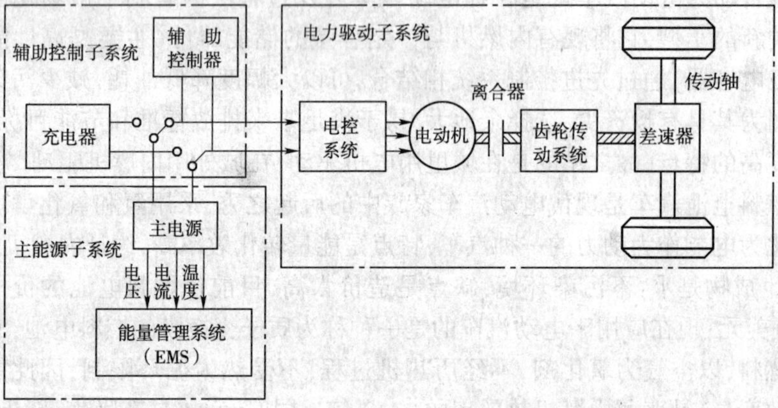

图5-6　电动轿车的基本结构

对于小客车，一般也是采用前轮驱动。这样汽车中部和尾部的空间用来安放电池；而对于大客车，大都采用后轮驱动的形式，将控制系统、电机、减速器、冷却系统和空调系统都布置在后桥之后，客车两轴之间的空间可用来安放蓄电池。

3. 燃料电池电动汽车的结构布置

燃料电池电动汽车实质是电动汽车的一种，在车身设计、动力驱动系统、控制技术等方面，燃料电池电动汽车与普通电动汽车基本相同，主要区别于燃料

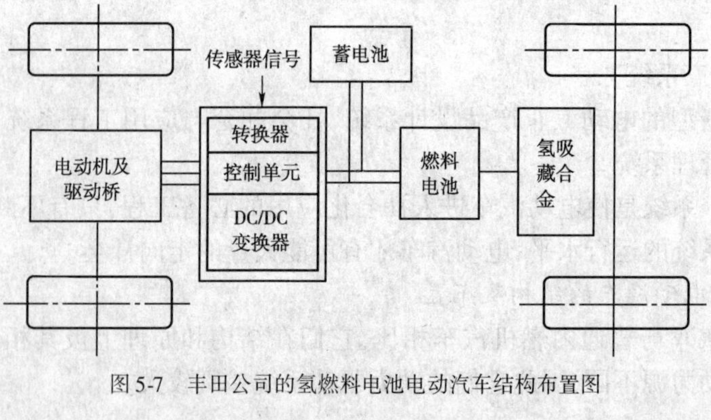

图5-7　丰田公司的氢燃料电池电动汽车结构布置图

电池的工作原理不同。如图5-7所示为丰田公司的氢燃料电池电动汽车结构布置图。一般来说，燃料电池是通过电化学反应将化学能转换为电能。电化学反应所需的还原剂一般采用氢气，氧化剂则采用氧气。因此最早开发的燃料电池电动汽车多是直接采用氢燃料，氢气的储存可采用液化氢、压缩氢气或金属氢化物储氢等形式。燃料电池最早应用于汽车上是在20世纪50年代General Electric公司发明的质子交换膜燃料电池。目前这种燃料电池是汽车公司最喜欢使用的一类燃料电池，用来取代原来使用的内燃机。质子交换膜燃料电池有时也叫聚合物电解质膜或固态聚合物电解质膜或聚合物电解质膜燃料电池。

(1) 燃料电池动力装置的特点

燃料电池动力装置与普通内燃机相比，具有如下特点：

① 燃料电池动力装置能量转换效率高。燃料电池动力装置不通过热机过程，不受热循环限制，能量转换效率高，且燃料电池汽车没有活塞或涡轮等机械部件及中间环节，从理论上讲燃料电池的电化学能量转换效率可达100%，实际效率可达60%~80%，是普通工作条件下内燃机实际效率的2~3倍。燃料电池汽车在成本和整体性能上(特别是行程和补充燃料时间上)也明显优于其他电池的电动汽车。

② 燃料电池动力装置具有燃料多样化的特点。所使用的氢可取自天然气、丙烷、甲醇、汽油、柴油、煤以及再生能源。燃料来源的多样化有利于能源供应安全和利用现有的交通基础设施(如加油站等)。

③ 燃料电池动力装置排放废气少，对环境污染小。燃料电池通过电化学的方法，将氢和氧结合，直接产生电和热，排出水，而不污染环境。以甲醇、汽油等为燃料的燃料电池汽车虽也产生二氧化碳，但其排放量比内燃机的要少得多，且没有其他污染排放(如氧化氮、氧化硫、碳氢化物或微粒)问题。与内燃机相比，燃料电池动力装置没有复杂的运动机构，零部件少且运动部件少，可靠性高，噪声低。

④ 燃料电池动力装置的缺点是造价高，质量大。该系统的总质量约是同样功率汽油机的10倍。

(2) 燃料电池与普通蓄电池相比的特点

燃料电池与普通蓄电池相比，有下列特点：

① 燃料电池不存在能量限制和自放电等问题。原则上只要能量供应是连续的，即外部不断供给化学燃料，燃料电池就能连续稳定发电；而普通蓄电池，反应物质装入电池后，一旦用完，必须更换反应物质，或者对电池充电。这被充的"电能"主要是转化过来的，如火力发电、水力发电、风力发电、太阳能发电、海潮发电、核能发电等。其中，目前正在广泛使用的火力发电和核能发电，仍然要

排放污染物，只是转移了一下排放的地点而已。所以，严格来说，采用普通蓄电池的动力装置(例如：电动汽车)，在目前的情况下，对大气的污染问题仍没有根本解决。

② 由于燃料电池不能充电，单独做为电动汽车储能动力源时，使车辆无再生制动功能，而再生制动功能对于提高电动汽车能源利用率又是十分重要的。

③ 燃料电池使用的燃料在车上存在安全问题应需考虑。

目前大多数燃料电池汽车开发商的注意力比较集中在甲醇上。奔驰、丰田和马自达均选用甲醇作为其轻型车燃料。使用甲醇需安装转化装置，会增加成本，但好处不少。首先甲醇液体燃料使用方便，能利用现有的基础设施，如现在美国加州已经有用于内燃机的 M100(100% 甲醇)，M85 和 M75 甲醇燃料供应；其次，甲醇含碳比汽油和柴油少，更易于转化，效率更高，约为 80%。而且，使用甲醇二氧化碳排放较少，甲醇的生产可来自再生能源(如生物质能)，这都更有利于环保。目前，通过重整反应利用甲醇制取氢气的技术已十分成熟。甲醇为液体燃料，携带方便，提高了燃料电池电动汽车的续驶里程，且燃料能量的利用效率可达 70% ~90%，大大高于热力发动机效率。与甲醇相比，汽油的转化工艺比较复杂，且效率较低，但它在现有基础设施利用和生产上具一定优势，因此仍有公司在研究，如美国 ArthurDLittle 就在 1997 年开发出使用汽油的燃料电池。

世界发达国家正积极地发展燃料电池汽车技术，并已经取得惊人的成果。洁净燃料汽车的开发将为解决世界能源危机和环保问题提供有效的途径，燃料电池汽车将是未来汽车的发展趋势。

我国从 1999 年 4 月“空气净化工程——清洁汽车行动”大会至今已经 7 年了，“清洁汽车行动”是以高新技术的开发、集成、产业化和推广应用为一体的系统工程，它涉及国家和地方政府的大多数职能部门，又与广大人民群众的切身利益直接相关，既要做到高起点、高标准，又要考虑我国资源、环境、科技、工业以及经济等诸多方面的现实情况，工作难度非常大。在过去的近两年的工作中，克服了许多困难，做了大量的工作，已取得了可喜的成果。

4. 混合型电动汽车的结构及工作原理

(1) 混合型电动汽车的结构布置

混合型电动汽车是指同时采用内燃机和电动机作为动力源的汽车，这两种动力装置可单独交替使用或同时使用，视系统的结构和使用需求而定。在市内利用电动机行驶，在郊外靠普通发动机行驶。电动汽车存在的续驶里程和输出功率方面的缺陷，可由普通发动机来弥补。同时，由于电动机的低速转矩特性较好，可用于承担汽车低速范围的工作或为汽车提供加速助力。研究结果表明，与传统的单动力内燃机系统相比，混合动力系统无论在燃料经济性或降低有害物排放方面都有相当程度的改善。

如图5-8所示为三菱汽车公司混合式电动汽车动力系统的布置示意图。高效的汽油发动机布置在驾驶室的后面，该混合动力系统可以尽可能地使发动机在高效区工作，以提高经济性及改善排放质量。电池组安放在车架的中部。

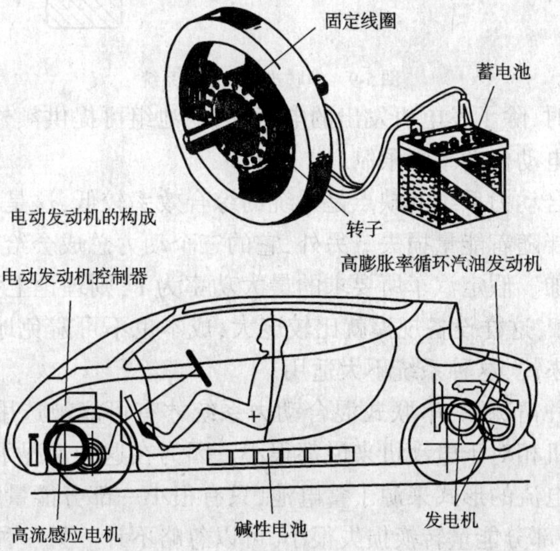

图5-8　三菱汽车公司混合式电动汽车动力系统的布置

开发混合型电动汽车的主要目的是为了降低汽车的排气污染，提高电动汽车的行驶里程。因此，在高性能且价格合理的纯蓄电池驱动电动汽车推出之前，混合型电动汽车将扮演承上启下的角色。

(2) 混合动力系统的类型及特点

混合型电动汽车的混合动力系统有串联式、并联式以及串并联灵活驱动式三种。

① 串联式混合动力系统。串联式混合动力系统是由串联起来的内燃机、发电机和电动机三个动力总成以及控制装置、蓄电池组和机械传动装置等组成，如图5-9所示。

内燃机输出的机械能由发电机转换成电能，电能在控制装置的调节下驱动电动机旋转，由电动机将电能转换成机械能用以驱动汽车。它的优点是内燃机可以固定在效率最高或排放物最少的工况点上，较单一的运转工况便于排气后处理，使废气处理装置始终保持较高的净化率。汽车低速低负荷行驶时，发动机发出的功率超过汽车所需的驱动功率，多余的电能向蓄电池充电，而汽车高

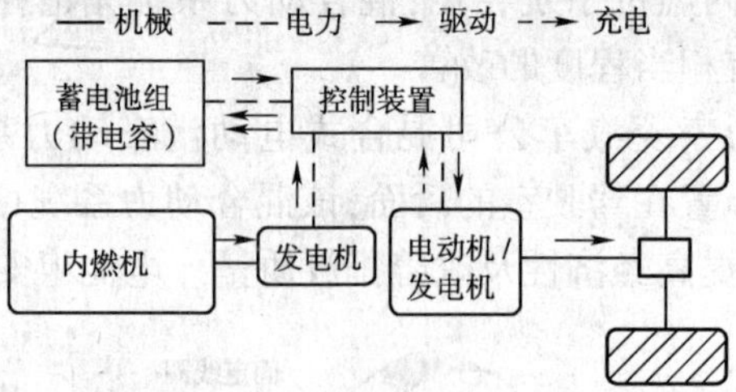

图 5-9　串联式混和动力系统

速高负荷行驶时，除了发电机发出的电能外，电池组可提供额外的电能，但最高输入功率要受电动机功率的限制。

串联式混合动力系统的缺点是系统的综合效率较低，这是因为在两次能量转换中必然会伴随着能量损失。另外，它的三个动力总成会给布置工作带来困难并使成本增加。假定汽车所要求的最大功率为 P，则理论上每一动力总成都应能发出功率 P，这样设备规模就比较庞大，成本也不可避免地要增加，因此对于大多数轿车来说，这种系统不大适用。

只有在两种情况下，串联式混合动力系统才有可能被选用。一种情况是：内燃机和发电机相对于电动机来说都很小。因为在这种情况下，绝大部分驱动汽车的能量以电流的形式来源于蓄电池，只有很小一部分能量是由内燃机转换而来，因此这一部分能量转换损失很小，可以忽略不计。另一种情况是：发电机和电动机的综合效率达到传统变速器的水平，研究人员希望能采用配备有磁能密度极高的永久磁铁作为电极的高速同步发电机和电动机来达到这一水平。

② 并联式混合动力系统。在某些严格限制排放污染的地区如市中心或环境保护区，采用串联式混合型电动汽车仍然存在着发动机的排放污染问题，于是人们考虑采用双动力源系统，即并联混合型电动汽车，发动机和电动机可以分别独立地向汽车的驱动系统提供动力，而需要大功率时共同提供动力，改进了串联系统最大功率不足的缺陷。当汽车进市区时，采用纯电池驱动，将内燃机关闭，消除排气污染；而当汽车离开市中心后，启动内燃机工作，驱动汽车行驶或为蓄电池充电。因此，在并联式混合动力系统中，内燃机和电动机是并列地连接的，在这种系统中，因为电动机可作为发电机使用，向蓄电池充电，所以不需再装备一台发电机，从而使设备简化，如图 5-10 所示。

由于内燃机和电动机可有多种结合方式，因此，并联式混合动力系统也有多种不同的结构形式。有两根并列的输出轴的称为双轴式并联混合动力系统和单轴式并联混合动力系统。单轴式并联由于两个动力总成共用一根输出轴，它们的转矩是叠加的，因此，可以对汽车的总驱动转矩的两个动力总成中进行

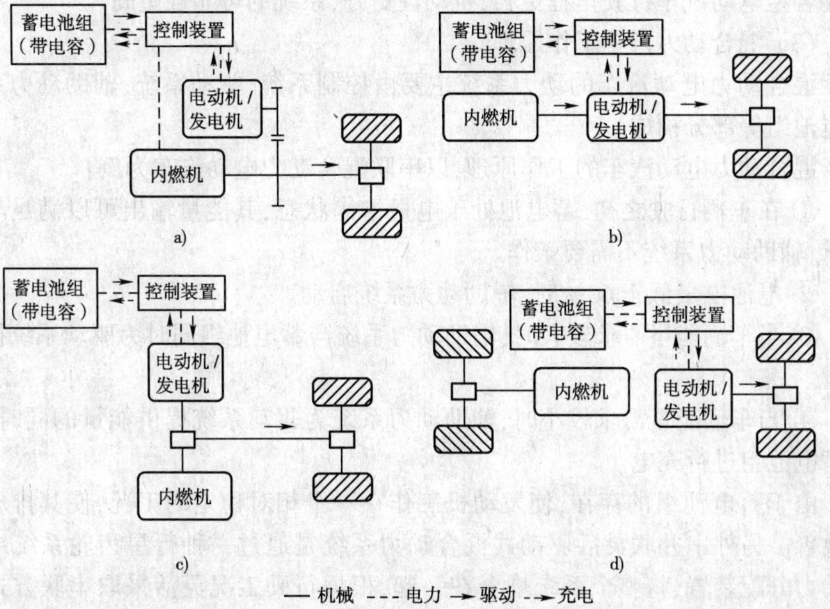

图 5-10　并联式混和动力系统

适当的分配，以适应各自的转矩特性。另外还有种结构，驱动力是靠两个动力总成之间的差速齿轮箱将它们的转速结合起来的，虽然两个动力总成之间的转速较为灵活，但它们的转矩却被固定在汽车所要求的转矩上，因此，内燃机的节气门开度必须与电动机相配合，它的另一缺点是：虽然内燃机和电动机的转矩——转速特性有很大差异，但在这一特定的结构中，它们的转矩在任何时候都必须相等，因此，不能利用电动机在低转速时的大转矩，而低转速大转矩却恰恰对汽车的驱动有利。

还有一种结构，内燃机和电动机之间并无任何机械联系，它们通过各自的传动轴分别驱动汽车的前桥和后桥。但因为它们齐头并进地提供汽车所要求的牵引力，因此，也被认为是一种并联式混合动力系统。

并联式混合型电动汽车有以下优点：一是如前所述，当汽车进入市区时，采用纯电池驱动，将内燃机关闭，可实现零排放；当汽车离开市中心后，启动内燃机驱动系统，这样就成为一辆普通燃油发动机汽车。使电动汽车一次充电后的续驶里程基本没有限制，普通用户不必为电动汽车的续驶里程担忧。二是内燃机的机械能是直接输入后桥的，中间没有能量的转换，因此，系统的效率较高，燃料消耗也较少。三是它只有内燃机和电动机两个动力总成，不需要安装发电机。因此，与串联式混合型电动汽车相比，汽车质量和成本都大大减小，使并联式混合型电动汽车行驶里程更长,机动性更好,系统的可靠性更高。

(3) 混合动力汽车工作原理

混合动力电动汽车的动力系统主要由控制系统、驱动系统、辅助动力系统和电池组等部分构成。

混合动力电动汽车的工作原理,以串联混合动力电动汽车为例:

① 在车辆行驶之初,蓄电池处于电量饱满状态,其能量输出可以满足车辆要求,辅助动力系统不需要工作。

② 电池电量低于60%时,辅助动力系统启动。

③ 当车辆能量需求较大时,辅助动力系统与蓄电池组同时为驱动系统提供能量。

④ 当车辆能量需求较小时,辅助动力系统为驱动系统提供能量的同时,还给蓄电池组进行充电。

由于蓄电池组的存在,使发动机工作在一个相对稳定的工况,使其排放得到改善。另外串并联灵活驱动式混合动力系统是通过一种行星齿轮系统组成的动力分配装置,将整个系统耦合在一起,根据行驶工况灵活采取串联方式或并联方式,以达到热效率最高,排气污染最低,达到最佳工作状态。

5. 电动汽车发展前景及其基础设施建设

无论从环保角度还是从能源角度来看,未来的电动汽车都需要有一个大的发展,可能成为未来新的经济增长点。

为了配合电动汽车的普及,电动汽车的基础设施建设应与电动车技术的发展同步,应在目前较完善的加油系统的基础上开始充电站和加氢站的建设。

电动汽车基础设施建设是一项巨大的工程,是一项长期投资,需要持之以恒地长期开发,也需要政府、社会组织、厂商等各方面的通力合作。

随着机电技术、计算机技术、电化学技术及材料技术的迅速发展,电动汽车在研制、开发、商品化方面将会取得巨大的突破,电动汽车将是21世纪的重要交通工具。但是,迄今为止,我国EV的整体水准还不高,其问题也是在电池、高效轻量电机及先进能量管理系统等关键技术方面未有较大的突破,与世界先进水平相比还落后。将来我国的汽车工业要想能在世界上生存下去,就必需在开发高效率燃油汽车、低污染、无公害新技术的同时,进一步加大新能源汽车的开发力度。

参考文献

[1] 李兴虎.汽车环境保护技术[M].北京:北京航空航天大学出版社,2004.

[2] 王建昕,傅立新,黎维彬.汽车排气污染治理及催化转化器[M].北京:化学工业出版社,2000.

[3] 韩玉敏.排放控制系统.北京:化学工业出版社,2005.

[4] 蔡凤田.交通部公路司审定.汽车排放污染物控制实用技术[M].北京:人民交通出版社,1999.

[5] 魏名山.汽车与环境[M].北京:化学工业出版社,2005.

[6]《汽车工程手册》编辑委员会.汽车工程手册——试验篇[M].北京:人民交通出版社,2000.

[7] 夏令伟.汽车电控发动机构造与维修[M].北京:人民交通出版社,2002.

[8] 赵新民.汽车构造[M].北京:人民交通出版社,1999.

[9] 中华人民共和国国家标准 GB 18285—2005、GB 3847—2005、GB 17691—2005、GB 18352.3—2005、GB 14763—2005 等.北京:中国环境科学出版社,2005.

[10] 郝利君.清洁燃料汽车[M].北京:中国劳动社会保障出版社,2001.

[11] 崔心存.现代汽车新技术[M].北京:人民交通出版社,2001.

[12] 李金蕙.废电池管理与回收[M].北京:化学工业出版社,2005.

[13] 刘玉梅.汽车节能技术与原理[M].北京:机械工业出版社,2003.

[14] 董城春.废旧橡胶资源综合利用[M].北京:化学工业出版社,2003.

[15] 孟伟,赫英臣.废物资源化与安全处置技术概论[M].北京:中国环境科学出版社,2005.

[16] 何志生,左曙光,潘良明.汽车研究与开发[J].重庆汽车研究所,2005.

[17] 汪卫东.燃气汽车的现状及发展[J].北京汽车-2005 年 4 期.

[18] 柴长松,候福深.中国汽车工业年鉴 2005——清洁汽车.中国汽车技术研究中心,2005.

[19] 李岳林.交通运输环境污染与控制[M].北京:机械工业出版社,2003.

[20] 陈南.汽车振动与噪声控制[M].北京:人民交通出版社,2005.

[21] 王一平.电磁波[M].西安:西安电子科技大学出版社,2006.